2020年度教育部人文社会科学研究青年基金项目"财政性教育精准扶贫支出绩效评价研究"（20YJCZH086）

2019年广东省普通高校青年创新人才类项目"财政性教育精准扶贫支出绩效评价及其纠偏研究——基于广东的探索"（2019WQNCX029）

财政性教育精准扶贫

绩效目标及其实证检验

廖逸儿 著

中国社会科学出版社

图书在版编目（CIP）数据

财政性教育精准扶贫：绩效目标及其实证检验/廖逸儿著.
—北京：中国社会科学出版社，2022.4
ISBN 978-7-5227-0169-1

Ⅰ.①财…　Ⅱ.①廖…　Ⅲ.①教育财政—财政支出—扶
贫—研究—中国　Ⅳ.①G526.7

中国版本图书馆 CIP 数据核字（2022）第 074841 号

出 版 人	赵剑英	
责任编辑	车文娇	
责任校对	周晓东	
责任印制	王　超	

出　　版	中国社会科学出版社	
社　　址	北京鼓楼西大街甲 158 号	
邮　　编	100720	
网　　址	http://www.csspw.cn	
发 行 部	010-84083685	
门 市 部	010-84029450	
经　　销	新华书店及其他书店	

印　　刷	北京明恒达印务有限公司	
装　　订	廊坊市广阳区广增装订厂	
版　　次	2022 年 4 月第 1 版	
印　　次	2022 年 4 月第 1 次印刷	

开　　本	710×1000　1/16	
印　　张	15.5	
插　　页	2	
字　　数	254 千字	
定　　价	79.00 元	

摘　　要

教育是阻断贫困代际传递的治本之策。财政精准扶贫是公共财政的价值体现，也是确保完成扶贫攻坚任务、全面推进乡村振兴的物质保障。历史经验表明，财政政策重在落地。从财政资金管理流程来看，明确绩效目标以评价检验和驱动目标实现，对于提升支出绩效、提高公共财政公信力和执行力、增强政治信任、推进理论创新具有重要意义。

梳理我国财政性教育精准扶贫政策的演变过程可以发现，财政性教育精准扶贫绩效目标包含凸显公平正义的价值目标和可以量化的技术目标，这种特征与财政支出绩效评价的价值理性与工具理性不谋而合。基于它们之间的逻辑关系，本书依据财政绩效评价的理念方法与经济性、效率性、效果性、公平性的结构维度，构建结构化的目标检验体系，以2016—2017年广东省财政性教育精准扶贫资金为例，运用问卷调查等方法取得基础数源，量化检验结果显示：专项资金总体绩效表现一般，存在补助对象识别不精准、部分基层财务合规性不足等问题；价值依附于个体而存在，从个体发展权考虑，基于马斯洛需要层次论，运用深度访谈法与观察法等手段，对财政性教育精准扶贫进行价值目标检验，发现价值"扶贫"受到重视并收到成效，但扶贫对象基本生理保障不足、农村教育存在安全隐患、教学点学生社交得不到保障、贫困家庭拒绝扶助并表现"贫困无奈"、贫困生缺乏内生动力。其原因在于：高强度考评与权责分立导致目标置换；扶贫部门与教育部门间职权错位与职能重叠；全国范围内教育系统间数据联通不畅；基层财政薄弱难以支撑教育精准扶贫长期性巨额投入；财政性教育精准扶贫价值目标检验体系尚不成熟；等等。

财政绩效评价是发现问题、解决问题的方法论。要从"工具—价值"视角，依据存在的问题，分析成因。要确保高效完成财政性教育精准扶贫目标，首先应高度重视价值目标与量化目标的融合，构建对目标的纠错纠偏机制，并完善基层容错机制。除此之外，对于财政性教育精准扶贫工作本身，应强调"人民满意"的价值导向；建立"扶贫部门识别、教育部门提供在学证明"的贫困生瞄准机制；在中央教育工作领导小组的领导下，建立全国教育数据联网；强化教育财政投入激励机制，构建"以省为主"的教育经费管理体制。

本书涉足财政支出绩效评价范畴与教育精准扶贫领域。研究价值在于：一是选题跨公共管理学、财政学、教育学等学科领域，所研究问题是精准扶贫、乡村振兴乃至共同富裕的重要问题；二是研究回应政府绩效评价的理论发展需求，操作化"第四代评价"理念，区分价值目标与量化目标，与财政支出绩效评价的"4E"维度相对应，从形式上强化预算绩效目标管理的激励机制，推动目标纠正纠偏。

关键词：教育精准扶贫；财政支出绩效评价；绩效目标；价值目标；人民满意

目　录

第一章　导论

第一节　选题缘由与问题提出

一　选题背景

财政是国家治理的基础和重要支柱。新时期，我国经济正在从高速增长阶段向高质量发展阶段转轨，经济增长速度逐步下行，财政收入增长放缓，存量经济特征明显，而支出刚性需求较大，财政失衡问题日益突出①，如何在保证国家履行职能基本支出的前提下严控财政风险，成为摆在财政管理者面前的关键问题。除推动社保制度改革、房产税改革等一系列增收改革以外，通过建立现代财政制度，实现"花钱必问效、无效必问责"的财政支出管理机制，成为规避财政重大风险、回应公众监督与质询的必然路径，也成为新阶段提高国家治理能力的重中之重。为此，结合脱贫攻坚的时代背景，2014 年 1 月 25 日，中共中央办公厅、国务院办公厅发布《关于创新机制扎实推进农村扶贫开发工作的意见》，要求"把资金分配与工作考核、资金使用绩效评价结果相结合"；2017 年中央经济工作会议明确提出"加强扶贫资金绩效管理"，重要内容便是教育扶贫支出的绩效管理；2018 年 8 月，《关于进一步调整优化结构提高教育经费使用效益的意见》指出，"经费使用进一步向困难地区和薄弱环节倾斜，把有限资金用在刀刃上"……多个中央的重要文件均对教育扶贫中财政支出绩效评价的应用提出要求。

另外，从长期来看，教育是推动社会公平正义的根本性手段。随着教育在经济促进与个人发展过程中扮演的角色日益凸显，我国各级教育

---

① 比如地方债务风险过高、老龄化社会下社保缺口过大。

支出逐步增加，各级教育支出占一般公共预算的比重逐步提升，并于2012年完成了1993年提出的财政性教育经费占 GDP 4%的目标。从教育经费支出总量看，2012—2017年，全国教育经费总支出接近208446.74亿元，其中，财政性教育经费达167967.48亿元，成为一般公共预算的最大支出。[①] 而财政性教育经费一半以上用于欠发达地区，一半以上用于教师工资福利和学生资助。[②] 这种现象的出现固然与2015年以来教育扶贫攻坚任务的开展密不可分，但教育公平本身一直以来也是我国教育支出的重点。从1986年《中华人民共和国义务教育法》颁布并明确"国家、社会、学校和家庭依法保障适龄儿童、少年接受义务教育的权利"，到1992年"两基"任务启动，再到"两免一补"，再到"农村义务教育学生营养改善计划"等，教育扶贫范围不断增加，教育扶贫不断纵深化与精准化，教育扶贫尤其是精准扶贫支出总量不断攀升，并逐步成为决定教育经费支出绩效高低的关键。但基于我国预算管理不完善、旧的财政体制不适应新时期的基本现实，科学高效地开展财政性教育精准扶贫颇具难度，财政性教育精准扶贫支出绩效难以得到保障。调查表明，尽管国内贫困人口规模下降、整体贫困情况改善，但是城乡贫困现象并没有因此明显减少，甚至存在反弹的迹象[③]；2017年国家审计署审计结果也显示，158个贫困县中27个市县共计1.66万名贫困生未按规定享受的助学补贴达1557.38万元。[④] 财政性教育精准扶贫过程中"不精准""难精准"问题引发关注。

二 问题提出

自20世纪90年代以来，财政支出绩效评价在国内广泛开展，并逐渐应用于财政性教育精准扶贫，但与基层政府"不精准"和"难精

---

① 根据2012—2017年全国教育经费执行情况统计公告计算。

② 《国务院关于国家财政教育资金分配和使用情况的报告》，中华人民共和国财政部网站，2017年12月25日。

③ 邹薇和程波：《中国教育贫困"不降反升"现象研究》，《中国人口科学》2017年第5期。

④ 2018年审计署公布了1月至3月对20个省份158个国家扶贫开发工作重点县2017年扶贫政策措施落实和扶贫资金管理使用情况的审计结果，显示"由于扶贫措施与困难学生资助、医疗、低保等政策衔接不够或数据不共享等原因，43个县的2.99万名建档立卡贫困家庭子女、农村低保子女等生活困难学生未能按规定享受国家助学金及寄宿生补贴等教育扶贫资助。其中，27个市县的1.66万人（次）贫困家庭学生未能按规定享受国家助学金等补贴1557.38万元"。参见审计署《2017年第6号公告：158个贫困县扶贫审计结果》。

准"、被扶贫对象"怕补助"和"拒补助"等现象形成对比，现有教育精准扶贫支出绩效评价体系之下，基层政府与地方政府长期保持考核高分或考核优良的水平。此二者看似矛盾，但恰恰反映了财政性教育精准扶贫支出绩效评价中，各级政府与部门对"绩效目标"的误读引发"目标设置低效"与"财政绩效评价低效"等财政绩效管理低效问题。针对该情况，2018 年 9 月，《中共中央　国务院关于全面实施预算绩效管理的意见》提出"强化预算绩效目标管理"。而从财政性教育精准扶贫支出绩效评价的实践来看，对于如何开展绩效评价，尚缺少具有指导意义的理论支撑与成熟经验，由此导致财政性教育精准扶贫支出目标检验机制的模糊化与不确定性，进而限制财政支出绩效评价所发挥的效用，这与我国长期以来片面强调财政支出绩效评价的工具属性与科学过程而忽视其价值导向不无关系。为此，有必要对财政性教育精准扶贫支出进行绩效目标检验，从而提高财政性教育精准扶贫绩效，消解财政风险，为维护好教育脱贫攻坚战成果、进一步实现乡村振兴和稳步推进共同富裕提供制度保障。以财政性教育精准扶贫支出绩效目标检验的方法论为研究目的，当前亟待回应的问题是：财政性教育精准扶贫支出的绩效目标是什么？应如何科学地开展财政性教育精准扶贫支出绩效目标检验？如何检验？

第二节　研究意义

一　理论意义

首先，丰富并深化中国特色财政治理理论。党的十九大提出"推进国家治理体系和治理能力现代化"，其中之一便是财政治理体系和治理能力现代化。反观现有相关研究，多将研究重点置于各行业、各领域、不同支出的财政支出绩效评价体系建构上，但从以往的经验看，其表述并未对建构依据、绩效目标制定科学性等问题进行深入探讨或加以明确，这就间接导致在财政支出绩效评价推广过程中，其合理性与可行性受到质疑，由此影响财政支出绩效评价本身的合法性。教育精准扶贫支出作为我国财政支出的组成部分，从某种程度上是我国财政支出的一个缩影，因而对教育精准扶贫支出绩效目标检验进行研究，无疑将为财政支出绩效目标检验提供一个范本，也将有助于为其提供合法性依据。从这个角度上看，它是马克思主义中国化的精细化探索，它将丰富中国特色财政治理的理论内涵，因此本书的研究具有必要性。

其次，延续并拓展财政绩效管理的理论研究。20 世纪 70 年代末以来，财政绩效管理领域出现了很多研究成果，包括财政绩效评价中的政治博弈、评价体系构建、反馈路径、偏误控制、全过程管理，等等。可以说，财政绩效管理理论在短短几十年间有了质的变化。但是，现有研究普遍将焦点集中于工具理性的探讨，而忽视价值理性的思考。尽管包国宪、王学军等学者已开始注意到绩效管理中"公共性"的重要性，并提出所谓的"以公共价值为基础的政府绩效治理模型"，但是该框架的建立是基于所谓西方民主制度分析，因此如何将其与中国实际结合仍需要摸索，尤其是如何将模型具体化为方法与步骤并应用于不同公共行政过程"还需要进一步研究"。① 据此，基于中国场景分析，形成"接地气"的财政绩效价值选择与目标检验的理论研究与实证研究就显得格外重要。

最后，创新并丰富教育精准扶贫开发理论。基于过去 30 余年中国教育扶贫的经验，解决教育脱贫问题并非易事，随着城镇化的深入与农村"空心化"的普遍发生，精准扶贫支出与教育经费支出效率提升之间的冲突更为明显，加剧了教育扶贫的缺位。20 世纪 90 年代以来，随着农村就学生源的急剧减少，为提高村镇学校集约效应，学界出现"撤点并校"的声音，并逐步推及实务界，于是我国在全国农村大范围开展了"撤点并校"的学校布局改革活动。从实际效果看，免费义务教育的普及既已大范围解决了因学致贫、因贫辍学等问题，"撤点并校"的确有利于推动教学资源的整合，避免教育经费支出浪费。但是，学校过远而导致的寄宿求学、校车上学、交通安全等问题暴露教育质量降低，凸显出中国特色扶贫开发理论再创新的必要性。精准扶贫精准脱贫是新时代我国民生领域的重大战略，教育扶贫构成其重要基础，"精准"决定其成功与否，因而科学开展财政性教育精准扶贫支出绩效评价以实现政策目标检验具有必要性。

二 实践意义

首先，为教育财政扶贫支出绩效评价乃至财政支出绩效评价提供理

---

① 包国宪和王学军：《以公共价值为基础的政府绩效治理——源起、架构与研究问题》，《公共管理学报》2012 年第 2 期。

论支撑。党的十九大提出，"建立全面规范透明、标准科学、约束有力的预算制度，全面实施绩效管理"；2018年9月，《中共中央国务院关于全面实施预算绩效管理的意见》要求"强化绩效目标管理"，并将其作为预算绩效管理流程的关键环节。而尽管中央多个文件对"绩效目标管理"提出要求，但针对如何制定目标、如何检验目标的科学性等问题始终未作出清晰的解读。本书试图通过教育精准扶贫经费绩效评价的价值分析与实证检验，进一步形成教育精准扶贫经费绩效目标检验标准。该研究将在一定程度上对财政性教育精准扶贫支出绩效评价实践形成借鉴。同时，作为财政支出的构成部分，针对财政性教育精准扶贫支出绩效评价进行目标检验事实上也是对财政支出绩效评价的目标检验，因此，本书研究也能对财政支出绩效评价实践提供一定的理论指导。

其次，有助于解决财政性教育精准扶贫支出配置低效、支出浪费、效益低下等现实矛盾。目前，我国教育精准扶贫中出现扶贫对象不精准（应扶未扶、冒领补助等）、重复补助等乱象。究其原因，教育精准扶贫经费管理水平不足是其重要因素，但并非所有问题均为使用绩效的问题，更多是决策的科学性问题，直接反映在各层级的财政性教育精准扶贫支出绩效评价体系之中。然而，从以往国内实施财政支出绩效评价的效果来看，基层开展的所谓"财政绩效评价"，很多异化为实质意义上的"目标管理"，也因此往往并未对部门目标进行价值性的检验，由此导致目标设置置换、目标设置低效、目标设置烦琐等现实问题，并无法从根本上解决财政性教育精准扶贫支出不精准问题，反而引发了公众的不满（补助不公、拒领补助等）。在此种情况下，解决财政性教育精准扶贫支出绩效评价中目标检验的问题，进而减少体制性成本的消耗就显得十分必要。

第三节　核心概念

一　财政支出绩效评价

孟建民、刘昆等较早对财政支出绩效评价进行定义。孟建民认为绩效评价就是评价效益，是加强财政支出监管的重要手段、提高财政决策水平的重要保障。① 这实际上是就财政支出效果来考虑的。与之不同，丛树海等从评价内容上对财政支出绩效评价进行考虑，认为它是在绩效概念中增加了"财政支出"这个评价对象。所以，财政支出绩效评价就是对财政支出的绩效进行评价，主要针对其效益、效率和有效性。② 朱志刚认为，财政支出绩效评价是指运用科学、规范的绩效评价方法，对照统一的评价标准，按照绩效的内在原则，对财政支出行为过程及其效果（包括经济、政治和社会绩效）进行的科学、客观、公正的衡量比较和综合评判。③ 进一步地，刘昆和肖学将其归纳为基于既定的理念与目的，运用科学方法、规范流程和相对统一的指标体系，对财政支出的产出与效果进行综合性测量与分析的活动。④

在实务中，自党的十六届三中全会提出"建立预算绩效评价体系"以来，财政支出绩效评价的内涵在不断深化。2009 年，财政部《财政支出绩效评价管理暂行办法》中将其定义为"财政部门和预算部门（单位）根据设定的绩效目标，运用科学、合理的评价方法、指标体系和评价标准，对财政支出产出和效果进行客观、公正的评价"⑤；2011 年，该表述被调整为"财政部门和预算部门（单位）根据设定的绩效目标，运用科学、合理的绩效评价指标、评价标准和评价方法，对财政支出的经济性、效率性和效益性进行客观、公正的评价"⑥。后者进一步对评价方法的科学性与合理性提出要求，也对财政支出绩效评价的评价标准进行明确。当然，这些定义始终局限于"财政部门和预算部门（单位）"，导致财政绩效评价内部化的问题，评价主体多元性仍有待丰富。

本书所指的"财政支出"涉及教育支出领域，公共性较强，在评价标准上应遵循"4E"原则，即财政支出绩效评价为基于既定的理念与目的，运用科学方法、规范流程和相对统一的指标体系，对财政支出的经

---

① 孟建民：《财政支出效益评价》，中国财政经济出版社 2002 年版，第 4 页。

② 丛树海、周炜、于宁：《公共支出绩效评价指标体系的构建》，《财贸经济》2005 年第 3 期。

③ 朱志刚：《财政支出绩效评价研究》，中国财政经济出版社 2005 年版，第 9 页。

④ 刘昆、肖学：《推进财政支出绩效评价带动绩效预算管理改革——兼谈广东财政支出绩效评价的实践》，《财政研究》2008 年第 11 期。

⑤ 《财政部关于印发〈财政支出绩效评价管理暂行办法〉的通知（财预〔2009〕76号）》，财政部文件，2009 年 6 月 22 日印发。

⑥ 《财政部关于印发〈财政支出绩效评价管理暂行办法〉的通知（财预〔2011〕285号）》，财政部文件，2011 年 4 月 2 日印发。

济性、效率性、效果性与公平性进行综合性测量与分析的活动。

二 财政支出与财政政策

财政支出与财政政策之间并不是截然分开的。财政政策是政府公共政策的内核，财政资金构成政府活动的基础。[①] 也就是说，财政支出是财政政策的物质基础，而财政政策是财政支出的主要依据。就财政性教育精准扶贫而言，教育精准扶贫政策的实现必然以财政支出作为载体，进而实现"财政性教育精准扶贫"。但与此同时，财政支出与财政政策、财政支出与财政支出绩效、财政政策与财政政策绩效之间并不是简单的一一对应的关系。首先，财政政策的实现手段除了财政支出，也包括政策宣传、人员投入、制度设计等一系列相应的配套举措，因此置于同一支出政策背景，财政政策的概念较财政支出更大、内涵更为丰富；其次，实现政府某一层级某项财政支出过程之后，由于财政政策的配套措施及政策本身的影响，政策所涉及的资金有时并非仅仅局限于财政支出，而可能引发基层政府财政支出、民间投资、社会捐献等其他支出，在此种情况下，财政支出与财政支出绩效之间就不是严格的对应关系，财政支出绩效涵盖了财政支出及财政支出所引发的其他支出的绩效内容；最后，财政政策与财政政策绩效之间也是同理，财政政策绩效体现为财政政策具体内容的直接绩效，也体现为因财政政策而引发的间接绩效，表现为社会影响与经济效应。

因此，尽管财政支出与财政政策有所区别，但在一般情况下，财政支出绩效事实上等同于财政政策绩效。进一步地，在本书中，财政性教育精准扶贫支出绩效目标检验本身既是财政支出绩效目标检验，也是财政政策绩效目标检验，前者更注重财政绩效管理的工具主义的科学管理追求和民主财政的价值导向，后者则主要强调政策的理念追求。也就是说，考虑财政性教育精准扶贫绩效目标检验，既应考虑财政性教育精准扶贫支出的科学管理的需要，又应考虑财政与教育精准扶贫政策目标的价值追求。

三 财政性教育精准扶贫支出

教育精准扶贫是新时期党中央提出的扶贫攻坚理论概念，也是精准

[①] 郑方辉和王彦冰：《全面实施绩效管理背景的财政政策绩效评价》，《中国行政管理》2018年第4期。

扶贫的主要任务。长期以来，我国扶贫政策的重点在于地区性扶贫和连片特困地区，而2011年全面实现"两基"①任务后，分散的贫困户仍存在青壮年文盲现象，个别贫困生仍面临失学辍学困境。2014年，中共中央办公厅、国务院办公厅发布《关于创新机制扎实推进农村扶贫开发工作的意见》，提出精准扶贫战略，其中便包括精准教育扶贫。2015年2月，习近平指出，革命老区、贫困地区要脱贫致富，从根儿上还是要把教育抓好。同年11月，中央扶贫开发工作会议召开，习近平强调，解决"怎么扶"问题，要按照贫困地区与人口的具体情况实施"五个一批"工程，其中包括"发展教育脱贫一批"。②29日，中共中央、国务院发布《关于打赢脱贫攻坚战的决定》，明确提出"两不愁三保障"③，强调"坚持精准扶贫"基本原则，"着力加强教育脱贫"。以上提法被提炼为"教育精准扶贫"。

教育精准扶贫在我国并非全新的事物。2007年建立起来的普通本科高校高等职业学校和中等职业学校家庭经济困难学生资助政策体系事实上就是教育精准扶贫的一个雏形。新时期，教育精准扶贫的关键环节在于精准识别、建档立卡，并建立精准扶贫工作机制，国家制定统一的扶贫对象识别办法。那么，何为"精准"？针对这个问题，2015年6月习近平以"六大精准"④进行了回应。但国内针对教育精准扶贫尚未有清晰的定义。总体而言，教育精准扶贫包含广义与狭义的内涵。狭义上，教育精准扶贫特指对建档立卡的贫困户子女发放生活补助。广义上，教育精

---

① 即基本普及九年义务教育，基本扫除青壮年文盲。

② "五个一批"为：一是发展生产脱贫一批，引导和支持所有有劳动能力的人依靠自己的双手开创美好明天，立足当地资源，实现就地脱贫。二是易地搬迁脱贫一批，贫困人口很难实现就地脱贫的要实施易地搬迁，按规划、分年度、有计划组织实施，确保搬得出、稳得住、能致富。三是生态补偿脱贫一批，加大贫困地区生态保护修复力度，增加重点生态功能区转移支付，扩大政策实施范围，让有劳动能力的贫困人口就地转成护林员等生态保护人员。四是发展教育脱贫一批，治贫先治愚，扶贫先扶智，国家教育经费要继续向贫困地区倾斜、向基础教育倾斜、向职业教育倾斜，帮助贫困地区改善办学条件，对农村贫困家庭幼儿特别是留守儿童给予特殊关爱。五是社会保障兜底一批，对贫困人口中完全或部分丧失劳动能力的人，由社会保障来兜底，统筹协调农村扶贫标准和农村低保标准，加大其他形式的社会救助力度。要加强医疗保险和医疗救助，新型农村合作医疗和大病保险政策要对贫困人口倾斜。要高度重视革命老区脱贫攻坚工作。

③ 到2020年，稳定实现农村贫困人口不愁吃、不愁穿，义务教育、基本医疗和住房安全有保障。

④ 即扶持对象精准、项目安排精准、资金使用精准、措施到户精准、因村派人（第一书记）精准、脱贫成效精准。

准扶贫为通过精准识别、建档立卡等方式保障经济困难家庭子女及有劳动力人口获得教育与培训机会，提升贫困地区与人口人力资本，对自身发展提供可行能力，形成经济助力，实现减贫脱贫。

另外，通过教育开展精准扶贫的方式是多样化的，可以通过教育本身的精准扶贫（如支教），也可通过支出一定的资金推动教育精准扶贫，等等。其中，资金投入的来源是多途径的，包括民间捐赠资金、教育投资资金、财政性资金等。与此同时，联合国教科文组织（UNESCO）对财政性教育经费的定义为："全部公共教育经费是地方、地区和国家（中央）政府，包括自治市、自治区政府，用于教育和教育管理的支出总和，但家庭和政府间的转移支付经费排除在外。"

据此，财政性教育精准扶贫支出特指用于教育精准扶贫（包含 2020 年全面脱贫之后针对"相对贫困"的教育精准扶贫）的财政性支出。需要说明的是，财政性教育精准扶贫支出是其绩效的前提，但财政性教育精准扶贫支出绩效却不限于财政支出本身，而涉及更广范围的经费，包括民间教育投资、社会捐赠等。这是因为财政性教育精准扶贫支出代表一项财政性支出，其背后更是教育精准扶贫政策。财政性教育精准扶贫支出即财政性支出本身，但财政性教育精准扶贫支出绩效则包含因该政策引起的一系列教育精准扶贫支出的绩效。

四　目标与绩效目标

按照《辞海》的解释，目标指的是想要达到的境界或目的。也就是说，目标仅是一种指引性的指标或目的，不涉及价值判断，体现为纯粹的工具属性。在我国，目标在管理中的广泛应用最早可追溯至目标管理责任制的推广。20 世纪 80 年代中期到 90 年代初期，国内（如湖北省）曾试行而后推广至全国各地的目标管理责任制，实际上就采用了"目标/结果比对"的方式。而绩效目标实际上就是在目标之外，增加了绩效的内涵。也就是说，绩效目标实际上就是"有成绩的、想要达到的境界或目的"。张强等认为，在中国预算绩效目标管理实践中，效率目标（投入、产出、实效）等容易量化和控制，所以常常被用于实践，而质量、回应性和满意度等效益目标难以量化、不易控制，所以容易被忽视。[①] 这

[①] 张强和张定安：《以绩效目标为抓手全面实施预算绩效管理》，《中国行政管理》2018 年第 11 期。

也反映出国内"绩效目标""目标化"的一个现状。

在政府考核与评价的场景下，目标与绩效目标之间存在本质差异。从管理类别来看，前者指目标责任制或目标管理机制之下的相关目标，后者则特指绩效管理机制之下的绩效目标。从假设前提来看，前者预设了目标的正确性、科学性与合理性，不需要对目标本身进行审视；但后者则基于目标科学性影响绩效输出的前提假设，要求对绩效目标进行审视并实现目标指标的科学性、合理性、民主性等价值性的检验，本身包含了纠错纠偏的要求，内置了目标纠错纠偏的机制，有助于避免目标设置无效与目标设置低效以及因此而导致的目标置换。从应用范围来看，前者多应用于政府内部上级对下级的控制管理，追求政府执行力，而后者则多应用于政府或部门外部对其进行监督，追求政府行为的公信力。从管理导向来看，前者集中强调结果导向，但后者在关注结果导向之余，也要求公众满意导向。从本质属性来看，前者仅突出工具属性特征，但后者本身兼顾工具属性与价值属性。

进一步地，绩效目标包含目标的内涵，不仅涉及工具属性，也具备价值属性。其工具属性主要体现在经济性、效率性和效果性"3E"目标，其价值属性则主要体现在公平性目标。前者所对应的"3E"目标可量化程度较高，故又称其为量化目标；后者公平性维度价值特征较为突出，故又称其为价值目标。

五　目标检验

目标检验实际上就是指"目标/结果比对"的过程，也是目标管理的重要环节，常表现为评估、评价、考核或考评，最早应用于企业管理。目标检验的目的在于，通过对实施结果和产出进行检查和检测，将其与预定目标水平进行比对，以反映执行的达标情况。但是，这种目标检验实质上仍属于目标管理的范畴，跟所谓的"绩效目标管理"或"绩效目标检验"存在差异。当然，无论是绩效目标管理还是绩效目标检验，目标检验始终构成其基础。正如上文所提及，绩效目标包含量化目标和价值目标，类似地，绩效目标检验也包括量化目标检验和价值目标检验。前者主要对经济性、效率性和效果性三个维度的量化目标进行"目标/结果比对"，后者则主要对公平性等价值属性突出的维度进行定性目标的"目标/结果比对"。针对后者，汪三贵等认为，行政系统内部管理方式在一定程度上可以保障项目的开展，基本满足考核要求，但对复杂的扶贫项目，要做到精准扶贫就需要创新评估方式，评估主体也必然呈现出多元化趋势。① 当然，价值目标本身难以量化，常常通过多元价值和立场的获取与冲突的识别进行定性的判断。换言之，目标检验的方式包括量化检验和规范检验；其中，目标既可以强调工具属性的量化目标，也可以凸显价值属性的价值目标。

在特定情况下，为了在突出顶层目标的权威性的同时发挥绩效管理的功能作用，目标检验也将绩效理念有限度地引入，即在明确顶层预设目标的正确性的前提下，将公众满意度作为目标检验的关键指标，同时也关注基层目标设置的合理性与否，据此对政策执行效果进行核验，该做法也被称为"绩效目标检验"。在国内，佛山以提升执行力与公信力为目标，以"三个统一"为路径，以绩效导向的目标管理为定位，以绩效评价统筹各项考评为方向，这可被视为此种绩效目标检验的成功经验。②

第四节　文献综述

一　文献来源

一是中文文献。采用中国知网（CNKI 数据库）对与教育精准扶贫支出相关的词汇（扶贫支出、精准扶贫支出、教育扶贫支出、教育精准扶贫支出）进行检索并模糊匹配。

由图 1-1 可见，20 世纪 90 年代之后，有关教育扶贫的发文量呈稳步上升态势，2015 年之后迅速增加。自 1997 年以来，有关扶贫支出的中文文献发文量趋势总体上呈波动上扬的趋势，在 2007 年、2014 年分别呈现小高峰状态，至 2019 年达到最高峰。有关精准扶贫支出的研究始于 2016 年，呈现稳步上升状态，但发文规模仍然较小，2019 年之后研究热度有所回落。有关教育扶贫支出的研究则长期处于低迷状态，鲜有人对其加以研究，尽管在 2017 年之后发文量有明显增长，但发文量较少、发文质量不高仍是制约教育扶贫支出研究的重要因素。有关教育精准扶贫支出的研究更是屈指可数，该种情况固然与该领域涉及面较窄有关，但教育

---

① 汪三贵、曾小溪和殷浩栋：《中国扶贫开发绩效第三方评估简论——基于中国人民大学反贫困问题研究中心的实践》，《湖南农业大学学报》（社会科学版）2016 年第 3 期。
② 张子兴、曹小华和贾伟：《佛山绩效管理》，新华出版社 2014 年版，第 27 页。

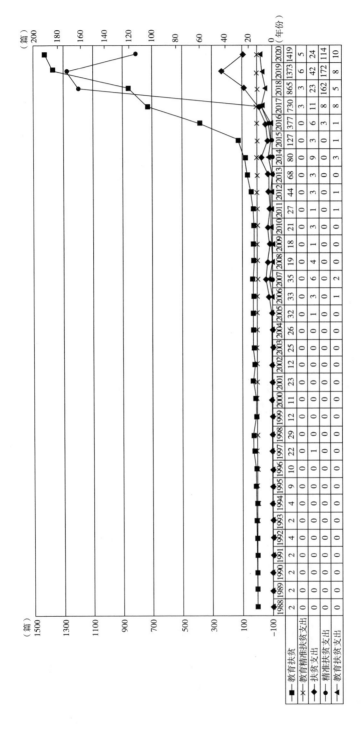

图 1-1 教育精准扶贫支出相关中文文献发文量趋势

注：“教育扶贫”对应左坐标轴，其余对应右坐标轴。

资料来源：笔者自制。数据通过中国知网检索得到，检索时间为 2021 年 4 月 16 日。

年份	1988	1989	1990	1991	1992	1993	1994	1995	1996	1997	1998	1999	2000	2001	2002	2003	2004	2005	2006	2007	2008	2009	2010	2011	2012	2013	2014	2015	2016	2017	2018	2019	2020
教育扶贫	2	2	2	2	4	2	4	9	10	22	29	12	11	23	12	25	26	32	33	35	19	18	21	27	44	68	80	127	377	730	865	1373	1419
教育精准扶贫	0	0	0	0	0	0	0	0	0	0	0	0	0	0	0	0	0	0	0	0	0	0	0	0	0	0	0	0	0	3	3	6	5
扶贫支出	0	0	0	0	0	0	0	0	0	1	0	0	0	0	0	1	1	1	3	6	4	1	3	1	3	3	9	3	6	11	23	42	24
精准扶贫支出	0	0	0	0	0	0	0	0	0	0	0	0	0	0	0	0	0	0	0	0	0	0	0	0	0	0	0	0	3	8	162	172	114
教育扶贫支出	0	0	0	0	0	0	0	0	0	0	0	0	0	0	0	0	0	1	0	0	0	0	0	1	1	0	3	1	1	8	5	8	10

作为扶贫脱贫的基础措施和长效措施，其重要性不言而喻，这说明教育精准扶贫支出已成为精准扶贫相关研究的短板之一。总体来看，教育精准扶贫支出相关研究热度呈上升趋势，研究规模在 2019 年之后有所回落，发文总数相对有限、发文质量较不理想。

在此之上，进一步对"财政支出"&"绩效"、"扶贫"&"支出"&"绩效"、"精准扶贫"&"支出"&"绩效"、"教育"&"精准扶贫"&"支出"&"绩效"等进行检索并模糊匹配，结果见图1-2。

从发文量变化趋势来看，所检索的研究内容的研究热度基本上呈上升趋势，至 2019 年有所回落。同时，相较于扶贫支出绩效、精准扶贫支出绩效、教育精准扶贫支出绩效等，财政支出绩效的相关研究数量较多，说明财政支出绩效已初步成为较为成熟的研究领域。具体而言，财政支出绩效相关研究的热度在 2019 年达到峰值后有小幅回落，但研究总量仍然保持在较高的水平；扶贫支出绩效相关研究始于 2004 年前后，该时间节点恰好与我国提出建立公共财政、推进西部大开发等的时间节点相近，之后 2011 年前后该类研究的热度也有上升，但总体保持在较低的水平，2017 年之后涨幅则较为明显；与精准扶贫支出绩效和教育精准扶贫支出绩效相关的研究量的变化较为相近，基本出现于我国"精准扶贫"战略提出之后，但热度不高。

二是英文文献。采用 WEB OF SCIENCE（SSCI 数据库）对"finance"（财政）&"performance"（绩效）、"education"（教育）&"poor"（贫穷）、"education"（教育）&"poor"（贫穷）&"finance"（财政）、"education"（教育）&"poor"（贫穷）&"help"（扶助）&"precision or aimed target"（精准）、"education"（教育）&"poor"（贫穷）&"help"（扶助）&"precision or aimed target"（精准）&"finance"（财政）、"education"（教育）&"poor"（贫穷）&"help"（扶助）&"precision or aimed target"（精准）&"finance"（财政）&"performance"（绩效）等词组进行检索并模糊匹配，结果见图1-3。其中，有关财政绩效的文献量自 1994 年以来持续上升，研究成果较为丰富，至 2017 年研究量达到顶峰；与此同时，有关教育扶贫的文献量则自 2005 年之后迅速增多，2017 年之后仍处于持续上涨趋势；相比之下，国外有关教育精准扶贫、教育扶贫支出、教育精准扶贫支出、教育精准扶贫支出绩效的研究热度，则长期处于低迷状态。

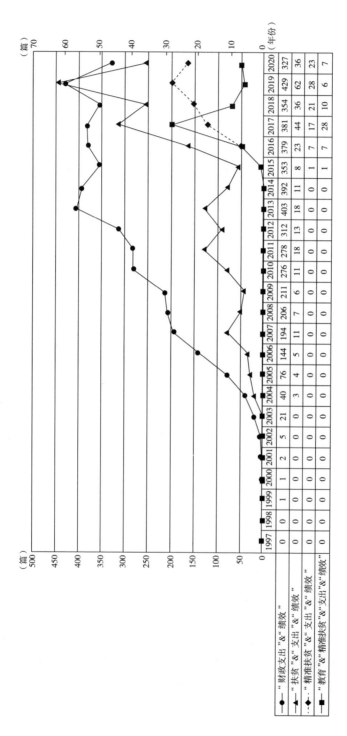

图 1-2 教育精准扶贫支出绩效相关中文文献发文量趋势

注："财政支出"&"绩效"对应左坐标轴，其余对应右坐标轴。

资料来源：笔者自制。数据通过中国知网检索得到，检索时间为 2021 年 4 月 16 日。

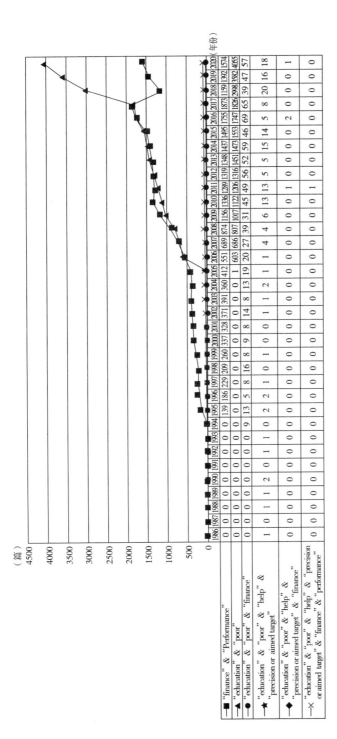

图 1-3 教育精准扶贫支出绩效评价相关英文文献发文量趋势

资料来源：笔者自制。数据通过 WEB OF SCIENCE 检索得到，检索时间为 2021 年 4 月 16 日。

三是文献特点。首先，研究内容。财政绩效评价与教育扶贫在国内外的研究成果已然较多，其已成为相对成熟的研究领域。至于扶贫支出，尤其是教育精准扶贫支出及其绩效的研究尚处于探索的阶段，研究成果总体较少，这与"教育精准扶贫"本身作为一个新的政治与理论概念有关，也说明当前深化并丰富教育精准扶贫资金管理相关研究的必要性与重要性。其次，研究热度。财政支出绩效、教育扶贫等相关领域已有较多的研究成果，形成了成熟的研究领域，且从这二者的发文量来看，其研究热度均从某一年份开始迅速提升，同时国外研究的灵敏度高于国内，国外相关研究普遍早于国内。这个特点在其他研究内容上也有所体现。

二 关于教育财政支出与扶贫关系的研究

长远来看，不考虑临时性的生活救济，从国家的角度，扶贫减贫很大程度上归因于经济建设与经济发展。总结 1978 年之后中国大规模减贫的经验，经济增长是最主要的推动力，表现在为贫困人口提供就业和创收机会，并使政府有能力帮助贫困人口，特别是农业和农村经济的持续增长，而前期人力和物质资本积累是其重要条件。进一步地，今后扶贫的最大困难在于不平等程度加剧，该情况会弱化经济增长的减贫作用，而目标对象识别不精准也不利于扶贫支出效果的发挥。[1] 总结其分析逻辑，其中蕴含了扶贫财政支出促进均等化的方向与瞄准机制优化的深层问题，即各类扶贫支出的优先顺序如何？如何提高扶贫瞄准？更准确地说，扶贫的基础在于教育服务的均等化与教育扶贫的精准瞄准。而高教育水平也被确认是东亚经济迅速增长的主要原因。[2] Saint-Paul 和 Verdier 通过实证研究发现，加大公共教育的支出有利于实现再分配中的公平，从而维护社会的稳定，进而促进经济的增长。[3] 杨军发现，在我国贫困农村，劳动力素质普遍偏低，社会发育程度低，贫困群体弱势特征突出，

---

[1]　汪三贵：《在发展中战胜贫困——对中国 30 年大规模减贫活动经验的总结与评级》，《管理世界》2008 年第 11 期。

[2]　叶兴庆：《对贫困地区发展面临的挑战和政策的总体评价》，载中国贫困问题研究专业委员会《中国反贫困政策研究论坛报告》，转引自陈凡《中国反贫困战略的矛盾分析与重新构建》，《中国农村经济》1998 年第 9 期。

[3]　Saint-Paul, G., Verdier, T., "Education, Democracy and Growth", *Journal of Development Economics*, Vol. 42, No. 2, 1993, pp. 399-407.

严重制约了贫困地区的经济社会发展。① 显然，经济增长依托于人力与物质资本积累，其前提是教育水平的提高。

但王培石也发现，财政性教育支出对地区收入具有正面促进作用，但其表现为倒"U"形，即过多投入可能会降低投入资金效率。② 除此之外，张学敏等提出，教育投入与经济发展并不总是协调的，教育投入的效益回收不对称，原因在于各级教育的地域布局、人才培养供需不匹配、人力资本流失、政策导向未能因地制宜等。③ 陈晓玲等进一步补充，尽管国家在农村地区教育方面投入了大量的资源，但是扶持政策之下培养的人才往往很难留在欠发达地区，因此也就无法为当地的经济发展做出贡献，从而导致欠发达地区教育投入与产出之间的不对称。④ 这又涉及城镇化背景下教育支出扶贫绩效的问题，即教育支出能否在城镇化发展进程中真正促进贫困地区与贫困人口脱贫。张学敏等发现，欠发达地区具体实际差异较大，本应因地制宜采取教育投资举措，但基层政府常常受上级动员与号召，完成与当地实际不符的指标任务，比如将教育经费主要用于职业教育、短期职业培训等，一方面投资效果不佳，廉价劳动力竞争力不强，另一方面基本的教育服务难以得到保障。为此，他们提出教育投入和经济发展的"联动共生模型"，即在教育活动与经济生产活动间建立联动共生机制，使两者产出结果互为生产投入。问题在于，无论是"教育先行"还是"经济先行"，两者之间的联动都不一定能实现，因此，他们提出，联动的关键在于与本地区优势产业结合。⑤ 而其理论框架的问题在于，大多欠发达地区本身消费动力不足，很难对教育活动形成刺激；同时，随着通信与交通的便利性极大提高，外地消费成本大大降低，更加剧了本地经济市场动力的不足；另外，该框架也未能考虑人才流失问题，因此在可操作性上，这种联动共生关系很难构建。这是就国家发展

① 杨军：《"整村推进"扶贫模式的问题与对策研究》，《重庆工商大学学报·西部论坛》2006 年第 6 期。

② 王培石：《政府教育投入对民众可支配收入提升的关系研究——基于我国 1999 年至 2017 年的省际实证分析》，《国家教育行政学院学报》2019 年第 4 期。

③ 张学敏和杨明宏：《民族贫困地区教育投入与经济发展关系再思考》，《西北师大学报》（社会科学版）2007 年第 1 期。

④ 陈晓玲和尹丹：《农村教育：投资与收益的不对称性》，《农村经济》2004 年第 1 期。

⑤ 张学敏和杨明宏：《民族贫困地区教育投入与经济发展关系再思考》，《西北师大学报》（社会科学版）2007 年第 1 期。

和减贫而言的。

至于个人发展和减贫[1]，按照阿马蒂亚·森个人可行能力论的观点，则有赖于教育的投入。Kraay 指出，相比于收入分配因素，经济增长因素能解释短期贫困变化的 70% 和长期贫困变化的 95%[2]。然而，倘若个人服务经济的能力无法适应经济发展的要求，那么，其生活水平很难从根本上得到改变。早在 1990 年，世界银行的研究发现，当一个家庭中的劳动力人口未能接受超过 6 年的教育时，该家庭发生贫困的可能性就会超过 16%，但是如果其教育年限是 9—12 年，那么可能性就会降至 2.5%。[3] 针对国内，李实古和斯塔夫森通过实证研究发现，户主是文盲的农户的贫困发生率远高于户主是高中或小学文化程度的农户，且户主是小学文化程度的农户的贫困发生率也高于高中文化程度的农户，而户主是小学及以上的文化程度的贫困户群组间的贫困程度差异不大，由此证明教育尤其是初级教育对于减少贫困发生率和减轻贫困程度具有重要意义。[4] 林乘东通过地区间对比发现，贫困人口的综合素质改造是打破贫困恶性循环的必要条件。[5] 后来 Yang 和 Guo 通过回归也发现，基础教育的普及能增强获得永久性收入的各种能力，进而减少结构性贫困。[6] 正如汪三贵提出的，有必要在微观层面上，重点对贫困家庭进行人力资本投资，使他们有能力利用市场上的各种创收机会；另外，人力资本投资也是阻断贫困代际传递的有效途径。[7] 当然，这种教育除了文化教育，也包括技能教育。[8]

---

[1]　阿马蒂亚·森认为，衡量生活水准的标准不是快乐或幸福，也不是欲望或选择，而是功能活动和可行能力。参见［印］阿马蒂亚·森等《生活水准》，徐大建译，上海财经大学出版社 2007 年版，第 20 页。

[2]　Kraay, A., *When is Growth Pro - Poor? Cross - Country Evidence*, International Monetary Fund, 2004.

[3]　世界银行：《1990 年世界发展报告》，中国财政经济出版社 1990 年版。

[4]　李实古和斯塔夫森：《八十年代末中国贫困规模和程度的估计》，《中国社会科学》1996 年第 6 期。

[5]　林乘东：《教育扶贫论》，《民族研究》1997 年第 3 期。

[6]　Yang, Y., Guo, X., "Universal Basic Education and the Vulnerability to Poverty: Evidence from Compulsory Education in Rural China", *Journal of the Asia Pacific Economy*, Vol. 25, No. 4, 2020, pp. 611–633.

[7]　汪三贵：《在发展中战胜贫困——对中国 30 年大规模减贫活动经验的总结与评级》，《管理世界》2008 年第 11 期。

[8]　林乘东：《教育扶贫论》，《民族研究》1997 年第 3 期。

从教育扶贫的方式看，往往通过两种方式实现：一是普及基础教育投入；二是针对性的教育补助与教育费用减免。[①] Jackson 等的研究发现，高中之前的义务教育生均经费投入每提高 10%，学生的工资就会提高 7%。[②] Isaacs 发现，在美国只有不到一半的贫困儿童能在 5 岁时上学前班，相比之下，中等收入和高收入家庭的孩子则超过七成，这主要归因于其家庭经济条件，也受到母亲的受教育程度、健康状态及养育技能等因素的影响。[③] Deininger 对乌干达的"普及初等教育"计划进行研究，发现教育成本降低之后，小学入学人数急剧增加，但与此同时教育质量普遍下降，进而得出结论：在降低教育成本之外，有必要提高教育的质量及教育的可获得性。[④] Peske 和 Haycock 通过调研发现，穷人与少数群体儿童的成绩不如一般的儿童，主要是受到其所处学区优秀教师资源不足的影响，根源在于长期以来教师资源的不公平分配。[⑤] 在基础教育投入之外，主要是职业教育投入。李晓峰认为，贫困人民要想真正做到脱贫致富，离不开职业教育培养，原因是职业教育可使贫困人口获取较高的工资收入，使不能进入本科层次学习的学生享有高等教育机会，且所需教育费用较少，注重技能培养符合了市场需求。[⑥]

三 关于财政支出绩效评价的研究

财政支出绩效评价的必要性。马国贤认为，决策失误是最大的浪费，而财政监督对此无能为力，原因是合规性监督是一种依附于政府模式的监督，无法解决以行政化的财政监督去制止官僚化的浪费问题，因而有必要"在搞好合规性监督的同时开展有效性监督"，即"以公共支出绩效

---

① 蒋鸣和、徐坚成和王红：《中国贫困县教育财政与初等教育成本——491 个国家级贫困县的分析》，《教育与经济》1997 年第 4 期。

② Jackson, C. K., Johnson, R., Persico, C., "The Effects of School Spending on Educational and Economic Outcomes：Evidence from School Finance Reforms", *The Quarterly Journal of Economics*, Vol. 131, No. 1, 2016, pp. 157-218.

③ Isaacs, J. B., "Starting School at a Disadvantage：The School Readiness of Poor Children. The Social Genome Project", *Center on Children and Families at Brookings*, 2012.

④ Deininger, K., "Does Cost of Schooling Affect Enrollment by the Poor? Universal Primary Education in Uganda", *Economics of Education Review*, Vol. 22, No. 3, 2003, pp. 291-305.

⑤ Peske, H. G., Haycock, K., "Teaching Inequality：How Poor and Minority Students are Shortchanged on Teacher Quality", Education Trust, 2006, p. 20.

⑥ 李晓峰：《普及高职教育助推贵州精准扶贫实践探讨》，《农家参谋》2017 年第 23 期。

评价为中心的绩效监督，或者称为绩效监管"。[1] 通过引入绩效的概念，把市场经济理念用于财政管理，政府内部可以通过财政预算实现管理控制，从而推动政府职能转变，提升政府办事效率与协调能力。[2] 而按照 Allen Schick 的观点，相比于传统预算，财政支出管理有两个特点：一是它以政策准则的实质适用于传统的程序与规则，追求政策产出；二是公共支出管理涉及更多机构与管理安排，不仅仅是预算本身，因为它承认差劲的组织与安排会导致预算结果无法达到最优。[3] 换言之，财政支出绩效评价对支出方向与支出主体表现做出价值判断，从而保证支出的公共性与效率性。

财政支出绩效评价的引入与内涵转变。早期针对财政监督的探讨仅仅局限于如何监管的问题，其评价内容也局限于保证财政支出不被挪用或是每一笔支出都受到监督，即合规性的审查。20 世纪 60 年代，美国会计总署率先提出以经济性、效率性、效果性为主体的绩效测量框架，该框架被英国《国家审计法》（1983 年公布）所沿用，成为财政支出绩效评价的"3E"经典范式。同一时期，马斯格雷夫对财政绩效的测量方式进行研究并提出，财政支出绩效体现在支出对 GNP 产生作用发生的变化上而非 GNP 值本身或 GNP 随机产生的变化上，同时，绩效得分根据所采用的公式的不同而变动。[4] 换言之，绩效不是一个可观测值，而是两个可观测值的对比量，是一个变化值，需要进一步把财政绩效作为一个资金支出结果来看待，而不仅仅是资金使用本身。1990 年之后，受到经济体制转轨的影响，各地政府财政压力加大，不得不通过减少财政支出总量来缓解财政负担，[5] 希望在既定的资源与目标前提下，以最高效率、最低成本实现政府目标，以满足公共服务与经济社会发展的需要。[6] 为此，国

① 马国贤：《财政监督将进入嬗变阶段》，《财政监督》2008 年第 7 期。

② 贾康：《绩效预算之目的：实现高效率》，《中国财经报》，http：//www.cfen.com.cn/web/ckb/2006-06/09/content_257133.htm，2006 年 6 月 9 日。

③ Schick，A.，"A Contemporary Approach to Public Expenditure Management"，World Bank，1998.

④ Musgrave & Richard Abel，"On Measuring Fiscal Performance"，*The Review of Economics and Statistics*，1964，pp. 213-220.

⑤ 叶振鹏：《适应社会主义市场经济的要求重构财政职能》，《财政研究》1993 年第 3 期。安体富和高培勇：《社会主义市场经济体制与公共财政的构建》，《财贸经济》1993 年第 4 期。

⑥ 贾康等：《我国推行财政支出绩效考评研究》，《经济研究参考》2006 年第 29 期。

内引入了财政支出绩效评价。最初，大部分学者认为财政支出绩效评价就是评价效益，是强化支出监管的重要手段。[①] 随着认识的深化，丛树海提出，公共支出绩效评价就是对公共支出的绩效进行评价，即对公共支出的效益、效率和有效性进行评价。[②] 该观点从效率与有效性两个方面丰富了财政支出绩效的内涵。2011 年，财政部发布《财政支出绩效评价管理暂行办法》，明确财政支出绩效评价是指财政部门和预算部门（单位）根据设定的绩效目标，运用科学、合理的绩效评价指标、评价标准和评价方法，对财政支出的经济性、效率性和效益性进行客观、公正的评价。[③] 这个标准其实就是西方"3E"评价标准，但可惜该定义并未体现弗莱恩所提出的公平性（"4E"）[④]。

财政支出绩效评价的影响。Hagemann 对专业的财政委员会改善财政业绩的有效性进行研究并发现，其有效性取决于绩效评价任务范围内是否拥有充分的自主权、是否积极而不受约束地展示它们的分析，以及它们的信誉。然而，仅仅建立此种机构是不够的，只有强大而持久地致力于完成中长期财政目标，并重视财政委员会的意见，才能改善财政绩效。[⑤] Brender 对 20 世纪八九十年代以色列地方选举进行研究并发现，财政绩效表现实际上影响了市长在竞选活动中的连任概率，但不影响其前一任期的竞选活动，这种现象的出现主要与政治环境变化、审计与财务报告要求改变、硬预算约束和当地媒体的发展有关。[⑥]

针对如何评价财政绩效的问题，高培勇认为，对财政支出应关注政府使用这些钱为我们做了哪些事？政府的做事水平怎样？效率如何？为此而花费的钱究竟值不值？如果换作你来操作，是否可以再省一些钱？[⑦] 至于财政支出绩效评价体系，就是将无法测量的转化为可以测量的，前

① 孟建民：《财政支出效益评价》，中国财政经济出版社 2002 年版，第 4 页。

② 丛树海、周炜和于宁：《公共支出绩效评价指标体系的构建》，《财贸经济》2005 年第 3 期。

③ 《关于印发〈财政支出绩效评价管理暂行办法〉的通知》（财预〔2011〕285 号），财政部文件，2011 年 4 月 2 日印发。

④ 这或与美国 20 世纪 70 年代对公平性进行评价的失败经验有关系。

⑤ Hagemann, R., "How Can Fiscal Councils Strengthen Fiscal Performance?", *OECD Journal: Economic Studies*, Vol. 2011, No. 1, 2011, pp. 1–24.

⑥ Brender, A., "The Effect of Fiscal Performance on Local Government Election Results in Israel: 1989–1998", *Journal of Public Economics*, Vol. 87, No. 9–10, 2003, pp. 2187–2205.

⑦ 高培勇：《什么才是衡量税负水平高低的根本标准》，《财会研究》2012 年第 5 期。

提是明确政府的职能、支出的目标以及应采取的措施，主要是回答已有预算执行得怎么样、执行得好不好的问题，不仅仅是简单的财政评价或者财政监督，实际上也考察政府所提供公共服务与公共产品的数量、质量与成本。[①]

关于教育支出绩效评价。Hungerford 和 Wassmer 认为，有效利用教育资源固然能提高学生素质和学校水平，但是这并不意味着单方面加大教育支出就能提高教育水平。[②] 这意味着提升教育经费绩效尤为必要，教育支出绩效评价则是重要的手段。Paxson 和 Schady 对 1992—1998 年秘鲁对教育所投的微型项目资金进行评价，发现对基础设施的投资有助于推动贫困地区和贫困家庭教育水平的提高，也对儿童入学率与出勤率产生积极影响。[③] Alderman 和 Kim 对巴基斯坦的两个私立学校的试点项目开展对照实验研究，发现试点学校在城市地区取得成功，但在农村地区却相对失败；所有城市学校都基本可以实现自给自足或者需要适度补贴，但是相比之下，农村地区只有一所学校作为私立学校维持下来，原因在于城市地区缺少公共教育服务的儿童不断增加，而且该地区教师供给相对充足，相比于农村，父母也受过更高教育因而收入更高。该研究说明，私立学校可以作为发展中国家贫困城市社区提供替代性教育服务的供给者，但是不可能从根本上解决农村地区教育服务供应不足的问题。[④] 这个研究也表明，公立学校的投入与财政性教育扶贫经费的支出十分必要。Alexander 对 1980 年之后世界银行和国际货币基金组织在发展中国家的教育支出进行评价，他发现这两个组织的影响主要体现在教育部门甚至经济方面的改革，也体现在一些受资助的结构性调整计划，其中世界银行主要采取一些项目支出或教育改革政策，而国际货币基金组织则专注于结构性调整的贷款，这些措施并非都能促进教育的发展，比如补助金有时会

① 贾康等：《我国推行财政支出绩效考评研究》，《经济研究参考》2006 年第 29 期。

② Hungerford, T. L., Wassmer, R. W., "K-12 Education in the US Economy: Its Impact on Economic Development, Earnings, and Housing Values", NEA Research Working Paper, National Education Association Research Department, 2004.

③ Paxson, C., Schady, N. R., "The Allocation and Impact of Social Funds: Spending on School Infrastructure in Peru", *The World Bank Economic Review*, Vol. 16, No. 2, 2002, pp. 297–319.

④ Alderman, H., Kim, J., Orazem, P. F., "Design, Evaluation, and Sustainability of Private Schools for the Poor: The Pakistan Urban and Rural Fellowship School Experiments", *Economics of Education Review*, Vol. 22, No. 3, 2003, pp. 265–274.

被用于破坏现有的教育系统，又如补助金或贷款有时被用于与教育目标冲突的改革，又如个别地方的教育贷款行为对银行系统产生负面的影响。[①]

在国内，对财政性教育经费绩效评价进行研究的代表性学者有马国贤、刘国永、张曾莲等。学界对教育支出的绩效评价主要围绕"教育财政支出""高等教育""义务教育""国外经验"四个关键词展开。何晶等发现财政性教育经费主要存在六大问题：财政性教育支出总量不足；三级教育财政性支出比例不合理，偏重高等教育，初等教育和中等教育相对不足；地区间的财政性教育支出分配不合理，东部地区教育经费支出最多，中部次之，西部最少；教育支出使用效率低下；中央和地方政府财权与义务教育事权不对等；教育领域缺乏民间资本进入的有效途径。[②] 而根据 Eric Hanashek 的研究结果，资金支出水平与学生成果之间不存在系统性关系，因此学校并非仅通过增加资源投入就能提高学生成绩。[③] 马拉维和乌干达免费教育相关支出的低绩效就是佐证。[④] 这意味着，有必要提高教育经费支出绩效。查显友也发现，2010 年以来财政在教育上的巨额支出有助于补充教育经费的来源，缓解经费短缺并解决一些突出的教育问题。但与此同时，高等教育经费使用存在三大问题：一是与科学配置校内资源相比，高校更加热衷于争取经费拨款；二是资产利用效率不高的现象突出；三是过度强调经费配置结构和预算执行进度，导致教育资源分配中忽略了人才资源的因素，也容易导致教育资源的浪费。[⑤]

[①]　Alexander, N. C., "Paying for Education: How the World Bank and the International Monetary Fund Influence Education in Developing Countries", *Peabody Journal of Education*, Vol. 76, No. 3-4, 2001, pp. 285-338.

[②]　何晶和曾宪萍：《我国财政性教育支出现状、问题及对策》，《宏观经济管理》2011 年第 1 期。

[③]　[美] 艾伦·R. 奥登和劳伦斯·O. 匹克斯：《学校理财》，杨君昌等译，上海财经大学出版社 2003 年版，第 257 页。

[④]　Kadzamira, E., Rose, P., "Can Free Primary Education Meet the Needs of the Poor? Evidence from Malawi", *International Journal of Educational Development*, Vol. 23, No. 5, 2003, pp. 501-516. Deininger, K., "Does Cost of Schooling Affect Enrollment by the Poor? Universal Primary Education in Uganda", *Economics of Education Review*, Vol. 22, No. 3, 2003, pp. 291-305.

[⑤]　查显友：《以效益为核心完善我国高等教育经费运行管理机制》，《中国高等教育》2013 年第 Z3 期。

刘国永等认为，究竟如何投入、投入多少、如何评价投入的效益，成为义务教育财政支出研究的重点。财政支出绩效评价制度是根据"花钱买效果"的预算观、"委托—代理理论"和"目标结果导向"等理论建立起来的新制度，与关注过程的教育评价具有本质的差异，对于教育评价的转向具有重大意义。① 基于这种认识，杨小波等通过实证证实，高等教育经费支出结果无法简单通过绩效评价指标进行测量，主要是因为其产出存在强外部性，但其投资的收益无法在短期内实现。因此，这直接导致实践中出现高等教育经费绩效评价的广度、深度不够，绩效评价方式单一、指标不统一、评价机制不成熟，未形成有效的监督机制（体现在绩效评价及监管机构设置不合理、绩效评价与整改脱节），绩效意识薄弱。② 其他学者也试图对教育经费绩效进行评价。吴建南从总体状况、目标达成、合规性、直接影响以及间接影响五个方面构建了指标体系，对教育财政支出绩效评价的实施具有一定的指导价值。③ 类似地，张曾莲④、王莉华⑤、黄敏新⑥、李克勤⑦、李玉峰⑧等也围绕如何构建高校教育经费绩效评价指标体系的问题进行探讨。张曾莲等选取高等教育经费绩效管理水平较高的中国香港，从规模绩效（包括高等教育经费总量、高等教育经费占比与经费弹性系数等）、结构绩效（包括事业支出比重与基建支出比重）、社会绩效（用学生培养、师资力量、经济贡献等衡量）和运行绩效（分别从高校角度和政府角度分析）四方面设计指标，从政

---

① 刘国永和马国贤：《我国义务教育财政支出绩效评价研究初探》，《江苏教育学院学报》（社会科学版）2008 年第 1 期。

② 杨小波、李永华和宋金杰：《高校财政支出绩效评价存在的问题与对策——基于河北省11 所重点骨干大学的实证分析》，《会计之友》2015 年第 5 期。

③ 吴建南和李贵宁：《教育财政支出绩效评价：模型及其通用指标体系构建》，《西安交通大学学报》（社会科学版）2004 年第 2 期。

④ 张曾莲：《高校收入管理与筹资能力的分析与评价》，《高等财经教育研究》2012 年第 3 期。

⑤ 王莉华：《我国高等教育的绩效专项经费改革及完善思路——以"211 工程"和"985工程"为例》，《中国高教研究》2008 年第 9 期。

⑥ 黄敏新、覃士湲和王杰斌：《战略导向的高等教育经费绩效评价应用研究》，《经济研究参考》2016 年第 23 期。

⑦ 李克勤、王莹和梁清泉：《高校经费使用绩效考核评价体系探讨》，《江苏高教》2012 年第 5 期。

⑧ 李玉峰、朱善国、王宪怡和张君：《基于学生视角下的高校经费绩效评估研究》，《现代管理科学》2014 年第 1 期。

府和高校两个层面、单指标和指标体系两个维度进行评价。① 1986 年出版的《英国大学管理统计和绩效指标体系》中，绩效指标分为输入指标、过程指标和输出指标三类，其中输入指标指高校人财物情况，过程指标指高校可利用资源的使用率、管理行为和组织行为情况，输出指标指办学科研等活动的产出；加拿大阿尔伯塔省推行的绩效拨款机制则包括九项绩效指标，其中五项应用于所有大学（就业率、毕业生对综合质量的满意度、学生数量改变、行政开支、企业资助），四项应用于研究性大学（委员会财政奖励、引用影响、社区与工业支持、科研收入）。② 至于如何破解财政性教育经费绩效评价指标难题，马国贤认为，应该把教育实际与"一观三论"③ 原理结合起来，分别作为指标体系设计的依据与方法论。④

另外，杨兰芳等对中美政府和高校问责报告进行对比，发现国内的问责报告存在多方面不足，包括问责主客体不明确、问责程序不完善、问责法律依据不完整、忽视对社会关注度较高问题的回应、问责数据陈述性多而可比性不足，中央与地方问责权责体系不清晰、中央政府问责过多、地方政府问责特色不明显，机构内问责多而机构间问责少、绩效问责结果应用不足。⑤ 进一步，吕炜等发现，在传统的美国模式和澳大利亚模式之下，公共教育支出效益既包括经济效益，也包括社会效益，还强调长期收益和间接收益，评价的核心目标就是将货币收益与不可量化的收益均纳入评价分析体系；进一步地，日本模式要求在此之上发挥评价结果在长期资源配置中的指导作用。⑥

四　关于财政性教育精准扶贫支出绩效的研究

财政性教育精准扶贫的精准性。这涉及教育扶贫法案、贫困多维性、

---

① 张曾莲和付含：《中国香港高等教育经费绩效评价与提升研究》，《教育科学》2016 年第 4 期。

② 王静梅：《高等教育财政投入绩效管理的国际比较》，《教育财会研究》2014 年第 3 期。

③ 即"花钱买效果的预算观""公共委托代理理论""目标结果导向理论"和"为顾客服务理论"。

④ 马国贤：《教育支出绩效指标难题的破解路径》，《华中师范大学学报》（人文社会科学版）2008 年第 5 期。

⑤ 杨兰芳和陈万明：《中国高等教育政府问责的缺位与补偿——中美教育工作年度报告对比视角》，《高教探索》2014 年第 3 期。

⑥ 东北财经大学课题组、吕炜等：《公共教育支出绩效考评制度国际比较研究》，《经济研究参考》2006 年第 92 期。

补助方式和补助系统等内容。Murnane 对美国《不让一个孩子掉队法案》进行分析，他认为财政性教育资金的绩效目标应该强调儿童技能的增长，而不是儿童是否达到特定的考试成绩目标，因此有必要通过优化法案来强化各州提升教育水平的责任感，也应当强化各州改善低收入学生教育的动力，还应该通过使用竞争性的补助金来扶助低收入学生、帮助后进的学校和地区。① Darling-Hammond 也发现，该法案并未实现其预设的消除种族隔阂、提高教育测试成绩、筛选优质师资和提供教育机会的目标，其狭隘的课程、关注高分测试下低水平能力的培养、忽视英语学习学生的特殊需求、使学校有意识排挤低分学生从而获得高绩效、优质师资配置错位等问题，也损害了本应受法律保护的学生公平接受教育的权利。② Simone 对乌干达自 1997 年以来的教育投资和教育改革进行研究，他发现乌干达长期以来的教育投入并未达到减贫的效果，原因主要是乌干达所采用的增加获得教育和保留的机会、提高教育质量和通过教育创造就业机会等教育扶贫方式都是以同化为基础的，因此难以从根本上解决贫困学生隐藏的教育成本，这与贫困本身的多维性有关，解决问题的关键在于解释为什么孩子辍学或永远不会上学。③ 陈全华对江西省樟树市义成镇唯一的中学义成初级中学进行观察，他发现该中学 99% 的学生来自农村，该校经常面临由于贫困而引发的厌学、退学、辍学现象，而尽管校领导与教师们认识到教育精准扶贫的重要性，但能发挥的作用相对有限，教育精准扶贫仅局限于发放补助。④ 与此同时，有研究表明大学贫困生助学金标的错误率高达 64%，超一半非贫困生获得助学金。⑤ 刘晓杰认为贫困生资助工作还存在困难群体识别不够精准、帮扶措施不够精准、精神贫

① Murnane, R. J., "Improving the Education of Children Living in Poverty", *The Future of Children*, 2007, pp. 161-182.

② Darling-Hammond, L., "Race, Inequality and Educational Accountability: The Irony of 'No Child Left Behind'", *Race Ethnicity and Education*, Vol. 10, No. 3, 2007, pp. 245-260.

③ Simone, D., "Why Education is Not Helping the Poor: Findings from Uganda", *World Development*, Vol. 110, 2018, pp. 124-139.

④ 陈全华:《浅谈农村初中教育精准扶贫困境与出路——以义成镇为例》,《科教文汇（上旬刊）》2017 年第 12 期。

⑤ 吴斌珍等:《大学生贫困及奖助学金的政策效果》,《金融研究》2011 年第 12 期。

困亟待解决的问题。① 此外，还有"建档立卡"的贫困系统数据不精准问题。② 同时，贫困地区基础教育也存在问题，包括：优质教育资源匮乏，专业学科教师不足；贫困人口子女学业成绩不高，接受高中教育、高等教育的机会偏少。③

　　教育财政经费不足是影响教育扶贫效果的一个重要问题。姚继军等通过建立计量模型发现，虽然我国财政性教育经费占 GDP 的比重已经超过 4%，但从财政供需两方面看，该水平远低于发达国家。同时，在同等投入比例前提下，国内教育保障水平仍不如其他国家。④ 与此类似，杨志荣等对比中美财政性教育经费支出总量，并从基础教育、中等职业教育及高等教育等方面对两国财政性教育经费支出进行了比较分析，他们发现总体上我国财政性教育经费支出总量上不足，所占 GDP 比重不高。⑤ 袁志明也指出，生均教育经费指数偏低和公共教育经费支出以地方财政为主也是财政性教育经费总量上存在的问题。⑥ 黄季等也提出，公共教育负担大多落在居民肩上、家庭负担的教育成本过高等原因大大降低了贫困户对教育的需求，进而加剧其就业难度。⑦ 探究上述问题的原因，分税制改革后财权与事权不匹配是重要缘由。1994 年分税制改革后，中央财政收入占全国财政收入的比重从 1993 年的两成左右增至五成有余，地方财政收入占比则从近八成降至不足五成，但义务教育责任持续下放，中央和地方政府财权和义务教育事权不对等，而由于乡镇债务甚多，使教育收费不得不转移到农民身上，农民承担了本应由政府承担的职责。⑧ 这

　　① 刘晓杰：《"精准扶贫"思想下的大学生"精准资助"》，《教育教学论坛》2017 年第 3 期。
　　② 余应鸿：《乡村振兴背景下教育精准扶贫面临的问题及其治理》，《探索》2018 年第 3 期。
　　③ 徐红彩和刘晓东：《基于云课堂的基础教育精准扶贫路径探索——以安徽省阜阳市农村云课堂应用实践为例》，《中国电化教育》2018 年第 7 期。
　　④ 姚继军和马林琳：《"后 4% 时代"财政性教育投入总量与结构分析》，《教育发展研究》2016 年第 5 期。
　　⑤ 杨志荣和汪云：《中国与美国财政性教育经费支出的比较》，《农业教育研究》2013 年第 3 期。
　　⑥ 袁志明：《财政性教育投入的国际比较与绩效评价》，《经济社会体制比较》2008 年第 4 期。
　　⑦ 黄季、马恒运和罗泽尔：《中国的扶贫问题和政策》，《改革》1998 年第 4 期。
　　⑧ 何晶和曾宪萍：《我国财政性教育支出现状、问题及对策》，《宏观经济管理》2011 年第 1 期。

也在一定程度上造成义务教育资金保障不足。周运浓认为，县级政府在财政上无法承担教育支出责任，与此同时教育经费投入分担比例未在法律上进行明确，不利于支出责任落实，导致教育投入责任转嫁到家庭和社会，引发儿童辍学。另外，教育投入依据欠缺，不重视生均教育成本确定，无法实现"按需拨款"。[①] 四川凉山两个村的调研结果也印证了该观点。[②]

从教育支出结构上看，我国财政性教育支出结构中，高等教育占比较大，而初等教育和中等教育占比过小。[③] 同时，全国各地区间财政性教育经费分布不均，东西部差距较大等。[④] 在此基础上，杨文等进行了更细致的分析，发现我国地方财政性教育经费支出长期处于不平衡状态。他们运用泰尔指数分析东部、中部、西部地区普通小学、普通中学和高校1998—2011年财政性教育经费的区域差异。结果表明，第一，财政性教育经费支出差异最大的是地方普通中学，普通小学次之，普通高校差异最小；第二，东部地区普通中小学和高等教育的经费支出差异远大于中西部；第三，就区域间和区域内差异对总体差异的贡献率而言，区域内的差异具有主导作用。[⑤] 而黄绍娜的研究发现，相比于同等收入水平国家，我国的初等和中等教育生均公共经费指数明显偏低，高等教育基本持平。[⑥] 显然，这个情况与初等教育更能促进教育公平的事实相背而行，不利于教育精准扶贫的推进。

精准识别贫困户成本过高也是原因之一。早在2007年，袁连生等就指出，因为农户没有收入记录，教育资助工作中贫困生甄别难度大，工作程序烦琐复杂，消耗了大量人力、物力和时间，而按最宽口径核算得出的免除教科书费用对于中央和东部发达地区而言完全可以承担，所以

---

① 周运浓：《现行义务教育投入体制的弊端及改革思考》，《教育与经济》2003年第4期。

② 汪三贵：《中国扶贫绩效与精准扶贫》，《政治经济学评论》2020年第1期。

③ 何晶和曾宪萍：《我国财政性教育支出现状、问题及对策》，《宏观经济管理》2011年第1期。

④ 杨志荣和汪云：《中国与美国财政性教育经费支出的比较》，《农业教育研究》2013年第3期。

⑤ 杨文和王海民：《我国财政性教育经费支出区域差异分析》，《财经问题研究》2014年第5期。

⑥ 黄绍娜：《国内外三级教育财政支出比较》，《内蒙古科技与经济》2014年第12期。

可全部免除农村义务教育学生教科书费。① 提及识别成本，一个鲜活的例子就是，2005 年吉利集团董事长李书福资助 5000 万元大学生助学金，仅"寻找"成本就在 200 万元以上。② 唐丽霞等通过实地考察提出，在宁夏乡里进行贫困户精准识别时，不计各村委干部配合人数与耗费精力，在现有经费条件下，总工作任务约需要 4 名乡干部耗时 30 天左右完成，平均每户花费近 30 元；2012 年，广西壮族自治区政府在半年内共投入精准扶贫 2200 多万元，各市县政府投入 1300 余万元。③ 当然，目前各级扶贫系统数据的整合，有助于大大降低识别成本。④ 但代蕊华等发现教育扶贫制度设计缺乏协同性，部门间的条块化、细碎化阻塞了信息公开和扶贫网络资源的共建共享，同时某些具体制度安排之间存在矛盾和冲突，导致教育扶贫对象识别存在偏差、留守儿童群体被"边缘化"。同时，各地教育精准扶贫工程以"建档立卡"贫困户学龄人口为帮扶对象，而受技术和成本等多种因素限制，基层政府缺乏农村住户收入的准确统计信息，就会导致贫困户识别中无法将部分贫困人口纳入统计，而把部分不符合贫困条件的人口纳入统计，导致贫困生难以享受教育精准扶贫相关政策。⑤

那么，政府的积极作为是否必然导致教育绩效提高呢？事实并非如此。黄季等发现，尽管 1986—1993 年政府工作是"积极的、主动的"，然而"脱贫的速度是缓慢的"。⑥ 可见，尽管从某种角度来看政府做出了努力，但扶贫效果不尽如人意。事实上，早在 20 世纪八九十年代，国内外学者就已经对中国扶贫计划的有效性提出质疑。蒋鸣和等认为，绝对贫困的教育特征是"无学可上"和"有学不能上"，都涉及贫困地区的教育财政和初等教育成本问题，因此有必要对中国贫困县的教育财政和成

---

① 袁连生和刘泽云：《我国义务教育贫困学生资助制度分析》，《北京师范大学学报》（社会科学版）2007 年第 5 期。

② 邱爽：《精准扶贫的交易成本透视》，《西华师范大学学报》（哲学社会科学版）2018 年第 3 期。

③ 唐丽霞、罗江月和李小云：《精准扶贫机制实施的政策和实践困境》，《贵州社会科学》2015 年第 5 期。

④ 任友群、冯仰存和徐峰：《我国教育信息化推进精准扶贫的行动方向与逻辑》，《现代远程教育研究》2017 年第 4 期。

⑤ 代蕊华和于璇：《教育精准扶贫：困境与治理路径》，《教育发展研究》2017 年第 7 期。

⑥ 黄季、马恒运和罗泽尔：《中国的扶贫问题和政策》，《改革》1998 年第 4 期。

本进行分析。他也发现，教育扶贫资金存在"外溢"问题，体现在：一是"一刀切"的资源分配政策导致非贫困人口得到扶贫资金；二是扶贫资金分配未体现教育均等化效果。而通过对农村初等教育学校成本及成本结构的分析发现，农村生均教育经费较低，贫困县资金短缺而工资福利支出呈刚性增长，贫困县之间生均预算外资金支出差距明显扩大。[1]Park 等利用村级农户数据进行分析，结果也表明 2001—2004 年，村级扶贫投资使贫困村相对富裕的家庭显著受益，收入和消费的增长率要高 6%以上，而贫困的家庭受益不明显。[2]

黄季等认为引起扶贫投资低效的原因是多样化的，比如扶贫资金投入不足、瞄准偏差、投资效益不高，等等。20 世纪 80 年代中期由于政府扶贫的短期行为和急躁心理，扶贫瞄准转移到经济实体之上，降低了扶贫资金使用效益和瞄准率。[3] 这种情况的出现与当时资金不足但扶贫任务较紧有关，也导致在"整村推进"的过程中，基层干部偏向于集中精力投入那些立竿见影、稳稳当当的公共投资项目，而避开执行难度大、风险高的产业培育项目。[4] 这是从扶贫政策出台的角度来考虑。

至于扶贫政策落实，要注意三个方面：一是扶贫程序的公正性。汪三贵等对四川旺苍县和河南叶县的村级互助金项目进行抽样调查，发现项目实施方式对于其绩效有显著的影响，比如前期充足的项目宣传与项目动员有助于提高互助社参与度，又如家庭规模、资产等会影响农户的参与行为，同时互助社理事会中贫困户有限的参与权会不利于其获得补助资金。[5] 付静等也发现，尽管贫困大学生资助已完成政策全覆盖（奖学金、助学金、助学贷款、师范生免费教育、勤工助学、临时困难补助、伙食补助、返乡补助、学费减免、"绿色通道"等），扶贫力度也逐步加大，但贫困认定标准的客观性和公正性有待提高，认定与补助方式也不

---

① 蒋鸣和、徐坚成和王红：《中国贫困县教育财政与初等教育成本——491 个国家级贫困县的分析》，《教育与经济》1997 年第 4 期。

② Park, A., Wang, S., "Community-Based Development and Poverty Alleviation: An Evaluation of China's Poor Village Investment Program", *Journal of Public Economics*, Vol. 94, No. 9-10, 2010, pp. 790-799.

③ 黄季、马恒运和罗泽尔：《中国的扶贫问题和政策》，《改革》1998 年第 4 期。

④ 杨军：《"整村推进"扶贫模式的问题与对策研究》，《重庆工商大学学报·西部论坛》2006 年第 6 期。

⑤ 汪三贵、陈虹妃和杨龙：《村级互助金的贫困瞄准机制研究》，《贵州社会科学》2011 年第 9 期。

够科学与规范，从而导致"应补未补"、"争穷比惨"、补助迟发滞留等现象的发生。① 二是教育资源供需失衡。李莉发现，贫困地区基础教育的供需关系出现不平衡，主要是教育需求升级了，但有效供给（办学条件、师资条件等）跟不上，造成求学难与村小学生流失导致校舍闲置共存的矛盾，影响贫困地区接受优质教育。② 此外，吴宏超等认为贫困生资助政策中存在资助对象面向窄的问题，资助对象限定为家庭经济困难寄宿生，导致家庭经济困难的非寄宿生无法享受生活补助；资助对象应为全部弱势群体学生，包括家庭经济困难和其他入学困难者，而我国只资助家庭经济困难学生，政策上虽提到残疾、单亲、孤儿、病患可优先得到补助，但未专设资助项目，弱势学生群体得不到有效保障。③ Kadzamira 和 Rose 对马拉维的免费基础教育政策进行研究并发现，儿童仍面临缺乏食物、童工、语言沟通障碍、基础教育人口数量庞大、女性歧视等一系列问题，单纯的免费教育政策难以满足儿童需求，因而导致低质量的教育效果。④ 三是扶贫依赖的问题。王增文等分析 2008—2010 年社会救助制度的实施状况及资源分布状况并发现，社会救助家庭的再就业意愿是降低的，出现"救助依赖"现象。⑤ 谭政华对贵阳市十所高职院校享受精准扶贫的大学生进行问卷调查并发现，仍有部分享受教育精准扶贫的学生存在功利、依赖等思想。⑥ 除此之外，学者还认为主要存在瞄准偏离⑦、精英俘获⑧等问题。付昌奎等采用政策执行系统模型对教育扶贫政策执行偏差的原

① 付静、丘文福和叶一舵：《精准扶贫背景下提升贫困大学生相对获得感策略》，《锦州医科大学学报》（社会科学版）2018 年第 1 期。

② 李莉：《脱贫攻坚视阈下贫困山区县教育供给侧改革探析——以柞水县教育精准扶贫为例》，《法制博览》2018 年第 2 期。

③ 吴宏超和卢晓中：《义务教育免费后完善贫困生资助政策的设想——基于广东省的实证调查》，《教育研究》2014 年第 4 期。

④ Kadzamira, E., Rose, P., "Can Free Primary Education Meet the Needs of the Poor? Evidence from Malawi", *International Journal of Educational Development*, Vol. 23, No. 5, 2003, pp. 501—516.

⑤ 王增文和邓大松：《倾向度匹配、救助依赖与瞄准机制——基于社会救助制度实施效应的经验分析》，《公共管理学报》2012 年第 2 期。

⑥ 谭政华：《教育精准扶贫视域下大学生思想政治状况的调查与思考——基于对贵阳市部分高职院校教育精准扶贫学生的问卷调查》，《贵州广播电视大学学报》2018 年第 2 期。

⑦ 邓维杰：《精准扶贫的难点、对策与路径选择》，《农村经济》2014 年第 6 期。

⑧ 邢成举：《乡村扶贫资源分配中的精英俘获》，博士学位论文，中国农业大学，2014 年，第 53 页。

因进行总结：一是政策目标的分歧与偏离，体现在教育扶贫政策目标不稳定且相互冲突，包括同一主体所制定的政策间目标的差异和因政策传递带来信息损耗引致的执行偏差；二是执行机制的分割与乏力；三是执行资源的短缺与低效；四是执行角色的模糊与冲突；五是外部环境的机遇与挑战。[1]

汪三贵认为，解决多年以来扶贫工作中"扶县不扶民""扶富不扶贫"等问题，应通过改进贫困县党委政府考核机制实现。[2] 而对于教育精准扶贫支出评价本身，学者认为，扶贫绩效考核中定性与定量方法考核结合不够，考核方法缺乏普适性。[3] 粟玉香认为，教育财政绩效管理指标应反映支出目标，也应考虑指标代表性、不重复性、相对性、区域性、稳定性、易寻性、精简性。具体地，反映教育可持续发展投入目标的指标包括投入需要总量、实际投入总量和在各级教育间财政支出结构中所占比例等；反映教育均衡发展的指标包括区域内教育财政支出城乡所占比例、区域内教育事业费与公用经费极差率、全国教育事业费与公用经费极差率；反映各级政府公共教育财政努力程度的指标包括各级政府预算内教育经费占财政支出比例、预算内某一类教育经费占教育财政支出比例、预算内教育经费增长与教育财政支出比例、预算内教育经费增长与经常性财政收入增长比例、生均教育事业费增长率、生均公用经费增长率；反映学校资金利用率的指标包括教育成果数量（教育投资利用率、年度教育事业费利用率、年度教育基建投资利用率等）、教育成果质量（毕业率、升学率、巩固率、辍学率等）、教育人力资源利用率（学校人力资源利用率、专职教师利用率、工勤人员利用率等）、教育物力资源利用率、教育财力资源利用率、教育规模效益等。其中，教育规模效益和师生比最为常用，用来反映教育投资利用效率。[4]

五 文献评析

已有文献涉及教育精准扶贫支出绩效评价的主要问题，如教育通过

① 付昌奎和邬志辉：《教育扶贫政策执行何以偏差——基于政策执行系统模型的考量》，《教育与经济》2018 年第 3 期。
② 汪三贵：《改进考核机制实现精准扶贫》，《时事报告》2014 年第 3 期。
③ 王介勇、陈玉福和严茂超：《我国精准扶贫政策及其创新路径研究》，《中国科学院院刊》2016 年第 3 期。
④ 粟玉香：《论义务教育财政绩效管理的目标与指标》，《上海教育科研》2004 年第 12 期。

培养个体素质能力赋予其参与经济活动的能力从而实现脱贫，财政绩效评价的目的在于提高财政支出的利用率从而达到降低成本与提高效益的效果，教育精准扶贫不精准的问题成因复杂，提升财政性教育精准扶贫支出绩效有赖于良好的考评制度，等等。应该说，财政性教育精准扶贫支出绩效评价有关研究的开展与国内全面实施绩效管理和扶贫攻坚的大背景密不可分，从某种程度上也可以管窥全面实施绩效管理成效与扶贫攻坚成效。但与此同时，现有文献在理论发展与现实指导上仍存在不足，因而对深化理论研究产生需求。

首先，相关研究大多停留在经验归纳与政策分析层次，研究视角单一化且可操作性不强。一方面，尽管目前教育精准扶贫相关的文献总数不少，但整体上研究成果质量不高、深度不够、观点重复，很少能结合已有经验，从实证的角度将教育精准扶贫"失准"的普遍问题反映出来，并剖析出其背后的关键机制。沈红曾对中国学者贫困研究的文献进行了回顾，认为国内的研究很少能进行充分的理论阐述，对贫困的研究仅停留在经验描述和政策分析的层次上。① 反思目前教育精准扶贫支出绩效评价的相关研究，其特点与此大致相符。另一方面，现有关于教育精准扶贫的文献，多从中观视角（如学前教育、义务教育、职业教育、继续教育等）对教育精准扶贫的政策发展、现状与存在的问题进行梳理，虽研究成果不少，但视角较为单一，所提问题大同小异（多集中在贫困家庭观念并未更新、农村"空心化"与人才流失等问题），且归因多停留在微观层面，因此这些研究大多既无法在顶层设计上对决策者形成借鉴，其现实操作性也不强。正如谢君君所总结的，目前学界对教育的扶贫功能已达成共识，但对于如何发挥教育的扶贫功能、怎样将教育转变成实践中的公共政策还有待深入的探讨，对于如何使教育结构和社会结构相适应、如何处理教育扶贫与教育致贫的现实矛盾、教育扶贫功能在什么社会条件下才能发挥应有作用等问题的理论研究仍显不足。②

其次，形成教育精准扶贫激励机制，提高教育精准扶贫支出绩效的现实需要。扶贫并非运动式、一朝一夕的政策方针，而应是持续性对抗、常态化管理的政府机制。从这个角度上看，目前阶段性的学生补助事实

① 沈红：《中国贫困研究的社会学述评》，《社会学研究》2000 年第 2 期。
② 谢君君：《教育扶贫研究述评》，《复旦教育论坛》2012 年第 3 期。

上无益于从根本上解决教育贫困问题，或者说从长期来讲对于解决教育贫困问题作用不大，而理论研究中并未给现实提供教育精准扶贫的可行的综合性路径。与此同时，近年来，由于缺少可行的容错纠错机制，基层出现避责与不敢为的政治生态，由此对教育精准扶贫工作形成挑战。如何避免权责失衡，减少教育精准扶贫过程中的财政支出"不敢用、用不出"的问题，要求一个科学合理的评价体系，从而激发教育扶贫的内生动力。作为过去 40 多年经济奇迹的发动机之一，目标管理与考核评价所能发挥的作用不容小觑。而财政是国家治理的基础，是教育精准扶贫工作的财力保障，但当前我国面临收支失衡的财政难题，应提高财政支出绩效以增强财政可持续性。因此，无论是从教育扶贫需要还是从财政改革需要来看，在教育精准扶贫支出管理中引入绩效评价尤为必要。而作为绩效管理中国化、绩效管理行政领域化的重要成果，绩效目标管理已然成为阶段性的技术选择。不过，对财政性教育精准扶贫支出开展绩效目标管理的前提在于明确财政性教育精准扶贫支出的价值体系与目标体系，这与我国的顶层设计与现实国情紧密相关。但国内外研究尚未系统性地对我国财政性教育精准扶贫支出绩效目标体系进行梳理，也未能对财政性教育精准扶贫支出绩效目标检验提供一个理论指导框架，由此造成预算绩效目标管理中目标指导理论体系的缺失，无益于实务中管理科学化的形成，由此产生财政性教育精准扶贫支出绩效目标体系构建以及绩效目标检验的理论需求。

最后，如何明确价值取向以解决绩效目标设置低效的问题。现有财政绩效评价研究多局限于指标设定与评价实施的探讨与思考，就容易导致财政绩效管理陷入工具主义的误区，而忽视其价值理性与价值反思。事实上，该问题在某种程度上也是政府绩效管理本身理论发展瓶颈的一个体现，也是公共管理学科理论研究的短板。[1] 一个明显的例子就是，扶贫干部在教育精准扶贫过程中严格按照上级部门要求执行，但绩效往往不佳。比如学者发现，教育精准扶贫过程中存在扶贫对象识别模糊、帮扶项目与贫困者需求脱节、帮扶措施缺乏针对性、扶贫资金指向不明、

---

① 罗梁波：《公共管理研究的中国方式——基于社会工程的理解和行动框架》，《中国行政管理》2020 年第 8 期。

帮扶过程执行不力等问题。① 又如，一学者在对不同省份两个县开展的实地调查中发现，政府在县域扶贫中采用了目标责任制扶贫，主要采取"双规"模式（规定时间实现规定的贫困目标）②，无疑此类"赶鸭子上架"的方式值得商榷。此类做法的背后，是"单纯依靠数据计量""追求纯粹理性"的政策评价思路，在实践过程中被证实是一种"没有实际意义的伪评估"③。从美国公共管理实践的经验看，20 世纪 70 年代，经济滞胀暴露出以效率为主要价值追求的公共行政学理论及实践的致命弱点，新公共行政的精神应运而生。就政府绩效管理而言，尽管包国宪、王学军等已开始注意到绩效管理中的"公共性"的重要性，并提出所谓的"以公共价值为基础的政府绩效治理模型"④，但置于财政性教育精准扶贫场景，财政性教育精准扶贫的价值取向为何，有必要进一步明确。

以上为本书开展研究工作提供了理论空间。

第五节　研究方法

由于财政性教育精准扶贫支出绩效评价本身应用性较强，与财政支出过程联系也比较密切，故本书将通过规范分析法与经验分析法结合的方式开展研究，主要采用文献分析法、实地考察法和统计分析法等。

一　文献分析法

本书主要通过数据库检索、搜索引擎检索、图书馆借阅等方式查阅相关专著、期刊论文、学位论文、研究报告、档案、年鉴等文献并对其进行综合分析和内化，把握国内外学者对财政性教育精准扶贫支出绩效目标检验研究的前沿和不足，作为财政性教育精准扶贫支出绩效目标检验体系构建的基础与依据。具体地，引入阿马蒂亚·森、奥肯、弗里德

---

① 余应鸿：《乡村振兴背景下教育精准扶贫面临的问题及其治理》，《探索》2018 年第 3 期。

② 雷明昊：《目标责任制视角下政府县域扶贫研究——基于 F 省 T 县和 Y 省 J 县的调研》，转引自陆汉文《扶贫干部管理：技术手段还是人文方法》，《决策》2017 年第 8 期。

③ 袁利平和丁雅施：《教育扶贫政策实施效果评估指标体系构建》，《教育研究》2019 年第 8 期。

④ 包国宪和王学军：《以公共价值为基础的政府绩效治理——源起、架构与研究问题》，《公共管理学报》2012 年第 2 期。

曼、汪三贵、代蕊华、包国宪、马国贤、郑方辉、埃贡·G.古贝等国内外学者的理论观点，对财政性教育精准扶贫支出绩效目标检验相关理论进行梳理，发现财政绩效目标检验研究的理论需求，基于现实基础构建科学的评价体系，作为实证检验的理论依据。

二 实地考察法

本书主要通过观察法、深度访谈法与问卷调查法进行实地考察。财政性教育精准扶贫支出绩效评价本身应用性与实践性较强，因此单凭规范性的演绎论证或简单的数据分析，往往难以涉及财政性教育精准扶贫支出绩效评价过程中的深层问题。而就目前来说，财政支出绩效评价是各级教育部门与扶贫部门的重要工作，部分政府或部门也因此成立了专门机构。通过观察财政性教育精准扶贫支出绩效评价过程、与职能机构工作人员进行深度访谈、对教育扶贫干部开展问卷调查等，可了解评价的具体过程。其中，访谈采用半结构化深度访谈法，通过与基层政府官员、家长、教师等参与教育精准扶贫的多种不同主体进行面对面或电话访谈，可加深对财政性教育精准扶贫支出过程的认识。另外，近年来研究者参与了诸如 2014—2015 年度广东基础教育创强资金绩效评价、2016—2017 年度广东省教育精准扶贫支出绩效评价、2018 年 S 市（广东省内欠发达地市）师德师风整治测评等若干财政性教育经费绩效评价，这些经历为本书撰写提供了丰富的实证素材。

三 统计分析法

本书的研究采用多数据源方式，基于 2016—2017 年度广东省教育精准扶贫支出绩效评价、2018 年 S 市（广东省内欠发达地市）师德师风整治测评、2018 年度广东省公众教育满意度调查等多项财政性教育支出绩效评价结果或满意度调查所获数据，形成本研究数据库。采用 SPSS 22.0、Excel 等统计分析软件，一方面，通过统计描述呈现财政性教育精准扶贫支出绩效的量化指标与价值指标，从整体上把握该支出绩效表现，实现绩效目标检验并发现绩效弱项；另一方面，通过构建最优尺度回归分析模型，对财政性教育精准扶贫支出绩效目标检验结果开展针对性实证检验，发现绩效实现过程中的影响机制，从而深化对绩效目标检验结果的解释。

第六节 研究内容与结构

一 研究内容

在研究内容上，基于现有研究空间，本书将聚焦于解决"应如何实现财政性教育精准扶贫支出绩效目标检验"的问题。围绕这个主问题，衍生出若干子问题：

第一，置于全面实施绩效管理背景下，新时期财政性教育精准扶贫支出绩效目标是什么？

第二，应如何构建科学的绩效目标检验体系，以在提升政府执行力的同时实现目标纠错纠偏，从而保障政府行为公信力？

第三，该绩效目标应如何应用到实践之中？

第四，基于这种检验，财政性教育精准扶贫支出是否实现了预期的绩效目标？

第五，应采取何种措施以提升财政性教育精准扶贫支出绩效？

第六，全面实施绩效管理背景下财政支出绩效目标检验的功能定位是什么？

应该说，本书研究核心在于构建科学的财政性教育精准扶贫支出绩效目标检验体系，目的是为实现财政支出绩效目标检验提供方法论。其中，"绩效目标"是绩效目标检验的前提条件与核心概念，"财政支出绩效评价"是检验的工具与手段，"教育精准扶贫政策"是检验中价值导向的依据。同时，正如上文所定义，本书中"财政性教育精准扶贫"既代表财政性教育精准扶贫支出本身，又与教育精准扶贫政策紧密相关，两者不能截然分开。

二 逻辑思路

从逻辑思路上分析，全面实施预算绩效管理对财政性教育精准扶贫支出绩效评价提出要求，包括工具理性的要求与价值理性的要求。为提升公共财政公信力与执行力，在"财政绩效评价"与"精准扶贫"两大要求之下，有必要对财政性教育精准扶贫支出开展绩效评价，前提在于明确其绩效目标，并构建体现"工具—价值"双重理性的绩效目标检验体系，包括量化目标检验与价值目标检验。前者检验经济性、效率性和效果性等可量

化的客观事实，后者检验公平性这种不能简单量化的价值追求。两种目标
检验与所谓的财政支出绩效"4E"评价维度是相对应的，并贯穿于财政性
教育精准扶贫支出"投入—过程—产出—影响"的全过程。可以说，财政
性教育精准扶贫支出绩效评价过程是评估水平、肯定成绩、发现问题并提
升绩效的财政科学管理过程。逻辑思路具体见图1-4。

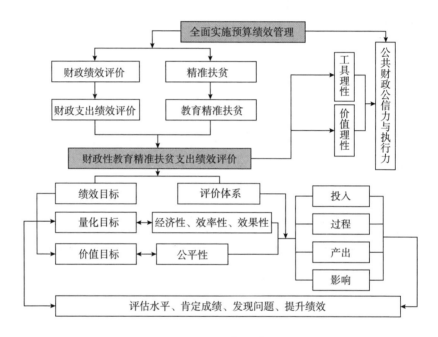

图1-4　逻辑思路

资料来源：笔者自制。

三　研究结构

在结构上，本书通过以下安排开展财政性教育精准扶贫绩效目标检
验研究（见图1-5）。

第一章为导论，为研究概述。对研究背景、问题提出、研究意义、
概念界定、国内外研究进展、研究方法及主要内容等进行交代。

第二章为理论起点。对已有理论方法进行梳理，包括教育精准扶贫
理论、政策执行理论、财政绩效评价理论和财政绩效目标检验的技术方
法，进而发现理论研究空间。

第三章为后文评价体系构建的基础。回顾财政性教育精准扶贫支出

财政（投向）性教育精准扶贫（支出绩效评价）：绩效目标与实证检验			
1.问题提出与界定	第一章	研究定位、思路与框架	研究背景、意义、现状、方法及内容
2.为什么要检验目标	第二章	目标检验理论依据与逻辑	教育精准扶贫理论、政策执行理论、财政绩效评价理论等
3.（绩效）目标是什么	第三章	界定目标属性及标准	财政支出资金政策过程、内容与目标
4.如何检验（绩效）目标	第四章	方法论（检验体系）	"工具—价值"绩效检验视角、"量化—价值"绩效目标检验体系
5.检验结果怎样	量化目标 第五章	产出（经济、效率、效果）	量化目标实现程度、主要特点、绩效不足
	价值目标 第六章	影响（公平性）	价值目标实现程度、主要特点、绩效不足
6.结果存在落差怎么办	第七章	绩效存在偏差的原因及对策	推进目标实现思路建议及目标完善改进
预算绩效目标管理：作为目标实现的衡量体系和目标纠错纠偏的机制			

图 1-5　本书结构

资料来源：笔者自制。

政策历程，在此之上归纳已有的价值目标及量化目标体系，并确定当前价值目标与关键量化目标。

第四章为绩效目标检验方法论。明确绩效目标检验的技术需求与理论需求，基于财政支出绩效评价适用的前提条件，采用"工具—价值"绩效检验视角，在此之上构建"量化—价值"绩效目标检验体系，并对检验思路、所选个案典型性与代表性进行说明。

第五章为量化目标检验实证部分。对广东财政性教育精准扶贫支出开展量化目标检验。具体地：一是构建财政性教育精准扶贫支出量化目标检验体系（财政性教育精准扶贫支出绩效评价体系）；二是开展量化目标检验，对整体结果、不足与直接原因进行阐述。

第六章为价值目标检验实证部分。对广东财政性教育精准扶贫支出开展价值目标检验。具体地：首先，明确价值目标构成与可行的检验方法；其次，开展价值目标定性检验，归纳价值目标实现的主要特点与不足；再次，通过师生、家长等满意度调查结果直观地呈现公众满意情况，与非量化检验结果形成对照；最后，分析影响公众满意度的关键要素，进而形成对价值目标检验结果全面的认识。

第七章为总结与提升部分。对比量化、价值目标检验结果，分析其形成背后的深层原因，据此提出规避财政绩效偏离、提升绩效表现的可行思路与针对性建议。

第八章为结论与展望。

第二章　理论方法：目标检验的实施逻辑

　　财政性教育精准扶贫支出绩效评价是一个综合性的理论问题，涉及教育、财政、扶贫、绩效评价等多个学科与领域，兼具价值属性与工具属性双重属性。其中，教育精准扶贫是财政性教育精准扶贫支出绩效目标；政策执行偏误的必然性是开展财政性教育精准扶贫支出绩效评价的主要依据；财政绩效评价理论方法则为教育精准扶贫支出绩效提升提供了方法论与理念的指引。本章对财政性教育精准扶贫支出绩效评价所依托的理论与方法进行梳理与整合，以此厘清财政性教育精准扶贫绩效目标检验的实施逻辑。

第一节　教育精准扶贫理论

一　精准扶贫是全面小康的制度保障

　　（1）全面实现小康社会的理论发展。1979 年，邓小平同志会见大平正芳时采用"小康之家"描述"中国式的现代化"[①]，该构想逐渐成为中国经济社会的发展蓝图[②]，在此之上形成"三步走"战略："本世纪走两步，达到温饱和小康，下个世纪用三十年到五十年时间再走一步，达到中等发达国家的水平"。[③] 1997 年，党的十五大进一步提出建设小康社会的"新三步走"战略，在原有基础上细化了 21 世纪前 50 年的发展规划。

---

　　① 中共中央文献编辑委员会编：《邓小平文选》（第 2 卷），人民出版社 1994 年版，第237 页。

　　② 中共中央文献研究室编：《邓小平年谱：一九七五——一九九七（上）》，中央文献出版社 2011 年版，第 282 页。

　　③ 中共中央文献编辑委员会编：《邓小平文选》（第 3 卷），人民出版社 1993 年版，第251 页。

2002 年，基于国内基本实现"人民生活总体上达到小康水平"的现实，党的十六大正式明确"全面建设小康社会"的奋斗目标。2012 年，党的十八大报告正式提出"全面建成小康社会"。2014 年 11 月，习近平在福建考察期间提出"三个全面"；2014 年 12 月在江苏调研时新增"全面从严治党"，要求"协调推进全面建成小康社会、全面深化改革、全面推进依法治国、全面从严治党"。2017 年 10 月 18 日，习近平指出，新时代我国社会主要矛盾发生转变，目前主要是"人民日益增长的美好生活需要和不平衡不充分的发展之间的矛盾"，而党的十九大到二十大是"两个一百年"奋斗目标的历史交汇期，因此"既要全面建成小康社会、实现第一个百年奋斗目标，又要乘势而上开启全面建设社会主义现代化国家新征程，向第二个百年奋斗目标进军"。

（2）扶贫与小康的关系以及精准扶贫对于全面小康的意义。2002 年，党的十六大报告提出到 2020 年"全面建设惠及十几亿人口的更高水平的小康社会"，而实现该目标的关键在于解决国内的贫困问题（或者称为"发展不均衡问题"）。2012 年 12 月，习近平在河北阜平县考察的时候，明确"没有农村的小康，特别是没有贫困地区的小康，就没有全面建成小康社会"，将农村扶贫工作开展的重要性提高到全面建成小康社会决定性因素的地位。2015 年 11 月底，习近平在中央扶贫开发工作会议上强调，截至 2014 年年底，全国仍有七千多万农村贫困人口，"扶贫攻坚已经到了已进入啃硬骨头、攻坚拔寨的冲刺期"，"要坚持精准扶贫、精准脱贫，重在提高脱贫攻坚成效"。经过几年的工作，党的十九大指出，2020 年之前是"全面建成小康社会决胜期"，要"紧扣我国社会主要矛盾变化"（关注"不平衡不充分的发展"），"突出抓重点、补短板、强弱项，特别是要坚决打好……精准脱贫……的攻坚战"。可以说，脱贫是全面建成小康社会的前提条件，扶贫攻坚工作（主要表现为精准扶贫）决定着全面小康的实现质量，也是未来推进共同富裕的必要手段。

（3）我国"精准扶贫"重要理论是在实践中不断完善并丰富的。党的十八大之后，"精准扶贫"逐渐成为国家扶贫工作的重心。2013 年 11 月，习近平在湖南湘西花垣县十八洞村调研的时候首提"精准扶贫"。次年 1 月，中共中央办公厅针对精准扶贫的推进进行了详细的规划，"精准扶贫"思想初步具备落地的条件。5 月，国务院扶贫办等七部门印发《建立精准扶贫工作机制实施方案》，提出"精准识别、精准帮扶、精准管理和精准考核"，并"构建精准扶贫工作长效机制"。2015 年 6 月，习近平在贵州与部分省区市党委主要负责同志就推进扶贫开发工作进行讨论，并明确扶贫开发"成败之举在于精准"。进一步地，他将"精准扶贫"任务归纳为"扶贫对象精准、项目安排精准、资金使用精准、措施到户精准、因村派人精准、脱贫成效精准""六个精准"。同年，他将"精准帮扶"总结为"解决三个问题"，即"扶持谁""谁来扶"和"怎么扶"的问题。2015 年年底，中共中央、国务院发布《关于打赢扶贫攻坚战的决定》，并把"精准扶贫"和"精准脱贫"提升到"扶贫开发基本方略"的地位。2016 年 7 月，习近平在东西部扶贫协作座谈会上提出，打赢扶贫攻坚战得"真扶贫、扶真贫、真脱贫"，打攻坚战"关键在准、实两个字"。2017 年 10 月，习近平在党的十九大报告中明确，"确保到二〇二〇年我国现行标准下农村贫困人口实现脱贫，贫困县全部摘帽，解决区域性整体贫困"。2021 年 2 月，习近平宣告脱贫攻坚战取得全面胜利，并提出切实做好巩固拓展脱贫攻坚成果同乡村振兴有效衔接各项工作，让脱贫基础更加稳固、成效更可持续。

二　教育精准扶贫是精准脱贫的长期性举措

从个人的层面，教育可以提高个人可行能力，使个人获得脱贫致富的能力保障。阿马蒂亚·森认为，衡量生活水准的标准不是快乐或幸福，也不是欲望或选择，而是功能活动和可行能力。[①] 换句话说，扶贫脱贫的关键在于提升个人可行能力。而马克思也在其《剩余价值理论》中提出"教育会生产劳动能力"。这里"劳动能力"与"可行能力"相似，是个体生存能力的表现。Walker 等也认同这种观点，他们认为教育蕴含工作能力的潜力，是实现可行能力的途径。[②] 张彩云等进一步补充，教育扶贫针对贫困人口进行教育投入与教育资助，使他们获得自主生活的知识能力，并通过个体文化素质的提高推动当地的发展，从而带来深远而根本的影响。[③] 从这个角度上说，教育能有效提高生活的水准，教育是扶贫脱贫的重要途径。

---

①　[印] 阿马蒂亚·森等：《生活水准》，徐大建译，上海财经大学出版社 2007 年版，第 20 页。

②　Walker, M. and Unterhalter, E., *Amartya Sen's Capability Approach and Social Justice in Education*, Palgrave Macmillan, 2007.

③　张彩云和傅王倩：《发达国家贫困地区教育支持政策及对我国教育精准扶贫的启示》，《比较教育研究》2016 年第 6 期。

从地区的层面，教育是经济发展与脱贫攻坚的持续性动力。在理论阐述上，索洛从现代增长经济学的角度，提出教育是经济增长的内生变量[①]，舒尔茨也曾作出"经济发展主要取决于人的质量，而不是自然资源的丰瘠或资本存量的多寡"[②]，"人力资本投资是回报率最高的投资"[③]，"教育是人力资本形成的主要途径"等著名论断。教育投资则是实现人力资源积累的主要方式。从国际上的发展经验看，斯里兰卡与西方国家绝对救济制度之下导致的经济下行与滞胀表明，救济绝不是反贫困的终极路径，反贫困的重要内容之一在于提高贫困人口的发展能力。在国内发展实践中，20 世纪 70 年代末，我国企图用经济发展的方式彻底改变经济落后的局面并逐渐实现全范围的脱贫，这种策略之下经济发展取得了良好的效果，中国在 30 年间实现了人类脱贫史上的奇迹，贫困发生率从1979 年的 63%下降至 21 世纪之初不到 10%的水平。但随着经济发展到深水区，不但经济发展遇到瓶颈，刘易斯与库兹涅茨所预测的收入分配差距缩小并未出现，脱贫事业也到了一个节点，脱贫的后续动力呈现不足。据此，汪三贵认为，贫困人口缺少参与经济发展的能力，实际上是人力资本不足的问题。他进一步提出，有必要重点对贫困户进行人力资本投资，使其有能力利用市场上的创收机会，从而阻断贫困的代际传递。[④]

教育扶贫的精准化是财政支出的绩效要求，也是教育扶贫全覆盖的技术要求。一方面，随着政府支出结构不断扩大，国内财政收支规模出现失衡。从基本面看，改革开放至今我国财政收支缺口呈不断扩大之势，形成所谓赤字财政惯性。以全国财政大省广东为例，过去十余年，赤字率呈攀升趋势，2015 年赤字占 GDP 比重达 4.72%。同时，一些地方政府的债务风险超过了国际警戒线。[⑤] 而财政性教育支出是我国一般公共预算

---

① ［美］罗伯特·M. 索洛等：《经济增长因素分析》，史清琪等选译，商务印书馆 2003 年版。

② ［美］西奥多·W. 舒尔茨：《人力资本投资》，载外国经济学说研究会编《现代国外经济学论文集》（第八辑），商务印书馆 1984 年版，第 38 页。

③ ［美］西奥多·W. 舒尔茨：《论人力资本投资》，吴珠华等译，北京经济学院出版社1999 年版。

④ 汪三贵：《在发展中战胜贫困——对中国 30 年大规模减贫活动经验的总结与评级》，《管理世界》2008 年第 11 期。

⑤ 根据审计署公告，截至 2012 年年底，36 个地方政府本级政府性债务余额 38475.81 亿元；9 个省会城市本级政府负有偿还责任的债务率超过 100%，最高达 188.95%。参见《中华人民共和国审计署审计结果公告 （2013 年第 24 号文）》，中华人民共和国审计署办公厅文件，2013 年 6 月 10 日。

的主要构成（约占 15%），在财政缺口高压之下，提高财政性教育支出绩效就不得不被提上日程。在财政性教育支出中，教育精准扶贫支出（包括地区性教育扶贫支出和个体性教育扶贫支出）无疑是教育发展中最为必要而且边际效应最为明显的支出内容。显然，教育精准扶贫支出绩效对于提高教育整体支出效果而言意义重大。另一方面，截至 2017 年，我国学生资助政策体系已基本实现"三个全覆盖"①，建立起了以政府为主导、学校和社会积极参与的覆盖学前教育至研究生教育的资助体系。但与此同时，李宝峰指出，财政大规模投入教育扶贫却成效甚微，一些最为贫困的农村家庭学生仍然面临着因贫辍学的可能，其根本在于"一费制""两免一补"和"义务教育全免费"等政策具有平均主义倾向，教育扶贫没有精准识别不同困难程度的学生并对其进行有效帮扶。② 除此之外，高辍学率使国家在教育扶贫中无法建立好系统的资助平台，严重增加了教育精准扶贫的难度，背后是农村大学生就业难、农村教育内容脱离实际需要、"差生"心理压力大、高中收费、落后的教育观念等问题。③换句话说，解决教育贫困的关键在于提高教育精准扶贫支出的精准度。

在我国，精准教育扶贫是新时代精准扶贫理论的重要内容，也是解决绝对贫困与相对贫困的长效机制。2012 年 12 月，习近平到河北阜平县考察时提出"治贫先治愚"的扶贫理念，他认为"下一代要过上好生活，首先要有文化"，"把贫困地区孩子培养出来，这才是根本的扶贫之策"；2013 年 7 月，国务院办公厅转发《关于实施教育扶贫工程意见的通知》，提出"把教育扶贫作为扶贫攻坚的优先任务"，并明确教育扶贫的总体要求、主要任务与保障措施等，目的在于"从根本上摆脱贫困"；2015 年11 月 27—28 日，习近平在中央扶贫开发工作会议上提出实施脱贫"五个一批"工程，"发展教育脱贫一批"是其重要构成；29 日，中共中央、国务院发布的《关于打赢脱贫攻坚战的决定》中，教育扶贫被赋予"阻断贫困代际传递"的历史使命；2016 年 4 月，习近平在网络安全与信息化工作座谈会上提出"可以发挥互联网在助推脱贫攻坚中的作用……让

---

①　即各个学段全覆盖、公办民办学校全覆盖、家庭经济困难学生全覆盖。

②　李宝峰和王一涛：《义务教育助贫政策的问题及对策——基于英县和隆县的个案分析》，《中国教育学刊》2007 年第 8 期。

③　姜丽美：《教育精准扶贫背景下农村高辍学率控制研究》，《农村经济与科技》2018 年第 1 期。

山沟里的孩子也能接受优质教育"；2018 年，《中共中央国务院关于打赢脱贫攻坚战三年行动的指导意见》提出，到 2020 年"发展教育脱贫一批"，"切实解决义务教育学生因贫失学辍学问题"，"稳步提升贫困地区义务教育质量"。2020 年之后，尽管绝对贫困已经被消灭，但如何巩固教育脱贫攻坚成果、建立解决相对贫困的长效机制仍是需要不断回应的时代话题。因此，教育精准扶贫在未来也将作为推进乡村振兴与共同富裕的重点之一。

三 公共财政是教育精准扶贫的物质基础

公共财政是教育发展与教育扶贫（包括教育精准扶贫支出）的物质基础。公共财政为公共产品埋单，而对于教育是否为公共产品，国内外学界一直存在争论。按照社会资本理论，教育作为一种投资，能够给个人和社会带来效益，让个人有高收入，也提高社会生产力。[①] 从这个角度来说，教育对社会发展有益，在一定程度上应享受公共财政。而哈耶克认为，出于自由、市场与公平的考虑，政府不应为有能力接受本科以上教育的学生提供公共教育经费。[②] 美国教育家约翰斯通提出高等教育成本分担理论，即高等教育成本完全或几乎完全由政府和纳税人承担转为部分或全部由家长和学生负担。[③] 经济学家弗里德曼认为，公共教育制度由于缺乏市场竞争而导致效率低下与资源浪费，因此高等教育都应向学生收费。[④] 按照萨缪尔森的定义，纯公共产品意味着每个人对该种产品的消费不会导致其他人对该产品消费的减少，其特征包括非排他性与非竞争性。[⑤] 显然公办教育具有一定的排他性，而民办教育与高等教育等则并不严格符合公共产品的特征，因此学者公认教育属于"准公共产品"。王一涛等对厉以宁、王善迈、袁连生等学者的观点进行对比并总结，关于教育产品属性的讨论，能得出的唯一结论是：教育具有明显外部性，无论从教育资源配置效率角度还是从维护社会公平角度，都需要政府补贴。

---

① 陈华亭：《中国教育筹资问题研究》，中国财政经济出版社 2006 年版，第 75—76 页。

② ［英］弗雷德里希·奥古斯特·哈耶克：《自由宪章》，杨玉生等译，中国社会科学出版社 1998 年版，第 554—574 页。

③ D. 布鲁斯·约翰斯通、李红桃和沈红：《高等教育成本分担中的财政与政治》，《比较教育研究》2002 年第 1 期。

④ ［美］米尔顿·弗里德曼：《资本主义与自由》，张瑞玉译，商务印书馆 1988 年版，第 83—104 页。

⑤ ［美］保罗·萨缪尔森和威廉·诺德豪斯：《经济学》，华夏出版社 1999 年版。

换句话说，教育投入需要公共财政的支持。[①]

另外，以公共财政促进教育公平是国际社会的要求。1948 年《世界人权宣言》第 26 条指出："人人都有受教育的权利，教育应当免费，至少在初级和基本阶段应如此。"1990 年《世界全民教育宣言》强调"每个儿童、青年和成人都应能获得旨在满足其基本学习需要的受教育机会"。同时，"积极消除教育差异。不应使……一些社会地位低下的群体在获得学习机会上受到任何歧视"。对应到国内实际，教育精准扶贫支出应该主要由政府承担。

具体地，近年来国内对教育精准扶贫支出更加重视。2013 年 12 月，中共中央办公厅、国务院办公厅联合印发《关于创新机制扎实推进农村扶贫开发工作的意见》，并首提"精准扶贫"，并要求建立"六大工作机制"[②]，"改革财政专项扶贫资金管理机制"是其重要内容，强调各级政府"要逐步增加财政专项扶贫资金投入"。2016 年 11 月，国务院发布《教育脱贫攻坚五年规划》，提出"支持各地改善贫困县义务教育突出'短板'"，"加大财政支持力度"，"切实把教育脱贫作为财政支出重点予以优先保障"。[③] 2018 年 1 月，教育部与国务院扶贫办联合印发的《深度贫困地区教育脱贫攻坚实施方案（2018—2020 年）》提出在"三区三州"的教育精准扶贫过程中，在投入上"发挥政府投入的主体和主导作用"，"切实把教育扶贫作为财政支出重点予以优先保障"。2019 年 4 月，习近平在《关于全面建成小康社会补短板问题》文章中指出，"补齐贫困地区义务教育发展短板，让贫困家庭子女都能接受公平而有质量的教育，是夯实脱贫攻坚、决胜全面小康根基之所在"。

然而，尽管中央多次强调教育扶贫支出的重要性，但其支出的实际效果仍不甚理想。梁文政发现，重庆市教育精准扶贫中存在扶贫对象重普惠轻精准、扶贫政策重统一轻差异、扶贫措施重联动轻统筹等问题，

---

① 王一涛和安民：《"教育是公共产品"吗？——对一个流行观点的质疑》，《复旦教育论坛》2004 年第 5 期。

② 包括改进贫困县考核机制、建立精准扶贫工作机制、健全干部驻村帮扶机制、改革财政专项扶贫资金管理机制、完善金融服务机制、创新社会参与机制。

③ 新华社：《通过三个补"短板"规划》，《人民日报》（海外版）2016 年 11 月 17 日第 4 版。

其原因主要在于贫困边界划分不清、总体规划存在盲点、统筹力度不够等。[①] 付昌奎等也发现，教育扶贫政策存在目标分歧与偏离、执行机制分割与发力、执行资源短缺且低效、执行角色模糊而冲突、外部环境机遇与挑战共存等问题，导致了教育扶贫政策的偏离，影响了政策执行效益。[②] 廖逸儿等认为，教育公平性不足往往与落后的经济相捆绑，而欠发达地区长期处于"吃饭财政"的状态，因此其教育财政支出能力相对有限。其原因有二：一是乡财县管改革之后，区县一级在动员乡贤投资教育方面有心无力；二是分税制改革之后地方财权有限，财政专项配套要求加重了基层财政负担。[③] 财政支出是教育精准扶贫的前提保障。

第二节　政策执行理论

一　政策目标实现是政策的终极目标

政策目标的实现是政策的终极目的。政策过程在本质上是结果导向的。任何政策的制定都是为了达成一定的目标，目标是政策的要素之一。在以往的理论研究中，虽然关注点不尽相同，或聚焦于政策执行中的行为举措，或检视政策执行中组织或个体所发挥的能动作用，但归根结底，最终的目的都在于达成政策目标。而与此同时，政策执行过程中会出现所谓目标置换的问题，导致政策难以有效贯彻。[④] 费希尔认为，政策目标与政治及社会背景相关，也与政策所处的情景有关，而且其形成过程有必要考虑相互冲突的目标之间的关系并决定其优先序，或者追求更高层次的目标。因此，在确认政策目标的阶段，应兼顾以上三方面，从而实

---

① 梁文政：《重庆市教育精准扶贫存在的问题及对策》，《重庆行政：公共论坛》2015年第6期。

② 付昌奎和邬志辉：《教育扶贫政策执行何以偏差——基于政策执行系统模型的考量》，《教育与经济》2018年第3期。

③ 廖逸儿和原珂：《公共财政如何促进教育公平？——基于广东省"基础教育创强"专项资金绩效评价》，《北京理工大学学报》（社会科学版）2018年第6期。

④ 黄丽华和王泽宽：《政策执行中的目标置换行为及对策分析》，《软科学》1999年第1期。

现政策目标的有效性。[1]

政策的目标是多样化的，包括直接目标，也包括间接目标；包括经济目标，也包括社会目标；包括短期目标，也包括长期目标；包括区域性的目标，也包括整体性的目标；等等。戈金认为，从公共政策执行的理论研究来看，依次经历了三个阶段。第一代政策执行研究坚持"自上而下"的政策执行分析路径，其政策目标就是上级政府或官员或决策者的目标；第二代政策执行研究则关注"自下而上"的政策执行分析路径，其政策目标是通过多元行动者的互动所得到；第三代政策执行研究则试图将"自上而下"和"自下而上"两种路径相整合，追求对政策执行在不同时空场景下的表现进行解释，从而实现预测的功能，其目标取决于时空、政策、执行机关等多样化的因素。[2] 可以发现，公共价值而非仅仅是个人或组织的价值在理论研究中逐渐受到重视。杨宏山认为，公共政策的价值目标在于维护和推进社会公正，主要体现于公民基本权利的平均化分配、经济活动收益的最大化分配、社会底线需求的平均化分配和促进社会和谐的回应性分配。[3]

政策目标是政策执行的最高指引。在政策实现合法化之后，政策执行过程已经具有清晰的目标，而政策标准是政策目标的具体表现，用于政策执行。[4] 政策目标制定有定量和定性两种方式，前者易于评估考核，后者则为软约束。政策执行成功的正确标准是原原本本忠实于预设的政策目标程度，即所谓政策目标达成度，据此分为空传区间、变通区间和落地区间。其中，空传区间体现为政策不实施、假实施和虚实施，产生的深层次原因在于任何一级地方政府均承担中央政府代理人的角色，这与不同政府之间层级安排发生冲突。针对这种情况，有必要落实政策执行中各级政府的责任。[5] 范晓东等对特岗计划进行研究，他们发现，尽管中央提出了解决欠发达地区农村师资不足的多条途径，但实际上编制数

①　[美] 弗兰克·费希尔：《公共政策评估》，吴爱明、李平等译，中国人民大学出版社2003年版，第13页、第73—81页。

②　转引自陈庆云《公共政策分析》，北京大学出版社2011年版，第154—157页。

③　杨宏山：《公共政策的价值目标与公正原则》，《中国行政管理》2004年第8期。

④　Van, D. S., Van Hom, C. E., "The Policy Implementation Process: A Conceptual Framework", *Administration & Society*, Vol. 6, No. 4, 1975, p. 463.

⑤　李瑞昌：《中国公共政策实施中的"政策空传"现象研究》，《公共行政评论》2012年第3期。

限制甚至剥夺了基层自主补充师资的权力，出于保证地区教育质量的考虑，基层采取"共谋"的方式补充师资，据此，他们提出通过合作治理制定合理的目标应是下一步政策制定与政策执行的关键。[①] 曾明对江西省1997—2006 年教育支出比重进行分析并发现地方财政的增长并未相应提高教育的支出比重，地方在执行中央提出的教育财政支出占 GDP 4% 目标时，采取了选择性执行的方式，而通过政治集权和干部管理上的组织控制，将教育投入指标纳入政绩考核目标，则提高了政策执行的有效程度。[②] 据此，清晰、准确、恰当的政策目标对高执行绩效而言必不可少。

二 政策执行是实现政策目标的必经阶段

政策执行是政策过程中的必要步骤。早在 1951 年，拉斯韦尔等对政策的过程进行了系统的研究，并明确政策执行是政策过程一系列必要的步骤之一。[③] 但是，很长一段时间内，政策执行一直未受到足够的重视。1973 年，威尔达夫斯基和普雷斯曼共同撰写的《政策执行》一书中通过个案研究发现政策制定与政策执行不可分离，并指出有必要关注政策执行，以避免政策的失败，这引起了各界对政策执行的广泛关注。[④] 政策执行是运用政策工具和落实政策目标的过程，实际上是实现决策意图的最为关键、实质性的一环。[⑤] 如果说"精准制策"为精准性政策提供源头保障，那么"精准施策"则是精准政策能够"精准落地"的保障。[⑥] 无论是何种公共政策，仅当经历了政策执行阶段，才可能实现政策目标。[⑦]

充分的资源供给为政策的有效执行提供保障。梅特尔和霍恩认为，

---

① 范晓东和冯晓丽：《"特岗计划"政策执行的理想化目标与模糊性现实——以山西 X 县为例》，《山西师大学报》（社会科学版）2014 年第 4 期。

② 曾明：《教育财政支出占 GDP 4% 目标的实现与选择性政策执行——基于江西省县域面板数据的分析》，《甘肃行政学院学报》2011 年第 6 期。

③ Lasswell, H. D., "The Policy Orientation", in Lasswell, H. D. and Daniel Lerner, eds., *The Policy Sciences: Recent Developments in Scope and Method*, Stanford, CA: Stanford University Press, 1951, p. 12.

④ Pressman, J. L. and A. B. Wildavsky, *Implementation*, Berkeley: University of California Press, 1973.

⑤ 李瑞昌：《中国公共政策实施中的"政策空传"现象研究》，《公共行政评论》2012 年第 3 期。

⑥ 王春城：《政策精准性与精准性政策——"精准时代"的一个重要公共政策走向》，《中国行政管理》2018 年第 1 期。

⑦ 黄丽华和王泽宽：《政策执行中的目标置换行为及对策分析》，《软科学》1999 年第 1 期。

用于政策执行的人力、设备、经费、信息等资源的充足性直接影响到执行者是否愿意认真负责地履行职责或执行政策。① 爱德华进一步提出，充足的资源供给能保障政策的执行，而这些资源包括充足的专业人员、足够的政策信息、充足的经费以保证足够的设备与材料甚至劳务、政策执行者的权威。② 不同于前二者，萨巴蒂尔在解释他的政策支持联盟框架的时候，提出政策的子系统行动者会受到资源的限制，这种限制直接影响了其与外界互动过程中的政策策略，由此对政策执行产生一定的影响。③ 当然，除了物质上的资源，技术、制度与机制上的资源供给也是重要内容。比如萨巴蒂尔和马兹马尼安提出，执行机构内部及执行机构之间的整合是实现政策有效执行的重要前提。④ 又如帕顿和沙维奇认为，政策执行机构与政策执行人员之间，应建立起必要的组织、协调、沟通与控制机制，从而使执行机构在结构上实现科学合理、功能齐全、运转灵活、协调统一、精干高效的要求。⑤ 安德森提出，政策执行不仅取决于执行者的态度、动机及外部的压力，也取决于该机构所能获取的政策实施技术。⑥ 反观国内研究，学术界所提及"共谋""避责""空传""上有政策下有对策"等多种政策难落实与不落实，均与资源的不充分、未到位或不匹配等有关，事实上就反映出国内基层在财政权力、编制权力、政策执行自由裁量权力等多个方面资源供给不足的问题。

政策的无偏执行是目标实现的前提条件。政策目标的实现不可避免地要求政策落实的实现，实际上就是政策执行。普雷斯曼和威尔达夫斯基通过对"奥克兰计划"进行个案分析发现，公共政策的失败往往是因

---

① Van Meter, D. S., Van Horn, C. E., "The Policy Implementation Process: A Conceptual Framework", *Administration & Society*, Vol. 6, No. 4, 1975, p. 463.

② George C. Edwards, *Implementing Public Policy*, Washington D. C.: Congressional Quarterly Press, 1980, p. 143.

③ Sabatier, P. A., "Top-down and Bottom-up Approaches to Implementation Research: A Critical Analysis and Suggested Synthesis", *Journal of Public Policy*, Vol. 6, No. 1, 1986.

④ Sabatier, P. A., Mazmanian, D., "The Conditions of Effective Implementation: A Guide to Accomplishing Policy Objectives", *Policy Analysis*, Vol. 5, No. 4, 1979, pp. 481-504.

⑤ [美] 卡尔·帕顿和大卫·沙维奇：《政策分析和规划的初步方法》，孙兰芝等译，华夏出版社 2011 年版，第 215 页。

⑥ [美] 詹姆斯·安德森：《公共决策》，华夏出版社 1990 年版，第 137 页。

为政策执行不力。① 换句话说，公共目标的实现取决于政策的无偏执行。但这种无偏化的实现并不简单。贺东航等认为，要实现这种无偏化，国家层级制定的公共政策应该落实到一定的场域，经历一定的政策细化或再规划，进而形成"中央统一性和地方多样性"的政策执行格局。但与此同时，由于重大的公共政策的多属性特征，实现其政策目标也取决于多部门的合作与配套政策的供给②，其实就是强调因地制宜、目标细化、部门协作与资源配套的重要性。钱再见等则关注责任落实与责任机制的构建，认为纠正政策执行中的"中梗阻"现象，有赖于把政策执行评价、监控与执行责任追究制度结合起来。③ 赖秀龙则舍弃对政策执行中各类条件的约束与考量，单纯从政策精神的层面上对政策执行提出要求，认为由于政策环境的多样性，为了实现预期的政策目标，政策执行者应根据实际变化情况，在坚持政策精神实质的前提下因地制宜地执行政策。④

三　公共选择机制下政策执行偏误难以避免

财政支出政策的施行不可避免地存在政策信息的流失与政策执行的偏误，用奥肯的话来说，富人与穷人之间的再分配必须通过一个"漏桶"，产生所谓的"漏出效应"。⑤ 这种偏误的生成与政策执行过程中不同主体公共选择的机制密切相关，也与政府本身的缺陷（如机构设置、制度选择、组织文化等）不无关系，有时也可能由于外部客观的因素（比如经济周期、自然灾害等）所导致。从这个角度上看，财政支出政策执行偏误难以避免。

公共选择机制是支出政策执行出现偏误的重要原因。布坎南和图洛克认为，各决策单位是有某种理性存在的，这种理性不仅表现在对某种目标的达成，也体现在通过某种行动来实现其目标，因此有必要将集体选择中的个体参与者看作"唯一真实的决策者"，并根据每一个个体的目

---

① Pressman J. L. and A. B. Wildavsky, *Implementation*, Berkeley：University of California Press, 1984.

② 贺东航和孔繁斌：《公共政策执行的中国经验》，《中国社会科学》2011 年第 5 期。

③ 钱再见和金太军：《公共政策执行主体与公共政策执行"中梗阻"现象》，《中国行政管理》2002 年第 2 期。

④ 赖秀龙：《教育政策执行中的政策变通》，《教育发展研究》2009 年第 20 期。

⑤ ［美］阿瑟·奥肯：《平等与效率》，王奔洲译，华夏出版社 1999 年版，第 89 页。

标达成来讨论理性行为。[①] 在政府内部，在政府机构执行政策的过程中，决策主体个人或集体的利益考量是可能影响公共政策执行的一个重要因素，尤其是当个人或小团体的利益与公共政策追求的利益相互违背的时候，就容易引发所谓执行偏差，导致腐败、浪费甚至政策的失败。至于享受政府公共服务的公众，其民意表达过程也影响支出政策的执行效果。奥尔森对利益集团的决策进行分析，他认为，大型团体中的个人出于对自身利益的理性考量，一般不会贸然采取行动来实现集体的利益，而采取"搭便车"的方式成为其理性选择，因此容易导致集体决策的次优化，反映为团体福利总量的不足，个人诉求无法得到满足。相反地，小型团体则比大型团体容易组织集体行动，却因此容易导致多数人被少数人利用的问题。因此，公共选择下公众民意表达的这种困境同样会导致政策执行的偏离。[②] 政府与公众两方面的公共选择机制共同构成了政策偏误的一个关键因素。

政府的缺陷则是另一重要原因，体现为政府失灵。主要包括三个方面：第一，社会中个体意见无法加总或加总困难。早在 18 世纪，法国思想家孔多塞曾提出有名的"投票悖论"，即对三个人的投票选择进行分析，并对其偏好进行排序，则永远不可能得到合理的排序。借鉴这个悖论，美国经济学家阿罗用数学演算的方式证明，在民主制度之下，同时满足不同个体对不同备选方案偏好的加总方式是不存在的，并据此提出所谓"阿罗不可能定理"。这意味着投票过程本身具有机制上的缺陷，社会成员的意见难以加总。[③] 第二，由于监督活动的有限与现有制度的机制设计，政策决策者可能会出于少数人利益的考虑，开展所谓"寻租活动"，忽视甚至损害多数人的利益，因此有可能导致较高的社会成本。布坎南认为，寻租本身具有一定的制度依据，因为个人的行为决策很多时候是根据现有的制度所作出的，因此一旦当有秩序制度逐渐转化到政治分配、混乱的状态时，寻租就会出现。[④] 这种观点实际上采纳了政治学上

---

① ［美］詹姆斯·M. 布坎南和戈登·图洛克：《同意的计算——立宪民主的逻辑基础》，陈光金译，上海人民出版社 2014 年版，第 31 页。

② ［美］曼瑟尔·奥尔森：《集体行动的逻辑》，陈昕编，陈郁、郭宇峰、李崇新译，格致出版社 2014 年版。

③ ［美］肯尼思·约瑟夫·阿罗：《社会选择与个人价值》，陈志武和崔之元译，四川人民出版社 1987 年版。

④ 詹姆斯·布坎南：《寻租与寻利》，《经济社会体制比较》1988 年第 6 期。

所谓"恶法"的观点，或者制度学派制度归因的方法，但基于"良法"的难得获取，实际上也侧面反映了寻租活动的普遍性。丁煌对我国"有令不行、有禁不止"等政策执行过程中的变形、受阻乃至停滞进行研究，他认为这种现象使政府的政绩受到不良影响，进而导致政府权威的流失。[①] 进一步地，周雪光对中国基层政府执行来自上级政府尤其是中央政府的政策与指令的行为进行研究，他发现部分基层政府常常会采取"上有政策、下有对策"的各种手段来应付各种考核和检查，从而导致政策执行偏离政策初衷，改变这一状况的手段在于使决策过程和执行过程相结合，从而实现制度优化与目标实现。[②] 第三，由于行政机构内部绩效评价活动开展的困难性与机构内部缺乏竞争的因素，导致行政机构相比企业而言效率低下。[③] 其内部绩效评价活动开展的困难性是就其内部对于外界干预的抵抗、外界与内部之间存在信息不对称、绩效评价活动本身科学性具有一定技术难度等方面而言的。而机构内部缺乏竞争，则体现在相比于市场中企业主体，政府机构与人员对于行政决策与行政事务具有绝对的垄断性，加之官僚制本身的理性特征，就容易引发低积极性、低效率、不作为等。

而外部的客观因素，则可能主要是重要的自然灾害、经济周期的固有规律、行政成本控制、可利用资源有限等。基本上，前两种政策偏误的发生已经涵盖大部分政策偏误，而致偏因素的存在，无疑也提高了政策执行偏误的发生概率。

客观因素与公共选择的机制固然无法改变，但政府本身的缺陷却可以通过机制的重构进行规范。这种机制重构的方式也是多样化的，比如表现为政府问责、政府内部的自我监督或财政支出绩效评价。首先是政府问责。张成福认为，政府责任是指"能够积极地对社会公众的需求作出回应，并采取积极的措施，公正、有效地实现公众的需求和利益"。[④] 而问责，字面上意思就是追问、追究主体责任。也就是说，政府问责实际上就是对政府

---

① 丁煌：《我国现阶段政策执行阻滞及其防治对策的制度分析》，《政治学研究》2002 年第 1 期。

② 周雪光：《基层政府间的"共谋现象"——一个政府行为的制度逻辑》，《社会学研究》2008 年第 6 期。

③ 陈庆云：《公共政策分析》，北京大学出版社 2011 年版，第 51—55 页。

④ 张成福：《责任政府论》，《中国人民大学学报》2002 年第 2 期。

不回应公众、消极应对、不公正且不利于公共利益的表现进行追责。通过这种方式，达到威慑、警示的作用，倒逼政府履行职责。其次是政府内部的自我监督，如部门内部的监督、审计部门对其他部门的监督、上级对下级的监督，等等。汪永清认为，政府内部监督是政府进行自我约束的一种机制。[①] 这种监督是体制内部的自我纠偏与自我改正，体现体制本身的反思功能与自我更新机制。最后，是财政支出绩效评价。其实质是政策执行结果与政策预设目标的比对，因此又称为"目标检验"，目前多通过财政部门开展。但正如郑方辉等所提出的，在体制内评价获取信息固然方便，但评价主体与评价对象之间存在直接或间接的隶属关系和利益关系，"在自我欣赏、自我认同等心理因素和利益驱动下"，容易导致评价的主观色彩，甚至导致评价被操纵。[②] 因此，有必要通过独立第三方主导或人大等外部主体开展财政支出绩效评价，从而实现评价结果的客观性，提高评价结果的公信力。从可行性来看，甘肃省、浙江省、广东省等已经逐渐在独立第三方或人大主导的财政支出绩效评价方面做出尝试，结果表明了独立第三方主导的困难性与人大主导的可行性。

第三节　财政支出绩效评价与绩效目标价值理论

一　财政支出绩效评价的引入、目的与功能定位

从历史上看，财政支出绩效评价的出现与财政监管的强化有关。Renick 等对美国财政监督历史进行总结，他们认为除非审计署的官员能够监控到每一笔财政支出，否则所有的财政支出单位与机构，都应该接受来自公众、媒体、议会、审计部门等财政监督者的监督。[③] 在西方，财政绩效评价的形成经历了财务审计、绩效审计与财政绩效评价三大阶段，从简单的财务规范性核查演变为综合性的政策评价活动，并最终于 20 世

---

① 汪永清：《对完善政府内部监督体制的探讨》，《中国法学》1993 年第 4 期。

② 郑方辉和陈佃慧：《论第三方评价政府绩效的独立性》，《广东行政学院学报》2010 年第 2 期。

③ Renick，Edward Ireland，"The Control of National Expenditures"，*Political Science Quarterly*，Vol. 6，No. 2，1891，pp. 248–281.

纪 80 年代在全球性新公共管理运动中广泛应用，成为改革政府、提升政府绩效的有效的管理工具，也成为监督政府、提高执政公信力的必要手段。改革开放之后，我国在财政体系建设上面临从计划经济向市场经济的转型，在此情况之下对当时财政管理体制进行改革成为必要，并在 1998 年全国财政工作会议上提出建立公共财政基本框架。但改革之后如何管理市场经济下的国家财政，以避免和管理国有资产流失、财政资金低效等问题，当时国内的相关经验十分欠缺。在此情况下，21 世纪之初，财政部开始组织财政专家向美、英、新、澳等发达国家学习先进的财政管理经验，其重要内容就是财政绩效评价。[①] 2003 年，党的十六届三中全会正式提出"建立预算绩效评价体系"。

财政支出绩效评价的目的在于提升政府执行力与公信力。奥斯本等认为，政府绩效评价是改变照章办事的政府组织，谋求有使命感的政府；改变以过程为导向、谋求以结果为导向的控制机制。[②] 财政支出绩效评价作为政府绩效评价的组成部分，其开展目的同样在于在保证政府高效运转的同时强化政府责任，使其对公众负责。前者可视为技术性的目标，即提高政府的执行力，实现政府高效化；后者则体现政府的施政价值追求，即民主追求，体现政府执政正当性与公信力。有必要进行说明的是，公信力与执行力之间存在一定的区别。郑方辉等认为，有公信力必然有执行力，但有执行力未必有公信力，甚至可能成为破坏力。[③] 这种区分是基于财政绩效评价与目标管理之间的区别而提出的。目标管理在操作上仍以"目标—结果"比对的方式进行，而财政支出绩效评价则是对效益、效率和有效性三方面内容的综合性评价。[④] 也就是说，目标管理不涉及对目标本身合理性、科学性、民主性等价值判断，只对执行结果是否高效实现预设目标做出检验，指向财政支出"正在干什么"，因此从结果来看，仅能对政府执行力提供制度保障。而财政支出绩效评价则不同，其开展过程除涵盖对结果实现程度的检验之外，也延伸至结果本身的价值

---

① 母天学：《对美国政府绩效考评活动的考察》，《行政论坛》2001 年第 5 期。

② ［美］戴维·奥斯本和特德·盖布勒：《改革政府——企业精神如何改革公营部门》，上海译文出版社 1996 年版。

③ 郑方辉和廖逸儿：《财政专项资金绩效评价的基本问题》，《中国行政管理》2015 年第 6 期。

④ 丛树海、周炜和于宁：《公共支出绩效评价指标体系的构建》，《财贸经济》2005 年第 3 期。

反思，指向财政支出"应该干什么"，检验结果是否符合财政支出的价值导向，一定程度上是对执行力（"正在干什么"）的纠正纠偏。

财政支出绩效评价是绩效预算的有效补充。从 2013 年党的十八届三中全会提出"深化财税体制改革，建立现代财政制度"到 2014 年全国人大通过的新《预算法》六处提及"财政绩效"，再到 2015 年党的十八届五中全会进一步要求建立健全现代财政制度、税收制度，要稳妥推进财税体制改革，落实推动中央与地方财政事权和支出责任划分改革，离不开财政预算管理的配合，也免不了绩效预算的讨论。而绩效预算是从西方引进的"舶来品"，其体制基础在于"议会至上"的、政治高度分权的决策体制，显然与我国中国共产党领导体制不同，故而其适用性毕竟有限。① 在此情况下，财政支出绩效评价作为其补充，应运而生。与绩效预算强调民主性不同，财政支出绩效评价强调专业性与客观性，追求为决策者提供尽可能充分的绩效信息，从而促成科学合理而高效的决策。针对这种特点，艾伦·希克评价道，财政预算只是从一般流程的层面上对财政支出总数的确定、预算收支的管理与财政支出的分配等内容进行一一规范，而财政支出绩效评价②则一方面以政策准则的实质适用于传统的程序与规则，追求政策产出，另一方面则承认机构与管理安排非最优的可能性，并对其进行考虑，不仅仅局限于预算本身。③ 也就是说，财政支出绩效评价在本质上与绩效预算存在区别，对财政支出进行目标设置合理性检验，而不仅仅局限于合规性与合法性的审查。

二 财政支出绩效评价作为财政管理手段的双重理性

首先是追求民主法治的价值理性。韦伯认为，完全的价值理性就是指一个人坚定地认为某一件事一定要以怎样的方式实现④。在公共财政的管理中，普遍认为的价值理性就是预算民主。尽管学界与实务界均有不少人提出，公共财政的目的就是为民生兜底、给民生提供保障，认为其内在逻辑、基本框架和全部特征都决定它是民生财政⑤，但民生财政是否

---

① 郑方辉、廖逸儿：《论财政收入绩效评价》，《中国行政管理》2017 年第 1 期。

② 原文称为"新公共支出管理"。

③ Schick, A., "A Contemporary Approach to Public Expenditure Management", World Bank Institute, 1998.

④ ［德］马克斯·韦伯：《经济与社会》（上卷），林荣远译，商务印书馆 1997 年版，第 57 页。

⑤ 贾康、梁季、张立承：《"民生财政"论析》，《中共中央党校学报》2011 年第 2 期。

是财政支出的根本价值取向？显然不是。当然，这种观点在某种程度上反映了国内目前最关注的财政保障内容，也反映了社会大众对财政投入社会保障的期待，虽然民生财政构成目前财政支出的重要内容，但是这两者存在本质上的区别，因为财政的职能不仅仅是民生保障，也包括经济、外交、维稳等职能。[①] 对此，高培勇认为，国家在民生领域积累了大量财政欠账，但是财政的职能并非只有民生，而把当前补偿性的优化民生的政府行为作为公共财政的全部，也绝对不是其实质所在。[②] 基于这种分析，财政的实质究竟是什么？李炜光对此进行了回应，他认为，归根究底，财政是政治问题，涉及公民与政府之间的关系及政治合法性。[③] 焦建国进一步分析道，"大家的公意直接决定这些资源的配置"构成了"原始财政"，因此"民主财政"才是本质，建立公共财政基本框架"就是要按照民主财政的要求构建现代政府预算制度，确立财政运作的民主机制"。[④] 从这个角度来讲，民生财政仅是民主财政的一个体现，而民主财政的核心在于协调公民与政府间互动，目的在于提升财政支出的政治合法性。

至于如何实现民主财政，学界的意见基本一致，即认为有必要让人大代表与政协委员参与财政监督过程、推动第三方财政支出绩效评价、关注公众满意度、促进财政过程公开透明等。[⑤] 在学界的案例库中，巴西阿雷格里市被视为民主预算的榜样。自 1989 年开始，通过公民参与财政决策改革，它从一个"典型的充斥腐败、裙带主义及技术官僚们"的政府转变为"全球公共行政管理的典范"。[⑥] 正如马克·霍哲所提出的，当政策制定者和市民都参与财政绩效评价时，政府就会对其财政支出与公共行为负责，政府责任就会得到履行，政府绩效就会得到提升。[⑦] 换句话说，追求公众满意成为民主财政的一个内核。

---

① 高培勇：《公共财政：概念界说与演变脉络——兼论中国财政改革 30 年的基本轨迹》，《经济研究》2008 年第 12 期。

② 高培勇：《公共财政：概念界说与演变脉络——兼论中国财政改革 30 年的基本轨迹》，《经济研究》2008 年第 12 期。

③ 李炜光：《财政不是经济问题，是政治问题》，搜狐网（https://business.sohu.com/20130730/n382936756.shtml）。

④ 焦建国：《民主财政论：财政制度变迁分析》，《社会科学辑刊》2002 年第 3 期。

⑤ 何晴和张斌：《中国财政支出绩效评价：制度框架与地方实践》，《理论学刊》2012 年第 10 期。

⑥ 许峰：《巴西阿雷格里参与式预算的民主意蕴》，《当代世界》2010 年第 9 期。

⑦ 马克·霍哲和张梦中：《公共部门业绩评估与改善》，《中国行政管理》2000 年第 3 期。

更深层地考虑，法治是民主机制的前提。朱大旗认为，议会在一切国家政治生活当中具有至尊的权威，并以控制财政为其核心使命。[①] 基于此，马骏也提出，对于强调公众参与的盐津模式来说，最大的挑战在于是否能够持续，能否在未来获得制度化的机会。[②] 进一步说，由于立法机关本身拥有最强的民意基础，同时法律制定过程最为正式、严格、透明，所以对财政权的控制方式通常就体现为法律的规定。[③] 但同时，也有学者指出，当代中国财政法治现状尚未为民主财政提供完全意义上的制度保障。[④] 从这个角度来说，法治财政是民主财政的基础。因此，除了公众满意度，法治程度也是财政支出的价值追求之一。

其次是辅助决策与提供方法论的工具理性。这是就其作为一种财政监督手段而言的，用韦伯的话来讲，即把"目的、手段和附带后果"[⑤] 作为决策的依据，有助于决策效率的提升，"以有限资源获得最大成果"[⑥]。财政支出绩效评价的工具理性主要体现为以下两个方面。

第一，财政支出绩效评价可作为辅助决策有效工具。一般的公众参与预算管理，常常缺乏基本的财政知识，因而往往面临"看不懂""说不好"的困境，导致在绩效评价标准问题上与行政部门争执不下[⑦]，公众监督过程难以开展，公意表达也受到阻碍。财政绩效评价的作用在于，它以效率性、经济性、效果性与公平性的绩效标准反映政策的基本表现，为公众参与预算监督、参与政治投票提供可参考的依据。与此同时，该种预算民主机制也会促进政府决策的科学化，这是因为借助预算民主机制，民众能够参与对政府的财政监督活动，在这种外部监督的倒逼之下，政府就会通过提升绩效的方式进行应对，从而促进决策的优化。从这个

---

① 朱大旗和何遐祥：《议会至上与行政主导：预算权力配置的理想与现实》，《中国人民大学学报》2009 年第 4 期。

② 马骏：《盐津县"群众参与预算"：国家治理现代化的基层探索》，《公共行政评论》2014 年第 5 期。

③ 刘剑文：《论财政法定原则——一种权力法治化的现代探索》，《法学家》2014 年第 4 期。

④ 张际：《论立法权的范围》，载周旺生《立法研究》（第 2 卷），法律出版社 2001 年版，第 282 页。

⑤ ［德］马克斯·韦伯：《经济与社会》（上卷），林荣远译，商务印书馆 1997 年版，第 57 页。

⑥ ［美］赫伯特·A. 西蒙：《管理行为》，詹正茂译，机械工业出版社 2019 年版。

⑦ 如年票制。参见洪绩《年票争议再起，存废当有定论》，《新快报》2015 年 11 月 16 日第 A02 版。

角度看，财政绩效评价服务于公众也辅助于行政决策。

第二，财政支出绩效评价为解决财政支出问题提供了方法论。1994年分税制改革之后，地方政府之间呈现特殊的"GDP 竞赛"的态势，进而引发地方政府不良债务的出现与地方财政可持续性的弱化。周黎安指出，这种"区域间恶性经济竞争"主要受到"晋升锦标赛"的影响，导致地方官员"只关心可测度的经济绩效，而忽略了许多长期的影响"。① 解决地方财政乱象的难点在于缺乏一种规范的、成体系的、度量财政支出绩效的测量手段。而财政支出绩效评价"把不可衡量的事变为可衡量的"，通过确定政府职能、财政支出绩效目标与实现这些目标的所需步骤，基于已有目标前提，采取最高效率的实现方式。② 具体地，财政支出绩效评价通过规范的指标体系，综合财政规模与财政结构两方面体现支出绩效③，而借助该结果，可实现对财政专项的科学化梳理（包括专项整合与专项清理等），从而优化收支结构与规模，降低地方政府的财政风险。④ 至于其具体的评价内容，高培勇认为，财政支出绩效评价的关注点在于：政府用这些钱做了哪些事？水平怎样？效率如何？值不值得？⑤

三 绩效目标价值制约财政支出绩效评价的科学性

沃尔多认为，"随着人们参照系的不断拓宽，以及目的的不同意见变得越来越重要，'科学'和'客观性'变得越来越困难，对'效率'的判断越来越不准确、越来越有争议"，为此，"只有在一个被有意识地坚持的价值框架里，才是有效的和有用的"。⑥ 正如上文所提到的，在公共选择机制的作用之下，财政支出政策的执行具有偏离的内在倾向，而通过开展财政支出绩效评价，则能对此进行"补漏"，但由于自利性、避

---

① 周黎安：《中国地方官员的晋升锦标赛模式研究》，《经济研究》2007 年第 7 期。

② "我国推行财政支出绩效考评研究"课题组、贾康：《我国推行财政支出绩效考评研究》，《经济研究参考》2006 年第 29 期。

③ 汪柱旺和谭安华：《基于 DEA 的财政支出效率评价研究》，《当代财经》2007 年第 10 期。

④ 赵学群：《关于财政支出绩效评价和管理制度的思考》，《现代经济探讨》2010 年第 12 期。

⑤ 高培勇：《什么才是衡量税负水平高低的根本标准》，《财会研究》2012 年第 5 期。

⑥ ［美］德怀特·沃尔多：《行政国家：美国公共行政的政治理论研究》，颜昌武译，中央编译出版社 2017 年版，第 250—253 页。

责①等因素，绩效指标的选择往往又容易面临所谓"主观性悖论"②，破解该问题的关键就在于在评价中对价值的把握。从这个角度来讲，财政支出绩效评价的科学性受制于绩效价值目标的科学性。换言之，绩效价值目标决定财政支出绩效评价的科学性，而绩效价值目标一旦产生偏差，就容易陷入工具主义的死循环，也容易导致政策执行的偏误或失败，包国宪等③、王学军④称之为"绩效损失"，尚虎平称之为"操作性偏误"⑤，郑方辉等称之为"政策绩效目标走样"⑥。为解决这个问题，需要通过适当的绩效价值目标分析减少忽略掉关键性因素的可能性⑦，其前提是理清财政支出绩效评价的价值内涵。

　　一般来讲，财政支出绩效评价价值追求包括经济性（Economy）、效率性（Efficiency）和效果性（Effect），即所谓的"3E"原则。严格来说，"3E"原则源自财政危机。第一次石油危机之后，全球性滞胀引起了经济衰退，巨额财政赤字、超负荷的社会经济职能迫使各国政府提高政府管理绩效。1979 年，撒切尔启动"雷纳评审"（Rayner Scrutiny），雷纳小组以问题为导向，提出"3E"评价，以经济、效率、效益作为评价的标准，正式掀起世界范围的"3E"评价浪潮；后来，美国会计署又率先提出"4E"原则（经济性、效率性、效果性与公平性），并将"公平性"（E-quality）正式纳入财政管理领域，形成所谓的"4E"原则。该原则后来又逐渐增加了环保性（Environment）等其他内涵，衍生出所谓的"5E"原则⑧。值得关注的是，从美国 20 世纪七八十年代的实践来看，"公平性"的测量很难实现，也常常导致争议的出现。因此，从适用性的角度

① 李晓飞：《行政发包制下的府际联合避责：生成、类型与防治》，《中国行政管理》2019年第 10 期。

② 尚虎平：《政府绩效数据生成的客观性与绩效数据选用的主观性悖论及其消解——一个解决政府全面绩效管理流于形式的路径探索》，《中国行政管理》2020 年第 8 期。

③ 包国宪和张弘：《基于 PV-GPG 理论框架的政府绩效损失研究——以鄂尔多斯"煤制油"项目为例》，《公共管理学报》2015 年第 3 期。

④ 王学军：《政府绩效损失及其测度：公共价值管理范式下的理论框架》，《行政论坛》2017 年第 4 期。

⑤ 尚虎平：《政府绩效评估中"结果导向"的操作性偏误与矫治》，《政治学研究》2015年第 3 期。

⑥ 郑方辉、邓霖和林婧庭：《补助性财政政策绩效目标为什么会走样？——基于广东三项省级财政专项资金绩效第三方评价》，《公共管理学报》2016 年第 3 期。

⑦ ［美］R. M. 克朗：《系统分析和政策科学》，陈东威译，商务印书馆 1985 年版，第 72 页。

⑧ 20 世纪 90 年代，加拿大兴起对"5E"的讨论。

看，"3E"仍是世界范围内应用最广、适应性最强的财政支出评价标准。

但是，基于不同理念，在不同时期、不同地域与不同阶段，"3E"乃至"4E"中各标准之间的权重并不总是相一致的。比如，在"3E"标准中，效率性与公平性之间常常出现难以调节的矛盾。20世纪90年代我国高等教育收费问题就曾引起过社会激烈的讨论。当时，由于教育资源向社会和个人分散，由国家单一投资的高教事业陷入资金短缺困境，从教育资源短缺的国情出发，国内仍不具备根据平等原则来分配教育机会的条件，因此不得不采取收费的形式解决高教投入缺口的矛盾。①奥肯认为，当平等和效率同等重要的时候，也就是其中之一相对于另一方不绝对优先的时候，则应通过政治活动过程实现妥协。②也就是说，对不同标准的价值选择的矛盾通过政治活动解决。

在"3E""4E"和"5E"之外，也有学者开始反思财政可持续性的问题，实际上触及了公共财政管理层面的问题。对于公共财政管理而言，其三大目标在于效率、公平及稳定。其中，"稳定"的实质就是财政的可持续性。2018年年中，实务界与学界一度兴起对"是否采取积极财政政策"的热议。针对这种情况，王雍君指出，长期以来财政赤字说明国内实行积极财政政策的能力空间已很小，但并不应该将问题焦点置于"积极与否"问题，而应该在财政政策的运作上将财政可持续性（在不损害关键服务交付前提下政府独立清偿到期中长期债务的能力）和目标一致性（财政收支、赤字与债务等政策变量与经济政策目标一致）置于首位。③可以说，这种论述进一步完善了财政支出绩效的现有标准。

第四节　财政支出绩效目标检验的技术体系与方法

一　绩效目标检验及其分类

绩效目标检验实际上就是财政支出绩效评价的过程。从树海认为，

---

① 苗苏菲：《高等教育实行收费制度与教育公平》，《高等教育研究》1996年第1期。

② ［美］阿瑟·奥肯：《平等与效率》，王奔洲译，华夏出版社1999年版，第86—89页。

③ 王雍君：《当前对财政政策是否积极之论辩肤浅的令人震惊》，搜狐（http://www.so-hu.com/a/243648367_99970165），2018年7月27日。

财政支出绩效就是在绩效概念中增加评价的对象（财政支出）。因此，它是对财政支出绩效进行的评价，也就是对财政支出的效益、效率和有效性进行的评价。[①] 刘昆等基于广东的实践探索提出，财政支出绩效评价是基于既定理念与目的，运用科学方法、规范流程和相对统一的指标体系，对财政支出产出与效果进行综合性测量与分析的活动。[②] 绩效目标检验与通常意义的目标管理中的目标检验存在本质上的区别。目标管理大师德鲁克在他的著作《管理的实践》中提出，应该用目标来评价管理者的表现，并督促其提高绩效。[③] 但这种检验仅局限于减少可选方案、降低选择成本，并且最后基于目标正确性的假设前提开展"目标/结果比对"，而不对已有目标的科学性、合理性、合法性等做出检验，仅对事实结果完成目标与否做出判断。而绩效目标检验则不同，尽管在基本方法上仍采取目标检验的"目标/结果比对"的方法，但其在目标检验之上，反思公共政策目标"应然"的层面，即目标是否科学、合理，政策出台是否符合民主程序等。马国贤等认为，影响公共政策评价的因素是多方面的，包括政策目标不清晰（将各类目标混在一起）、对政策效果的定义过于广泛（导致不同个体在直接效果与间接效果中差异化的理解）、被评价者的抵制或阻挠（基于组织不喜欢变革的特征）和评价者主观上的原因（主要表现于动机和价值标准上的原因和方法论上的原因）。[④]

　　根据评价视角的区别，公共政策评价可以分为第一代评价、第二代评价、第三代评价和第四代评价。第一代评价即"测量时代"，主张只要采用合适的工具，所有调查变量都可以被测量；第二代评价即"描述时代"，主张描述某些规定目标的优劣模式；第三代评价即"判断时代"，该时期认识到评估目标导向的缺陷，并要求重视"判断"，也就是把目标和实现过程一同纳入评价范围，但此种情况下评估者选择本身的标准容易引起分歧。埃贡·G.古贝等认为，前三代评估至少存在管理主义倾向、忽略价值多元性和过分强调调查等不足，而评价本身并不仅仅只是一个

　　① 丛树海、周炜和于宁：《公共支出绩效评价指标体系的构建》，《财贸经济》2005 年第 3 期。

　　② 刘昆和肖学：《推进财政支出绩效评价带动绩效预算管理改革——兼谈广东财政支出绩效评价的实践》，《财政研究》2008 年第 11 期。

　　③ ［美］彼得·德鲁克：《管理的实践》，上海译文出版社 1999 年版，第 427—429 页。

　　④ 马国贤和任晓辉：《公共政策分析与评估》，复旦大学出版社 2012 年版，第 153—172 页。

纯粹的科学过程，不仅仅是一个技术问题或者过程问题，仅为获得事实而存在，而是具有社会、政治、价值取向等基本特征，以谈判协调为核心动力。① 这种认识超越了以往三代的评价理念与路径，被称为"第四代评价"②。费希尔提出，以往的公共政策评价方法多局限于实证主义的方法论，采取价值中立的方式，因此无法用潜在的意义和观点来帮忙解释社会行为，因此他提出把事实和价值结合起来进行评价。③ 但"价值的内容是什么"本身也是一个重要的议题。梁鹤年认为，不同政策参与者对各种社会价值有着不同的看法，而这些价值和他们对这些价值的认知也影响到他们对于事务的敏感性、对问题的反映和对各种解决办法的接受程度，政策过程则是寻找和建立价值和行为之间满意关系的过程。据此，他提出三阶段的政策分析框架，三阶段包括逻辑分析（强调一致性）、经济分析（强调充要性）、法理与实施分析（强调依赖性），并进一步形成所谓政策制定与评价的"S-CAD 框架"。④

应该说，第四代评价的拥护者对于价值冲突及其解决途径的认知跟奥肯和阿马蒂亚·森等是相一致的，其理论框架的前提均在于价值的可得性。这些学者的论述形成所谓的"第四代评价"。但至于如何将公共政策绩效目标检验理论方法应用至实务之中，他们并未做更具体的、技术上的说明。

二 公共价值的可得性

公共价值的可得性与否在理论界长期存在争议。孔多塞根据民主的少数服从多数规则对个人选择转化为集体选择的过程进行逻辑分析。他发现，个体不同偏好优先序之下，对于某种选择的偏好的优先序本身存在着逻辑循环的矛盾，因此无法实现偏好的优选。这就是所谓的"投票悖论"。1951 年，阿罗从如何获得社会最大福利出发，基于该悖论，在他的专著《社会选择与个人价值》中正式以数学演算的方式，将该悖论形

---

① ［美］埃贡·G. 古贝和伊冯娜·S. 林肯：《第四代评估》，秦霖、蒋燕玲等译，杨爱华校，中国人民大学出版社 2008 年版，第 1—21 页。

② 原文为"第四代评估"，但鉴于本书中"评价"与通常意义上的"评估"意思相同，故此处将其称为"第四代评价"。

③ ［美］弗兰克·费希尔：《公共政策评估》，吴爱明、李平等译，中国人民大学出版社 2003 年版，第 13 页、第 73—81 页。

④ 梁鹤年：《政策规划与评估方法》，中国人民大学出版社 2009 年版，第 10—16 页、第 30—33 页、第 44—45 页、第 89 页。

式化，揭示出少数服从多数选择的非传递性，即根本不存在一种能同时保证效率、尊重每个人的偏好，并且不依赖程序的少数服从多数规则投票方案。① 在阿罗提出"不可能定理"后，政治哲学和福利经济学受到巨大冲击。然而，尽管李特尔、萨缪尔森等均试图驳倒其推论，但最后以失败告终。可以说，"阿罗不可能定理"在推论与技术处理上几乎不存在漏洞。因此，在很长一段时间内，如何跨越"不可能"成为经济学发展的关键问题。在此情况下，理论界普遍认同，在少数服从的民主机制之下，社会价值的加总是不可获取的。②

直至20世纪70年代，经济学家阿马蒂亚·森在其论著《集体选择与社会福利》中引入选择函数，将阿罗关于社会福利函数存在性的不可能结果发展为社会决定函数的可能性结果，针对"阿罗不可能定理"给出了精彩的回应。③ 根据他的观点，尽管"阿罗不可能定理"阐述统一的社会价值实现的不可得性，但他忽视了信息要素在该过程中可以发挥的作用，而信息基础在一定程度上可以为统一社会价值的判断和获取提供途径。按照这个逻辑推论，社会选择的价值是可知也是可得的。他认为，这种信息基础即为人的可行能力，可以指实现了的功能性活动或是此人拥有的可行能力集，而获取这些信息要求公共讨论之下的"社会选择"，这个过程中不可避免地会运用到价值判断，而这些价值判断应是为得到更多公共支持的标准。④ 换言之，公共价值的获取可以通过公共讨论得以实现，并以选票的机制或者满意度的形式实现价值筛选，实际上以价值选择的优先序反映出来。从这个角度来讲，只要引入政治社会等因素，通过一定形式的公共讨论，将有关各方可行能力的信息尽可能公开并完整地阐述，并使公共价值能在公共讨论中被充分讨论，那么获得一个让所有人满意的公共选择，获取所谓"公共价值"的具体内涵，事实上也是可以实现的。进一步地，布坎南等提出将个人间相互交易时的理性人

① ［美］肯尼思·约瑟夫·阿罗：《社会选择与个人价值》，陈志武和崔之元译，四川人民出版社1987年版。

② 尹蔷：《从阿罗不可能性定理谈起》，《大连教育学院学报》2006年第3期。

③ ［印］阿马蒂亚·森：《集体选择与社会福利》，胡的的和胡毓达译，上海科学技术出版社2004年版。

④ 按照阿马蒂亚·森的观点，可行能力即"此人有可能实现的、各种可能的功能性活动组合。可行能力因此是一种自由，是实现各种可能的功能性活动组合的实质自由"。参见阿马蒂亚·森《以自由看待发展》，任赜和于真译，中国人民大学出版社2002年版，第47—67页。

分析用于政策决策领域之中，也就是所谓公共选择的过程，或者称"集体同意的计算"，这引发了人们对政治决策过程的认识的革命性变化。他认为，从一种严格构想的制度性组织出发，社会的选择其实会变成个体行为，而社会总是存在一些道德或伦理的行为标准，这些标准可以不带偏见地被讨论，因此，针对道德规诫或者原理方面的内容，广泛的一致是可以实现的，而这正是立宪民主制在进行制度设计时所追求的。① 当然，在不同的政治体制之下，在不同的支出政策之下，其选择过程与价值体现是有所差异的。由此对比中西方价值表达与价值实现。在西方，民众通过选票的形式选出符合自己价值倾向的政党进行施政；在中国，更习惯于精英式的政策制定与自下而上的民众满意度反馈相结合的渐进式价值筛选过程。两种方式表现不同而殊途同归。如此看来，公共价值具有可得性，且表现形式呈现多样化的特征。因此，以"价值"作为核心要素的目标检验具有可实现性。

三　绩效目标检验的体系与方法

正如上文所提及，绩效目标检验的路径经历了四种评价路径的演变。在评价理念与评价路径上尽管有所差异，评价时所采用的技术性的共性方法却是一脉相承的。这些技术方法也决定了评价理念是否能落实到公共政策绩效目标管理的实践之中，在规避目标置换与目标无效等误区的同时保证公共价值的实现。

在财政绩效目标检验的基本框架与体系上，早期财政支出管理（实际上就是对公共政策的管理）中，针对财政监督的探讨仅仅局限于讨论财政支出如何被监管，其评价内容也局限于保证财政支出不被挪用或是每一笔支出都受到监督，即强调财政资金合规性的审查，从某种程度上就是财务审计。20 世纪 60 年代，美国会计总署率先提出以经济性、效率性和效果性三者为主体的绩效测量框架，并开展财政支出绩效评价活动。该经验被英国 1983 年版《国家审计法》所借鉴并在英国广泛应用，逐渐推广至世界各国，并逐渐形成财政支出绩效评价的"3E"经典范式。② 在国内，21 世纪之后，学者专家（主要在财政系统）开始对财政绩效评

---

① ［美］詹姆斯·M.布坎南和戈登·塔洛克：《同意的计算——立宪民主的逻辑基础》，陈光金译，中国社会科学出版社 2000 年版，第 3 页、第 328—329 页、第 331 页。

② 郑方辉、廖逸儿和卢扬帆：《财政绩效评价：理念、体系与实践》，《中国社会科学》2017 年第 4 期。

价开展研究。借鉴西方国家绩效预算与支出绩效评价的做法①，早期的研究内容主要集中于英、美、新、澳等国家财政支出绩效管理经验的学习及总结②，学者（如丛树海③、安秀梅④、侯荣华⑤等）主要关注财政支出绩效评价中国化的理论探索，围绕构建以经济、效率、效益为基本维度的财政支出绩效评价体系。这些研究成为国内财政绩效评价实践的有效助力。然而，由于研究本身的关注重点仍停留于财政资金的合规性，与财务审计之间的差异性不大，很难称得上真正意义上的"财政支出绩效评价"。针对这个问题，马国贤提出，合规性监督依附于政府行政模式，在官僚化的浪费问题上是无能为力的，所以需要通过财政支出绩效评价进行财政监督，进而保证财政支出有效性。⑥ 盛明科等指出，目前国内的财政支出绩效评价工作"带有明显的审计特征"，"侧重于合规性评价，而忽视效益评价"。⑦ 分析其原因，刘国永认为，国内参与财政支出第三方绩效评价的机构多为会计师事务所，主要专注财务审计，就容易导致评价"审计痕迹太重"，从而忽视了财政支出的支出目的与公共价值追求。⑧ 近年来，随着财政部对财政支出绩效评价理论与实践的多方位探索，部分学者基于地方政府实践，或以绩效预算为研究对象⑨，或以委托

---

① 1999 年，全国人大和审计署先后提出改进和规范中央预算编制工作的要求，财政部以此为契机，以改革预算编制方法为切入点，推进以部门预算为核心的预算管理改革，包括财政支出绩效考评。参见财政部预算司编著《绩效预算和支出绩效考评研究》，中国财政经济出版社2007 年版，第 1—2 页。

② 代表性论文如：母天学：《对美国政府绩效考评活动的考察》，《行政论坛》2001 年第 5期；马蔡琛和童晓晴：《公共支出绩效管理的国际比较与借鉴》，《广东社会科学》2006 年第 2 期。

③ 丛树海、周炜和于宁：《公共支出绩效评价指标体系的构建》，《财贸经济》2005 年第 3 期。

④ 安秀梅：《政府公共支出管理》，对外经济贸易大学出版社 2005 年版，第 305—306 页。

⑤ 侯荣华主编：《中国财政支出效益研究》，中国计划出版社 2001 年版。

⑥ 马国贤：《财政监督将进入嬗变阶段》，《财政监督》2008 年第 7 期。

⑦ 盛明科等：《政府绩效评估：多样化体系与测评实例》，湘潭大学出版社 2011 年版，第138 页。

⑧ 刘国永：《对财政支出绩效评价基础性问题的再认识》，《中国财经报》2016 年 8 月 30日第 7 版。

⑨ 过剑飞主编：《绩效预算：浦东政府治理模式的新视角》，中国财政经济出版社 2008 年版。

第三方财政绩效评价为切入点①，或以预算绩效目标管理为重心②，试图将财政支出绩效评价与地方特色结合，进而形成具有中国特色的财政绩效评价理论。但学者认为，尽管 21 世纪之后各级政府对绩效管理的探索促成了绩效办、财政两套机构，并形成以"考绩"和"预算绩效"为内容的两大评价体系，但却出现体系重叠而效果抵消、"'三不'现象"（项目过多评不了、项目过散过杂无法评、评价结果用不上）以及"政府考绩多流于形式"等问题。③

在财政支出绩效评价技术方法上，常用的绩效目标检验方法包括过程对比法、回归分析法、调查法、价值分析法、绩效评价法，等等。马国贤主张采用常规的过程对比法、回归分析法和调查法，并总结如下：过程分析法包括"始/终对比分析法"（包括简单"前/后"对比法、"投射/实施后"对比法、"控制对象/实验对象"对比法）和"有/无政策"对比法；回归分析法包括线性回归分析法、二项式回归分析法和多项式回归分析法；调查法包括直接调查法、问卷调查法和访谈法。不同的方法各有缺陷，适用于不同的评价场景。④ 伏润民等认为 DEA 二次相对效益模型能对我国一般性转移支付资金在多重目标之下的绩效进行分析。具体地，应采用数据包络分析中的 C2R 模型确定指数状态，因为其论述的是投入产出的总技术效率，而一般性转移支出本身有补助基本支出的目标，故只有在说明清楚基本支出与公共服务的投入产出关系时将各地努力程度纳入考虑，才能对一般转移支付绩效做到合理评价。⑤ 任晓辉运用逻辑分析法，从投入、产出与结果和教育发展能力三个角度设计能同时满足外部评价与内部评价的义务教育支出绩效评价指标体系⑥，也从"教育资源投入""教育产出与效果""教育发展能力"三方面入手设计

---

① 郑方辉、李文彬和卢扬帆：《财政专项资金绩效评价：体系与报告》，新华出版社 2012 年版。

② 刘国永：《财政绩效目标管理的理论基础与现实价值》，《行政事业资产与财务》2011 年第 3 期。

③ 上海财经大学公共经济与管理学院"绩效管理与绩效评价"课题组、马国贤和刘国永：《推进我国政府绩效管理与评价的五点建议》，《人民论坛·学术前沿》2015 年第 14 期。

④ 马国贤和任晓辉：《公共政策分析与评估》，复旦大学出版社 2012 年版，第 153—172 页。

⑤ 伏润民、常斌和缪小林：《我国省对县（市）一般性转移支付的绩效评价——基于 DEA 二次相对效益模型的研究》，《经济研究》2008 年第 11 期。

⑥ 任晓辉：《义务教育支出绩效评价指标体系设计》，《华中师范大学学报》（人文社会科学版）2008 年第 4 期。

出中等职业教育财政支出绩效评价指标体系。[①] 火熠等构建了包括义务教育经费来源、义务教育经费支出、义务教育办学条件、师资力量与普及程度五个方面的义务教育财政绩效评价体系，并采用功效系数评分法（确定单项满意值与不允许值）对江西义务教育财政支出情况进行评价。[②]

在如何避免指标制定与指标测量偏差的问题上，正如彭宗超等所分析，制定需要加以监控的领域容易，但设计指标对之进行监控难。[③] 在管理学上，目标管理中的目标制定的 SMART 原则可以引以为鉴，也就是要求指标是具体的、可测量的、可实现的、相关的和有时间限制的。应该说，SMART 原则在一般性的管理活动中均普遍适用，而具体到社会指标的拟定，其过程则涉及公共价值、部门利益等更为复杂的因素，因此还应考虑其他政治性或社会性的因素。20 世纪六七十年代美国社会指标运动的夭折给社会指标制定与应用提供了教训：数据好不等于指标好，有效的指标需要一个清晰的概念，指标的价值难以保持中立，指标范围狭窄比巨细无遗更有效，指标的使用应重视分析而不是测量，控制资源才有可能从指标走向结果，等等。[④] 同在 20 世纪 60 年代，财政学家马斯格雷夫对如何测量财政绩效、如何制定合理的财政绩效目标进行了研究与分析。他认为，财政支出绩效并不是体现为一个存量的概念，而体现为一个增量的概念，体现在支出对 GNP 发生作用之后产生的变化上，而非 GNP 值或 GNP 值随机产生的变化。除此之外，绩效得分也会由于所采用的公式的不同而发生变动。[⑤] 换句话说，财政支出绩效并不是一个简单的可观测值，而是两个可观测值之间的对比量，是一个变化值。这些为指标的正确选择与应用提供了指引。

---

① 任晓辉：《中等职业教育财政支出绩效评价指标设计与应用——基于上海 A 区案例分析》，《华中师范大学学报》（人文社会科学版）2010 年第 6 期。

② 火熠和胡春晓：《基于功效系数评分法的义务教育财政绩效评价——以江西省数据为例》，《教育与教学研究》2016 年第 10 期。

③ 彭宗超和李贺楼：《社会指标运动源起、评价及启示》，《南京社会科学》2013 年第 6 期。

④ 克利福德·科布、克雷格·里克斯福德和宾建成：《社会指标的历史教训》，《经济社会体制比较》2011 年第 5 期。

⑤ Musgrave, R. A., "On Measuring Fiscal Performance", *The Review of Economics And Statistics*, 1964, pp. 213–220.

本章小结

本章从四个方面对财政性教育精准扶贫支出绩效评价的理论依据进行阐述。精准扶贫是全面小康的制度保障与推进共同富裕的必要手段，教育精准扶贫是精准扶贫的长期性举措，公共财政则为教育精准扶贫提供物质保障。之所以开展财政性教育精准扶贫支出绩效评价，是基于政策执行偏误难以避免的考虑。政策目标实现是政策的终极目标，政策执行是实现政策目标的必经阶段，而公共选择机制下政策执行偏误难以避免，因而常常导致教育财政支出的低效，为此有必要开展财政性教育精准扶贫支出绩效评价。从方法论看，财政支出绩效评价作为绩效预算的有效补充，兼具民主法治的价值理性与辅助决策、提供方法论的工具属性，目标在于提升政府执行力与公信力，而其科学性决定于绩效价值目标。具体地，由于公共价值的可得性，绩效目标检验本身具有可行性，可通过过程对比法、回归分析法、调查法等方法实现。总体而言，尽管财政性教育精准扶贫支出绩效评价相关研究已相对成熟，但目前基于"第四代评价"研究路径（在科学过程检验的基础上引入社会、政治、价值取向等基本特征的检验）的可行技术方法及其应用在国内外相对有限，由此产生理论研究的需求。

第三章 绩效目标：政策沿革及其目标提炼

绩效目标检验的前提在于明确何为绩效目标，即回应"财政性教育精准扶贫支出想要达到什么目的"的问题。处于我国现行财政体制之下，财政支出绩效目标在某种意义上等同于所谓支出政策目标，而财政支出政策的实际效益与效率并非只涉及财政层面的问题，也涉及其他职能部门的业务内容。[①] 因此，有必要对财政性教育精准扶贫支出相关的政策进行梳理，从而理解其绩效目标的发展脉络，进而明确当前的绩效目标。

第一节 财政性教育精准扶贫支出政策阶段性演进

尽管"财政性教育精准扶贫"无论在政策背景上或是理论意义上仍属于一个相对较新的名词，但实际上，基于不同精准度要求，实质意义上的"财政性教育精准扶贫"早已有之。我国财政性教育精准扶贫支出目标的演变过程始终贯穿着两条主线：一是教育基本保障与教育现代化的建设与发展，二是我国精准度不断提高的扶贫政策的制定与调整。两条主线共同作用，形成财政性教育精准扶贫支出目标的演变脉络。综观1949年以来教育精准扶贫政策，教育建设与教育扶贫之间、教育扶贫与教育精准扶贫之间并非截然分开的关系，而是交叉演进的，并在不同时期形成阶段性财政性教育精准扶贫支出[②]绩效目标。

一 早期教育扶贫阶段

1949年9月，《中国人民政治协商会议共同纲领》指出，教育把

---

① "我国推行财政支出绩效考评研究"课题组、贾康：《我国推行财政支出绩效考评研究》，《经济研究参考》2006年第29期。

② 基于早期大范围贫困的事实，主要体现为财政性教育发展支出。

"提高人民的文化水平，培养国家建设人才，肃清封建的、买办的、法西斯主义的思想，发展为人民服务的思想"作为主要的任务，并提出普及教育应"有计划有步骤地实行"。① 国家公有化改革之后，国家为城市居民提供公共教育保障，至于农村贫困人口仅"提供必要的福利救助"②，因此教育经费负担最终还是落到农民身上。③ 在计划体制的逻辑驱使和"赶超战略"的现实压力下，财政性教育经费基本用于城市学校与各级重点学校，这就造成城乡之间师生权利的受保护程度有明显的差距，引发教师待遇、教育机会的不平等。④ 但这种财政的窘迫不仅仅体现在城乡差异之上。20 世纪 50 年代各类学校公立化之后，学校教育经费基本由国家承包，国家各级财力出现不足，教师薪酬福利难得保障。1953 年 9 月，教育部、财政部、卫生部发布《关于适当解决小学、幼儿园教职员工福利问题的几项原则的决定》，对公立小学女教师的产假、教职员工患病期间的待遇及公费医疗、福利费及多子女教养补助费等问题做出规定。⑤ 该决定的出台一定程度上稳定了基层教师队伍，为教育提供师资保障。而尽管 1954 年受教育权正式入法⑥，但经费来源仍是制约教育普及的重要因素，由此制约了教育事业发展。50 年代末，国内经济发展停滞，国家财政受到牵连，教育经费支出也受到影响，教师日常食品与生活用品供应得不到保障。1960—1963 年，国家部委先后印发《关于人民公社社办中、小学经费补助的规定》《关于解决小学教师的副食品和生活日用品供应问题的通知》等规定，通过财政对各类教师的基本生活保障与福利予

---

① 具体的表述为："人民政府的文化教育工作，应以提高人民的文化水平，培养国家建设人才，肃清封建的、买办的、法西斯主义的思想，发展为人民服务的思想为主要任务""有计划有步骤地实行普及教育，加强中等教育和高等教育，注重技术教育，加强劳动者的业余教育和在职干部教育，给青年知识分子和旧知识分子以革命的政治教育，以应革命工作和国家建设工作的广泛需要"。

② 具体的表述为："依赖于集体，依赖于群众，通过生产来自给自足，同时国家提供必要的福利救助"。

③ 林卡和范晓光：《贫困和反贫困——对中国贫困类型变迁及反贫困政策的研究》，《社会科学战线》2006 年第 1 期。

④ 朱金花：《教育公平：政策的视角》，博士学位论文，吉林大学，2005 年。

⑤ 涂怀京：《新中国中小学教师法规研究（1949—2000）》，博士学位论文，华东师范大学，2003 年。

⑥ 1954 年《宪法》。

以保障。① "文化大革命"期间，我国教育事业受到破坏，无法为国家发展输送高层次人才，进而影响国家经济发展，国家在很长一段时间内处于经济落后的状态。1977年，邓小平指出："一定要在党内造成一种空气：尊重知识，尊重人才。"② 同年，他在全国科学和教育工作座谈会上提出，国家要赶上世界先进水平得从科学和教育着手。③ 这是新中国成立以来官方首次从国家战略的层面上对教育的扶贫功能予以肯定，自此财政支出对教育建设与发展的投入比重不断加大。尽管1979年农业经济体制改革之后，贫困程度得到很大缓解，但并未从根本上解决教育经费短缺的问题。在这个时期，国务院、教育部、财政部等曾多次下发通知、颁布规章制度，要求认真贯彻"勤俭办学"的方针，提高办学存量资金的使用效益。

20世纪80年代初，厉以宁、王善迈等通过回归分析，讨论了1961—1979年38个人口千万以上国家公共教育支出与经济发展水平的一般关系，得出了人均GDP达1000美元时公共教育支出占GDP总量为4.24%的结论。④ 反观国内，教育经费支出远远不足以支撑我国教育事业的发展，以致形成"穷国办大教育"的窘境。为此，1982年，在党的十二大上，教育被列为发展国民经济发展的三大战略重点之一，但经费不足始终制约教育的普及与发展。在此情况下，国家主要从增加财政性教育支

---

① 1960年3月，财政部、教育部发布《关于人民公社社办中、小学经费补助的规定》，提出"国家对公社举办的普通中、小学和农业中学及其它职业中学，应该根据不同情况，在人力、物力、财力的可能范围内，给以必要的扶持"以便"更好地发展教育事业"，并对不同类型公社举办的学校补助的方式和补助的内容进行规定，"补助的款项，以补助解决教师工资、专职教师的集体福利为主"。1961年12月，商业部、教育部联合印发《关于解决小学教师的副食品和生活日用品供应问题的通知》，规定农村小学教师的副食品和生活日用品的供应和当地脱产干部同等待遇。1962年9月，教育部、商业部、全国供销合作总社联合发布《关于解决中小学民办教师和代课教师的副食品和生活日用品供应问题的通知》，规定"中、小学民办教师的副食品和生活日用品供应标准应与公办教师一样，和当地脱产干部享受同等待遇"。1963年1月，教育部、财政部、教育工会等单位发出《关于改进福利费管理和使用的通知》，要求福利费必须如数按期提拨，专款专用，主要用于教工的生活困难补助。

② 中共中央文献编辑委员会编：《邓小平文选》（第2卷），人民出版社1994年版，第41页。

③ 中共中央文献编辑委员会编：《邓小平文选》（第2卷），人民出版社1994年版，第48页。

④ 陈良焜：《教育经费在国民生产总值中所占比例的国际比较》，载厉以宁编《教育经济学研究》，上海人民出版社1988年版，第3—22页。

出和强化教育财政支出的经济性两方面解决经费不足的问题。1982 年 7 月，教育部、财政部发布《全国中、小学勤工俭学财务管理暂行办法》明确"学校勤工俭学财务管理工作，是校办工厂、农场和学校整个管理工作的一个重要组成部分"，要求"一切开支都要坚持勤俭节约的原则"。1985 年 5 月《中共中央关于教育体制改革的决定》正式提出"两个增长"原则①，并对基层教育财政做出相应的规定②，该规定最后逐步促成了 1986 年《义务教育法》对教育财政的相关要求。③ 1987 年 4 月，原国家教委发布《关于开展增产节约运动的通知》，号召广泛开展"双增双节运动"。同一时期，随着公社的瓦解和所有制改革的推进，集体性的福利功能受到影响，扶贫效果弱化。

应该说，在 20 世纪 50—80 年代，我国仍处于大范围的贫困阶段，因此，限于较小的财政体量，无力投入教育建设与大范围的教育扶贫。换句话说，该时期内，财政性教育扶贫资金与财政性教育资金本身并无本质上的区别。当然，该时期国家脱贫以经济建设为主，因而财政性教育支出始终未能实现质的突破，始终保持在较低的水平。而就教育财政绩效目标来看，基本强调服务国家建设、勤俭支出和稳定教师队伍等。

二 教育财政扶贫形成阶段

在该阶段，一方面，财政性教育扶贫资金开始区别于一般性的财政性教育资金；另一方面，国家通过阶段性集中推动"两基"任务实现大范围教育扶贫与教育脱贫，在某种程度上为后来"财政性教育精准扶贫"的推进奠定基础。

首先是教育财政扶贫形成。

1984 年 9 月，面对国内"几千万人口的地区仍未摆脱贫困"④ 的局

---

① 具体表述为："在今后一定时期内，中央和地方政府的教育拨款的增长要高于财政经常性收入的增长，并使按在校学生人数平均的教育费用逐步增长。"

② 具体表述为："地方机动财力中应有适当比例用于教育，乡财政收入应主要用于教育。地方可以征收教育费附加，此项收入首先用于改善基础教育的教学设施，不得挪作他用。"

③ 1986 年《义务教育法》第 12 条："国家用于义务教育的财政拨款的增长比例，应当高于财政经常性收入的增长比例，并使按在校学生人数平均的教育费用逐步增长。地方各级人民政府按照国务院的规定，在城乡征收教育事业费附加，主要用于实施义务教育。国家对经济困难地区实施义务教育的经费，予以补助。国家鼓励各种社会力量以及个人自愿捐资助学。国家在师资、财政等方面，帮助少数民族地区实施义务教育。"

④ 参见《关于帮助贫困地区尽快改变面貌的通知》，中共中央、国务院文件，1984 年 9 月 29 日印发。

面，国家层面大范围的扶贫活动开始启动。而同在该时期，受国际上反贫困运动①的影响，国家意识到有必要通过提高贫困者自身能力来推进长远性反贫困的实现，因此教育作为提高贫困者能力的必要手段逐渐成为反贫困的重心之一。1982 年，国家经济委员会首先发布《国家经委等关于认真做好扶助农村贫困户工作的通知》，要求教育部门"为贫困户子女减免学杂费，并在助学金使用上予以适当照顾"。1984 年，中共中央、国务院印发《关于帮助贫困地区尽快改变面貌的通知》，要求各级党委政府"采取十分积极的态度和切实可行的措施……提高生产能力"，重点放在"解决十几个连片贫困地区的问题"，"用于贫困地区的资金和物资，不能采取'撒胡椒面'的办法平均使用，更要严禁挪作他用"，其中提及"要重视贫困地区的教育……有计划地发展和普及初等教育，重点发展农业职业教育，加速培养适应山区开发的各种人才"。可以说，这两个文件在真正意义上将财政性教育扶贫资金与一般的教育发展资金区别开来，财政性教育扶贫资金亦初步具备"精准"的特点，并对支出方向与资金使用合规性提出要求。

1986 年 5 月，国务院成立"贫困地区经济开发领导小组"，开展以促进经济发展为重点的反贫困计划，并划定第一批贫困县（1985 年人均纯收入低于 150 元的县），这也为教育扶贫的进一步精准化（从连片贫困地区精准到贫困县）提供了依据。1986 年，国民经济"七五"计划（1986—1990 年）提出贫困地区发展的基本目标提及"使贫困地区初步形成依靠自己力量发展商品经济的能力"。1993 年，国家总结以往扶贫过程中重贫困户补助、轻项目开发导致扶贫资金高漏出、低成效的失败经验，并将"贫困地区经济开发领导小组"更名为"国务院扶贫开发领导小组"，确立了扶贫综合开发的大方向。这为教育扶贫的进一步开展打下基础。

1994 年，《国家八七扶贫攻坚计划（1994—2000 年）》明确"基本

---

① 1964 年，肯尼迪宣布"向贫困挑战"。70 年代初，世界银行、联合国粮农组织等国际机构开始对印度、泰国等发展中国家实施反贫困活动。通过提高贫困者自身的能力来反贫困已经成为发展中国家反贫困的主要策略。1974 年以后，巴西政府在偏远的亚马逊地区先后建立 17 个规模不等的发展极。多数发展中国家的公共工程项目把增加就业机会和低收入者的收入水平作为优先的政策目标，"以工代赈"在这些国家具有针对失业者和最低收入者的明显倾向。参见汪三贵《反贫困与政府干预》，《农业经济问题》1994 年第 3 期。

普及初等教育，积极扫除青壮年文盲""开展成人职业技术教育和技术培训，使多数青壮年劳力掌握一到两门实用技术"的教育总目标和"积极推进贫困地区农村的教育改革，继续组织好贫困县的'燎原计划'，普及初等教育，做好农村青壮年的扫盲工作，加强成人教育和职业教育"的教育扶贫目标，该计划事实上也实现了我国救济式扶贫向综合性开发扶贫转变。1996 年，《中共中央　国务院关于尽快解决农村贫困人口温饱问题的决定》要求："要把扶贫开发转移到依靠科技进步，提高农民素质的轨道上来"。受"科教兴国"战略的指引，1995—2000 年，为了在贫困地区普及义务教育，原国家教委和财政部在我国 852 个贫困县开展了第一期的"国家贫困地区义务教育工程"。该工程共投入 126 亿元，其中，中央财政投入 39 亿元，地方财政配套 87 亿元。它是当时中央专项资金投入最多、规模最大的全国性教育扶贫工程。1999 年 6 月，中共中央、国务院发布《关于深化教育改革　全面推进素质教育的决定》，针对教育扶贫提出"基本普及九年义务教育和基本扫除青壮年文盲"（以下简称"两基"），"要增强农村特别是贫困地区义务教育的课程、教材与当地经济社会发展的适应性"，"鼓励大中城市骨干教师到基础薄弱学校任教或兼职，中小城市（镇）学校教师以各种方式到农村缺编学校任教，加强农村与薄弱学校教师队伍建设"，"逐步实现国家财政性教育经费支出占国民生产总值百分之四的目标"等措施或明确的政策目标，该决定成为新世纪教育精准扶贫政策制定的一个指引。从该文件看，我国教育发展的目标导向也发生变化，义务教育从"有利于国家建设的伟大事业"转变为"提高国民素质的宏伟工程"，教育发展的规划从国家视角转换到个体视角。

其次是"两基"任务的推进。

1987 年，党的十三大要求"把发展科学技术和教育事业放在首要位置"，也明确了"百年大计，教育为本"。1988 年，邓小平提出"从战略高度考虑教育问题"，"要千方百计，在别的方面忍耐一些，甚至于牺牲一点速度，把教育问题解决好"。① 1988 年 2 月，国务院颁布《扫除文盲工作条例》，要求"除丧失学习能力以外的 15 周岁以上的文盲、半文盲，

---

① 吴贻谷：《略论教育的优先发展——为〈中华人民共和国教育法〉颁布实施而作》，《武汉大学学报》（哲学社会科学版）1995 年第 6 期。

不分性别、民族，都要接受扫盲教育"①。1990 年，教育部出台《中国教育发展和改革纲要（1990—2000）》，提出到 20 世纪末，"建立起适应社会主义现代化建设需要，面向二十一世纪，具有中国特色的社会主义教育体系的基本框架"②。但是该时期教育经费紧缺的问题并未好转。1990年 4 月，《国家关于委属院校 1990 年财务工作的若干意见》指出"国民经济面临不少困难"，"要求各高等院校高度重视和加强财务管理工作，把有限的教育经费管好、用好，提高各项资金的使用效益"。同时，为应对财政性教育资金紧缺与社会教育需求增大之间的矛盾，国家实行"多条腿走路"、高校招生"双轨制"等多种制度，逐渐将市场化运作方式引入教育领域。

　　1992 年，党的十四大正式提出"必须把教育摆在优先发展的战略地位"。1993 年《中国教育改革和发展纲要》明确到 20 世纪末的具体目标包括"全国基本普及九年义务教育"，"使青壮年中的文盲率降到百分之五以下"，"中央和地方政府教育拨款的增长要高于财政经常性收入的增长，并使按在校学生人数平均的教育费用逐步增长"，"各级财政支出中教育经费所占的比例……全国平均不低于百分之十五"，"国家财政性教育经费支出占国民生产总值的比例，本世纪末达到百分

---

　　①　具体表述为："除丧失学习能力以外的 15 周岁以上的文盲、半文盲，不分性别、民族，都要接受扫盲教育……各基本扫盲单位，需保证农村地区的文盲人数低于 5%，城镇地区低于 2%。"

　　②　具体表述为："各级各类教育事业要持续、稳定、协调地发展"，达到"全国城乡扎扎实实地普及初等义务教育""全国城镇和中等以上经济发达地区的农村，基本普及九年制义务教育""多数大中城市基本满足幼儿接受教育的要求，有条件的农村发展学前一年教育""大中城市的多数残疾和弱智儿童受到不同程度的初等教育""初中毕业生升入高中阶段职业技术学校的人数超过升入普通高级中学的人数""城镇新增劳动力普遍受到各种形式的职业技术教育""农村大多数新增劳动力接受从业所必须的实用技术培训""高等学校的一批重点学科在学术上达到国际先进水平""努力使广大社会从业人员，根据所在岗位要求分别接受岗位培训和继续教育"等目标。其中，针对教育经费投入，要求"中央和地方政府教育拨款的增长要高于财政经常性收入的增长，并使按在校学生人数平均的教育费用逐步增长"，并保证生均公用经费逐步有所增长，同时"提高国家财政预算内教育经费支出所占的比例，逐步做到每年全国平均不低于 15%，省、自治区、直辖市一般不低于 20%"。

之四"等。① 1994 年，国务院出台该纲要的实施意见，进一步细化了教育目标。② 其中，关键的指标就是财政性教育经费支出占国民生产总值的4%与教育经费占财政性资金的 15%两个比例。③ 但纲要的出台并未从实际上改变教育发展不平衡的问题，教育投入不足、教师待遇偏低、教师住房困难、中小学乱收费、学生课业负担重、"贵族学校"、办学质量不高等问题仍然突出。④ 针对该类问题，1993 年 10 月，《中华人民共和国教师法》出台，对教师的权利义务、资格任用、培养培训等内容进行规范，要求"教师的平均工资水平应当不低于或者高于国家公务员的平均工资水平"等，该法律的出台为优化教师待遇、稳定教师队伍⑤提供了法律保障。与此相配套，1994 年 3 月，国务院颁布《教学成果奖励条例》，进一步鼓励教师提高教学质量，从某种程度上也稳定了教师队伍，减少了教

---

① 具体表述为："全国基本普及九年义务教育（包括初中阶段的职业技术教育）"，"高中阶段职业技术学校在校学生人数有较大幅度的增加"，"集中力量办好一批重点大学和重点学科"，"使青壮年中的文盲率降到百分之五以下"，"中央和地方政府教育拨款的增长要高于财政经常性收入的增长，并使按在校学生人数平均的教育费用逐步增长"，"各级财政支出中教育经费所占的比例，'八五'期间逐步提高到全国平均不低于百分之十五"，"逐步提高国家财政性教育经费支出占国民生产总值的比例，本世纪末达到百分之四"，等等。

② 包括：到 2000 年全国基本普及九年义务教育（包括初中阶段的职业教育），即占全国总人口 85%的地区普及九年义务教育；初中阶段的入学率达到 85%左右，全国小学入学率达到99%以上；到 2000 年全国基本扫除青壮年文盲，使青壮年的非文盲率达到 95%左右。到 2000 年学校平均规模，本科院校达到 3500 人以上，专科学校达到 2000 人以上，中专学校达到 1000 人以上，技工学校达到 500 人以上，职业高中达到 600 人以上，力争到 20 世纪末在实现我国教育的高效益方面有更大进展；到 20 世纪末，国家财政性教育经费支出占国民生产总值的比重应达到4%。中央财政对边远、贫困地区义务教育及有关的师范教育等专项扶助经费，从当年开始由当时的 2 亿多元要逐年有较大幅度提高，尽快在两三年内达到每年不少于 10 亿元；到 2000 年使中专学校教师基本达到任职资格标准，职业中学、技工学校 60%以上的教师达到任职资格标准；等等。

③ 也就是说，财政性教育经费要达到国民生产总值的 4%和每年教育经费支出要达到财政支出的 15%。但是，当时主管教育的李岚清认为："这两个比例的计算方法不是十分完善，当时的国家教委与财政部门对此问题的看法分歧还比较大，我也曾力图进行协调解决，未能如愿。我认为与其这样耗费时间争论下去，不如换个思路，先从能够做到的和当前迫切需要解决的问题入手。首先统一了一个思想，即各级政府教育财政拨款的增长应当高于财政经常性收入的增长，并使按在校学生人数平均的教育费用逐步增长，保证教师工资和学生人均公用经费逐步增长，并以此作为制定财政预算和审计决算的硬措施。"参见李岚清《李岚清教育访谈录》，人民教育出版社 2003 年版，第 57 页。

④ 李岚清：《落实教育优先发展战略地位的法律保障——在学习、贯彻实施〈教育法〉座谈会上的讲话》，《人民教育》1995 年第 5 期。

⑤ 据有关资料表明，1992 年全国流失中小学教师大约有 45 万之多。参考吴江和刘长慧《〈教育法〉是落实邓小平教育优先发展战略的法律保障》，《河北科技图苑》1996 年第 3 期。

师流失。

进一步地，1995 年 5 月，党中央、国务院颁布《关于加速科学技术进步的决定》，首提"科教兴国"战略。同年 9 月，第八届全国人大第三次会议通过《教育法》，提出"发展教育事业，提高全民族素质，促进社会主义物质文明和精神文明建设"，并规定"中华人民共和国公民有受教育的权利和义务"，从法律层面上保障了每一位公民的受教育权。1996 年，为解决学校因公用经费不足导致的乱收费问题，原国家教委先后发布《义务教育学校收费管理暂行办法》和《普通高级中学收费管理暂行办法》，规定义务教育的杂费、借读费收入应全部用于补充学校公用经费不足，不得用于教师工资、福利、基建等，也规定高中生均教育培养成本包括公务费、业务费和教职工人员经费等正常办学费用支出。1997 年之后，国家先后出台《社会力量办学条例》《面向 21 世纪教育振兴行动计划》等，不仅逐步扩大教育经费来源，也明确保障教育经费投入是教育支出绩效的关键。

在这一阶段，财政性教育精准扶贫支出政策的目标从增加教育经费投入、强调支出经济性两方面投入性目标拓展到扫除文盲等产出性与结果性目标，关注重点也从服务国家建设转移到个人发展，财政性教育精准扶贫支出理念有了新突破。正如康晓光所言，1985 年之前，扶贫的目标在于通过全面经济发展缓解贫困，侧重于经济效率；1985 年之后，扶贫目标在于通过明确的扶贫缓解贫困，侧重于社会公正，主要是为了保障每一个公民的基本人权。[①] 应该说，20 世纪 80—90 年代，教育作为脱贫的重要手段逐渐得到国家重视，全国范围内的教育普及也有力促进了扶贫脱贫工作，与此同时，教育经费严重不足以及增加教育经费支出的紧迫性引起重视，并逐步形成愈加明晰的教育经费投入目标与教育经费投入体制建设规划。在教育扶贫支出专项上，国家仍以大范围贫困地区的投入为主，但也开始以贫困县为单位开展教育精准扶贫，国定贫困县是其重点。但不足在于，国定贫困县以外的贫困村和贫困户无法得到国家扶持，且该方式也容易导致扶贫目标异化，引发贫困县争抢帽子、不愿退出贫困县行列的现象。同时，针对贫困生学费减免的政策也存在标准不明确的问题，《国家教委关于对普通高等学校经济困难学生减免学杂

---

① 康晓光：《论中国反贫困的制度创新》，《云南社会科学》1997 年第 2 期。

费有关事项的通知》（1995 年）就是例子。尽管如此，我国仍在历时 15 年之后如期完成"两基"目标。

三 "两基"全覆盖与助学体系完善阶段

21 世纪之初，国务院印发《中国农村扶贫开发纲要（2001—2010 年）》，分析了当时农村贫困人口温饱问题基本解决，但少数社会保障对象、生活在自然环境恶劣地区的特困人口和部分残疾人仍处于特贫的现状，提出"从 2001 年到 2010 年，集中力量，加快贫困地区脱贫致富的进程"的目标，强调"必须把农民科技文化素质培训作为扶贫开发的重要工作"。同时，针对以往救济式扶贫与忽视非贫困村贫困户的现象，该纲要开始强调参与式扶贫、以村为单位进行农村扶贫综合开发，并开始考虑国定贫困县之外的非国定贫困县里的贫困村和贫困户，并将贫困村定为基本的瞄准单位，强调贫困人口的参与，包括知情权、选择权、监督权和管理权，通过村民大会确定扶贫对象，目的在于准确性、积极性（提高贫困户自主脱贫和自我发展的能力）、针对性（主要体现在项目选择）和高效集约性。该时期，中央的扶贫策略采用"整村推进"的方式，并在全国范围内确定了 14.8 万个贫困村。

然而，在农村税费改革背景下，农村教育费附加和教育集资取消（"两取消"），基础教育经费管理体制开始从乡统筹转变为县统筹，农民办教育开始转变为政府办教育。而尽管农村教育投入在政策上得到优惠，但政府经费投入的不足却导致农村教育经费问题未得到实质性的解决，反而出现新的教育投入缺口。以往农村教育经费的来源主要由农村教育费附加、教育集资和学杂费构成，如今三大收入来源取消了两个，而相应的配套经费又未及时到位，反而给农村教育经费带来制度性的困难。过大的教育经费支出责任、过快的"普九"建设速度给区县一级财政与学校财务带来了重大的负担，并由此引发各学段学校乱收费现象。有鉴于此，国务院于 2001 年 6 月出台《关于进一步做好治理教育乱收费工作的意见》（国纠办发〔2001〕10 号），要求解决"农村中小学乱收费"、"大中城市公办高中'择校生'收费和民办高中的收费行为"、普通高等学校招生中的变相"双轨"收费行为等乱象。除此之外，时任总理的朱镕基要求"在农村税费改革中必须首先确保农村义务教育的经费"。当时全国基础教育工作会议也提出对农村义务教育管理体制进行重大改革，明确了农村义务教育"实行在国务院领导下，由地方政府负责、分级管理、以县为主的体制"，并积极促进农村教育费附加征收管理工作。同时，第二期"国家贫困地区义务教育工程"也对义务教育扶贫经费提供了一定保障，其中西部地区安排的资金占中央专款的90%以上。

除了农村整体性的经费支持，"两免一补"（免杂费、书本费，补助寄宿生生活费）制度、助学金制度等经常性助学性的制度也逐渐完善。2001年6月7日，教育部和财政部发布《关于对全国部分贫困地区农村中小学生试行免费提供教科书的意见》，对部分贫困地区农村中小学贫困生试行免费教科书制度。2003年3月，"两会"结束后不久，财政和教育部门应全国人大代表的要求进行了教育经费测算。9月15日，国务院发布《国务院办公厅转发教育部等部门关于开展经常性助学活动意见的通知》，提出"设立'国家义务教育助学金'、试行在国家扶贫开发工作重点县免费为学生提供教科书等措施"，并将补助用于家庭经济困难学生教育支出相关费用，帮助贫困生完成学业。17日，《国务院关于进一步加强农村教育工作的决定》提出"力争用五年时间完成西部地区'两基'攻坚任务"，"到2007年，争取全国农村义务教育阶段家庭经济困难学生都能享受到'两免一补'"等。19日，第一次全国农村教育工作会议明确提出对贫困地区学生实行"两免一补"的相关规定，并把"两基"攻坚作为西部大开发的重要任务。12月30日，新一届国家科技教育领导小组召开第二次全体会议，教育部汇报了制定《2003—2007年教育振兴行动计划》和《国家西部地区"两基"攻坚计划》等内容。2004年，《教育部 财政部关于进一步加强农村地区"两基"巩固提高工作的意见》（教基〔2004〕4号）提出农村地区"两基"巩固提高目标为小学适龄儿童按时入学且小学在校生辍学率为1%以下、初中阶段毛入学率达95%且在校生年辍学率在3%以下、特殊残疾儿童义务教育入学率达85%、青壮年文盲率下降到5%以下，等等。[①] 2005年年初，财政部联合教育部发布

①　具体内容为："今后5年，加强农村地区'两基'巩固提高工作的主要目标是：义务教育的普及程度进一步提高，小学适龄儿童都能按时入学，在校生年辍学率控制在1%以下；初中阶段毛入学率达95%以上，在校生年辍学率控制在3%以下，按时毕业率明显提高，17周岁人口初级中等教育完成率明显提高；视力、听力和智力残疾儿童少年义务教育阶段入学率分别达到85%以上；全面扫除有学习能力的青少年文盲（15—24岁），青壮年文盲率下降到5%以下，复盲现象得到有效控制，脱盲人员巩固率逐年提高。经过不懈努力，使教育普及程度明显提高，教育投入明显增长，办学条件明显改善，办学水平和教育质量明显提高，教师队伍素质明显优化，形成农村义务教育和扫盲工作持续健康发展的机制。"

《关于加快国家扶贫开发工作重点县"两免一补"实施步伐有关工作的意见》，对农村义务教育阶段的贫困学生免除书本费和杂费，并为贫困寄宿生提供生活费。11 月 28 日，在联合国教科文组织第五届全民教育高层会议的致辞中，温家宝向世界庄严宣布："从明年开始，中国将用两年时间在农村全面免除义务教育阶段的学杂费。"2006 年，新修订的《中华人民共和国义务教育法》明确规定"实施义务教育，不收学费、杂费"。2007 年，农村义务教育经费保障新机制改革被列入国家重点计划，"两免一补"从西部推广到中东部，免除农村中小学生学杂费；2008 年春季，免除农村中小学生书本费；同年秋季，免除城市中小学生杂费。

在义务教育之外，职业教育与高校助学也是该时期国家教育扶贫经费支出的重点。2002 年 8 月，国务院印发《关于大力推进职业教育改革与发展的决定》，做出"进一步推进职业教育改革与发展"的重大决策，作为实施西部大开发战略和有效解决"三农"问题的必要政策决断。之后，中央财政设立专项资金，对各级各类职业教育实训基地进行扶持。2004 年 6 月，针对 20 世纪末高校助学贷款政策出现担保人难找、违约率高涨的情况，国务院转发《关于进一步完善国家助学贷款工作若干意见》，要求国家助学贷款工作坚持"方便贷款、防范风险"的原则，"健全国家助学贷款管理体制，改革贷款审批和发放办法"。之后，国务院出台《关于切实解决高校贫困家庭学生困难问题的通知》，强调"使高校贫困家庭学生的经济困难及时得到切实解决"。2005 年，教育部对《普通高等学校学生管理规定》（1990 年）进行修订，并增加了有关高校学生的救济机制的表述。2006 年 1 月，《国务院关于解决农民工问题的若干意见》中针对当时社会普遍存在的农民工问题，提出"大力发展面向农村的职业教育"，"把提高他们的职业技能作为职业教育的重要任务"，"通过设立助学金、发放助学贷款等方式，帮助家庭困难学生完成学业"。2007 年，《国务院关于建立健全普通本科高校高等职业学校和中等职业学校家庭经济困难学生资助政策体系的意见》提出"从制度上基本解决家庭经济困难学生的就学问题"，尤其是"使家庭经济困难学生能够上得起大学、接受职业教育"，并建立或完善国家奖助学金、助学贷款等助学制度，确定高校与职校助学金补助标准①。

同时，2005—2007 年，面对《2003—2007 年教育振兴行动计划》的阶段性成果验收压力，教育部连续发布《教育部关于进一步做好教育项目拖欠工程款清欠工作的通知》《财政部 教育部关于成立全国农村义务教育经费保障机制改革领导小组办公室的通知》《财政部 教育部关于印发〈农村义务教育经费保障机制改革中央专项资金支付管理暂行办法〉的通知》《教育部 财政部关于加强农村义务教育经费保障机制改革督导工作的意见》《教育部 国务院纠风办 监察部 国家发展改革委 财政部关于在农村义务教育经费保障机制改革中坚决制止学校乱收费的通知》《教育部办公厅关于进一步做好农村义务教育经费保障机制改革实施工作的通知》等多个通知对农村义务教育经费保障机制进行规范。可以看出，该时期农村义务教育经费保障，尤其是"切实增加教育投入确保实现教育经费法定增长"，成为教育精准扶贫的主要内容与重要目标。

从 2000—2010 年我国教育扶贫的情况来看，该阶段教育扶贫主要重心放在"两基"攻坚与助学体系的完善之上，该阶段教育扶贫的对象也从上一阶段贫困村扩展到非贫困村的经济困难学生上，教育保障范围也从农村延伸到城市，并最终于 2011 年全面实现"两基"战略任务。可以说，该阶段在巩固"普九"成果的基础上进一步发展了我国全覆盖的教育保障体系，并以常态化的教育保障机制与助学机制为经济困难学生及其家庭提供教育脱贫的机会。然而，教育经费投入规模不足（财政性教育经费支出占 GDP 的 4% 的目标未能在该阶段实现）、教育资源投入不均、教育经费支出监管缺位等问题在该阶段同样突出，且长期未得到解决，这也是新时期欠发达地区出现教师结构性缺编、农村校车补助难以落实、营养午餐计划实施效果不佳、助学补助遭挪用等问题的根源。

四 新时期教育精准扶贫阶段

《国家中长期教育改革和发展规划纲要（2010—2020 年）》中，除

---

① 针对高校与高职学生，"平均资助标准为每生每年 2000 元，具体标准由各地根据实际情况在每生每年 1000—3000 元范围内确定，可以分为 2—3 档"；针对中职学生，"国家助学金资助所有全日制在校农村学生和城市家庭经济困难学生。资助标准为每生每年 1500 元，国家资助两年，第三年实行学生工学结合、顶岗实习"。

了对 2012 年我国财政性教育经费支出占 GDP 比重提出要求，也明确"到 2020 年，基本实现教育现代化，基本形成学习型社会，进入人力资源强国行列"的目标①。可以说，在目标的制定上，该纲要比以往更为具体、可量化，也反映出当前教育保障"精准化"的趋势。同时，该纲要首次提出"制定教育质量国家标准，建立健全教育质量保障体系"，把教育质量评价标准作为重要的教育建设内容。② 该提法也成为"十二五"规划中基本公共教育服务体系建设的重要依据。同时，教育扶贫作为"两不愁三保障"③ 的主要内容之一，也成为《中国农村扶贫开发纲要（2011—2020 年）》中的重要目标。④ 基于教育发展中暴露的问题，短板在于学前教育低入学率、职业教育助学补助不足、农村中小学生营养不良、义务教育高辍学率，也在于部分欠发达地区教育经费投入不足、教学条件简陋等。

针对学前教育"入园难"问题。2010 年 11 月，国务院发布《关于当前发展学前教育的若干意见》，提出"把发展学前教育摆在更加重要的位置"，强调"积极发展学前教育，着力解决当前存在的'入园难'问题""财政性学前教育经费……未来三年要有明显提高""以县为单位编制学前教育三年行动计划"；等等。2011 年，教育部发布《关于加大财政投入支持学前教育发展的通知》，要求"地方先行，中央补助"的原则，逐步建立家庭经济困难儿童的入园资助制度。同年，《关于建立学前教育资助制度的意见》提出，幼儿园应将收入 3%—5% 用于对经济困难家庭学生

---

① 具体表述为："基本普及学前教育；巩固提高九年义务教育水平；普及高中阶段教育……高等教育大众化……毛入学率达到 40%……保障残疾人受教育权利……教育现代化水平明显提高……构建体系完备的终身教育……健全充满活力的教育体制"，并在此之上将目标定量化。

② 《国家教育事业发展第十二个五年规划》（2012 年）提出"建立国家教育标准体系"的目标。党的十八届三中全会（2013 年）决定对包括教育在内的政府职能等五个领域的标准化工作提出要求。中央全面深化改革领导小组办公室第二次会议（2014 年）将国家教育标准内容列入了工作要点。我国首个《国家标准规划》将教育标准化列为国家标准化规划的重点领域，明确提出"到 2020 年基本建成具有国际视野、适合中国国情、涵盖各级各类教育的国家教育标准体系"的目标。

③ 具体表述为："到 2020 年，稳定实现扶贫对象不愁吃、不愁穿，保障其义务教育、基本医疗和住房。"

④ 具体表述为："到 2015 年，贫困地区学前三年教育毛入园率有较大提高；巩固提高九年义务教育水平；高中阶段教育毛入学率达到 80%；保持普通高中和中等职业学校招生规模大体相当；提高农村实用技术和劳动力转移培训水平；扫除青壮年文盲。到 2020 年，基本普及学前教育，义务教育水平进一步提高，普及高中阶段教育，加快发展远程继续教育和社区教育。"

的收费减免和困难补助。2018 年 11 月，针对学前教育发展不平衡不充分的短板，《中共中央　国务院关于学前教育深化改革规范发展的若干意见》明确了学前教育发展的中长期目标，"到 2035 年，全面普及学前三年教育，建成覆盖城乡、布局合理的学前教育公共服务体系，形成完善的学前教育管理体制、办园体制和政策保障体系"。

针对职业教育贫困学生补助不足的问题。2013 年，教育部等六部门关于印发《现代职业教育体系建设规划（2014—2020 年）》，提出"建设现代职业教育体系，服务实现全面建成小康社会目标"，要求"提升职业教育服务当地特色优势产业、民族文化和民族工艺、基本公共服务、社会管理和贫困家庭脱贫致富的能力"。2018 年，《深度贫困地区教育脱贫攻坚实施方案（2018—2020 年）》针对职业教育建档立卡贫困学生，明确提出"中等职业教育实施免学费和国家助学金政策"并根据情况提供补助①。

针对长期以来农村中小学生营养不良的问题。2011 年，国务院发布《关于实施农村义务教育学生营养改善计划的意见》，明确从 2011 年秋季学期起，在集中连片特殊困难地区启动农村义务教育学生营养改善计划试点，由中央财政给试点地区农村中小学生提供每生每天 3 元（学生在校时间按 200 天/年计）的补助，并逐渐向贫困地区和家庭经济困难学生实施农村中小学生营养改善计划。2016 年 11 月，国务院发布《"十三五"脱贫攻坚规划》，提出"以贫困地区和家庭经济困难学生为重点……中央财政为纳入营养改善计划国家试点的农村义务教育学生按每生每天 4 元（800 元/年）的标准提供营养膳食补助"。12 月，教育部等六部门发布《教育脱贫攻坚"十三五"规划》，明确"鼓励地方扩大营养改善计划试点范围，实现贫困县全覆盖，中央财政给予奖补支持"。

针对义务教育精准扶贫的问题。2011 年 6 月，国务院发布《关于进一步加大财政教育投入的意见》，提出"继续增加财政性教育投入，实现 4%目标""落实法定增长要求""切实提高资金使用效益"等。2012 年，《关于鼓励和引导民间资金进入教育领域促进民办教育健康发展的实施意

---

① 具体表述为："对通过职业教育东西协作到东部地区省（市）接受中职教育的建档立卡贫困家庭学生，西部地区省（市）从财政扶贫资金中按照每生每年 3000 元左右的标准给予资助，东部地区省（市）从东西扶贫协作财政援助资金中按照不少于每生每年 1000 元的标准给予资助，用于学生的交通、住宿、课本教材、服装等方面费用。"

见》提出，"鼓励和引导民间资金发展教育和社会培训事业"。2013 年，十二届全国人大一次会议提出，2012 年度我国财政性教育经费支出占 GDP 比重已经达到 4%。但教育经费总量得到基本保障的同时，义务教育发展不均衡的短板逐渐突出，也涉及高中普及的问题。事实上，早在 2010 年 1 月，教育部发布《关于贯彻落实科学发展观进一步推进义务教育均衡发展的意见》，要求"将推进均衡发展作为义务教育改革与发展的重要任务"，并提出"力争在 2012 年实现区域内义务教育初步均衡，到 2020 年实现区域内义务教育基本均衡"的发展目标。10 月，教育部进一步发布《关于治理义务教育阶段择校乱收费问题的指导意见》，"着力解决义务教育阶段择校乱收费问题"，"大力推进义务教育均衡发展，改造薄弱学校，缩小校际办学条件及教育质量差距"。2012 年 3 月，教育部发布《教育信息化十年发展规划（2011—2020 年）》并提出"重点支持中西部地区、边远地区、贫困地区的学校信息基础设施建设"。9 月，国务院发布《关于深入推进义务教育均衡发展的意见》，并提出推进义务教育均衡发展的基本目标[①]。2013 年 7 月，《教育部等部门关于实施教育扶贫工程意见》提出在连片特困扶贫攻坚地区的教育扶贫目标。[②] 2013 年，《关于全面改善贫困地区义务教育薄弱学校基本办学条件的意见》出台，全面实施"薄改计划"，目标在于 3—5 年内保障基本教学条件、改善学校生活设施、办好必要的教学点、解决县镇学校大班额问题、合理配置师资和严控中小学辍学率。2013 年下半年，李克强总理主持国务院常务会议研究扶贫工作，明确要求精准扶贫、建档立卡。2015 年 11 月 29 日，《关于打赢脱贫攻坚战的决定》强调"2020 年让 7000 多万农村贫困人口摆脱贫困"，并要求"坚持精准扶贫"，"率先从建档立卡的家庭经济困难学生实施普通高中免除学杂费、中等职业教育免除学杂费"。2014 年 1

---

① 具体表述为："每一所学校符合国家办学标准，办学经费得到保障""到 2015 年，全国义务教育巩固率达到 93%，实现基本均衡的县（市、区）比例达到 65%""到 2020 年，全国义务教育巩固率达到 95%，实现基本均衡的县（市、区）比例达到 95%""推进义务教育学校标准化建设"。

② 具体表述为："把教育扶贫作为扶贫攻坚的优先任务"；"到 2020 年使片区基本公共教育服务水平接近全国平均水平"；"到 2015 年，学前三年毛入园率达到 55%以上，少数民族双语地区基本普及学前一至两年双语教育，义务教育巩固率达到 90%以上，高中阶段毛入学率达到 80%以上，视力、听力、智力三类残疾儿童义务教育入学率达到 80%。到 2020 年，基本普及学前教育，义务教育水平进一步提高，基本普及视力、听力、智力三类残疾儿童义务教育，普及高中阶段教育，基础教育普及程度和办学质量有较大提升"。

月，中共中央办公厅等出台《关于创新机制扎实推进农村扶贫开发工作的意见》，提出"创新扶贫开发机制""全面实施教育扶贫工程"，并重申"到 2015 年，贫困地区义务教育巩固率达到 90% 以上，学前三年教育毛入园率达到 55% 以上，高中阶段毛入学率达到 80% 以上"等阶段性教育扶贫目标。2015 年 11 月 28 日，《国务院关于进一步完善城乡义务教育经费保障机制的通知》提出"建立城乡统一、重在农村的义务教育经费保障机制"，明确"从 2016 年春季学期开始，统一城乡义务教育学校生均公用经费基准定额"，"从 2017 年春季学期开始，统一城乡义务教育学生'两免一补'政策"，此次义务教育经费保障首次将"城市家庭经济困难寄宿生"纳入生活费补助保障范围。2016 年 7 月，国务院出台《关于统筹推进县域内城乡义务教育一体化改革发展的若干意见》，提出"到 2020 年……县域义务教育均衡发展和城乡基本公共教育服务均等化基本实现"① 的工作目标。同年 8 月，财政部等发布《关于免除普通高中建档立卡家庭经济困难学生学杂费的意见》，"从 2016 年秋季学期起，免除公办普通高中建档立卡等家庭经济困难学生②学杂费"。同年 11 月，国务院发布《"十三五"脱贫攻坚规划》，除重申"两不愁三保障"之外，也提出 2020 年在规划范围内贫困县义务教育巩固率达 93% 的教育扶贫目标，也提出"依托师范院校开展'一专多能'乡村教师培养培训""健全学前教育资助制度""鼓励职业院校面向建档立卡贫困家庭开展多种形式的职业教育""为特殊教育学校配备特殊教育教学专用设备设施和仪器""继续实施高校招生倾斜政策"等新时代教育扶贫的目标。2017 年 9 月，《关于进一步加强控辍保学提高义务教育巩固水平的通知》要求"精准确定教育扶贫对象"，"避免因贫失学辍学"，"避免因上学远上学难而辍学"，并在此之上"全面落实教育扶贫和资助政策"，"统筹城乡

---

① 具体表述为："加快推进县域内城乡义务教育学校建设标准统一、教师编制标准统一、生均公用经费基准定额统一、基本装备配置标准统一和'两免一补'政策城乡全覆盖，到 2020 年，城乡二元结构壁垒基本消除，义务教育与城镇化发展基本协调；城乡学校布局更加合理，大班额基本消除，乡村完全小学、初中或九年一贯制学校、寄宿制学校标准化建设取得显著进展，乡村小规模学校（含教学点）达到相应要求；城乡师资配置基本均衡，乡村教师待遇稳步提高、岗位吸引力大幅增强，乡村教育质量明显提升，教育脱贫任务全面完成。义务教育普及水平进一步巩固提高，九年义务教育巩固率达到 95%。县域义务教育均衡发展和城乡基本公共教育服务均等化基本实现。"

② 含非建档立卡的家庭经济困难残疾学生、农村低保家庭学生、农村特困救助供养学生。

义务教育学校规划布局"，"改善乡村学校办学条件"。2018 年 2 月，教育部等印发《深度贫困地区教育脱贫攻坚实施方案（2018—2020年）》，要求"不让一个学生因家庭经济困难而失学"，"到 2020 年，'三区三州'[①] 等深度贫困地区教育总体发展水平显著提升，实现建档立卡贫困人口教育基本公共服务全覆盖"。[②] 2018 年 4 月，《关于全面加强乡村小规模学校和乡镇寄宿制学校建设的指导意见》提出补齐村小、乡镇寄宿制学校两类学校建设滞后短板，"基本实现县域内城乡义务教育一体化发展"。

大数据管理技术的广泛投入与应用也在财政性教育精准扶贫支出的"精准化"（主要体现为建档立卡贫困户的管理）过程中发挥了作用。早在 2014 年，教育部等部门印发《构建利用信息化手段扩大优质教育资源覆盖面有效机制的实施方案》，提出"以教育信息化带动教育现代化"[③]。2016 年 6 月，《教育信息化"十三五"规划》中提出"以互联网为主的多种手段将资源提供给各类教育机构，尤其是农村、边远、贫困、民族地区的学校免费使用"。2016 年 11 月，国务院发布的《"十三五"脱贫攻坚规划》提出"加强扶贫信息化建设，依托国务院扶贫办扶贫开发建档立卡信息系统和国家统计局贫困监测结果，定期开展规划实施情况动态监测和评估工作"。2018 年 10 月，《关于做好家庭经济困难学生认定工作的指导意见》提出，"认定家庭经济困难学生是实现精准资助的前提……各地、各校要把家庭经济困难学生认定作为加强学生资助工作的重要任务"，要求"各地要建立联动机制，加强相关部门间的工作协同……将全国学生资助管理信息系统、技工院校学生管理信息系统与民政、扶贫、残联等部门有关信息系统对接"。

2010—2020 年，教育扶贫政策愈加呈现"精准化"特征，针对农村

[①] 西藏、四省藏区、南疆四地州和四川凉山州、云南怒江州、甘肃临夏州。

[②] 具体内容：到 2020 年，"三区三州"等深度贫困地区教育总体发展水平显著提升，实现建档立卡贫困人口教育基本公共服务全覆盖。保障各教育阶段建档立卡学生从入学到毕业的全程全部资助，保障贫困家庭孩子都可以上学，不让一个学生因家庭经济困难而失学。更多建档立卡贫困学生接受更好更高层次教育，都有机会通过职业教育、高等教育或职业培训实现家庭脱贫，教育服务区域经济社会发展和脱贫攻坚的能力显著增强。

[③] 其他相关表述为："利用信息化手段扩大教育资源覆盖面……加快推进教育信息化'三通两平台'建设与应用，实现各级各类学校宽带网络的全覆盖，优质数字教育资源的共建共享……逐步缩小区域、城乡、校际之间的差距。"

中小学生营养改善、学前教育普及、高中教育普及、职业教育扶贫、特殊教育学校完善、经济困难学生资助体系完善等问题均作出回应，并使教育扶贫受益人群从农村延伸到城市，而面对农村教师结构缺编与招聘难问题，也开始思考"一专多能"教师培养，逐步推进教育信息化以扩大优质教育的覆盖面，进一步提高了教育扶贫支出的精准性。

各时期教育扶贫主要政策及有关文件见表3-1。

表 3-1　　　　　　　　1949 年以来教育扶贫主要政策与管理文件

时间	阶段	个人助学	地区、学校教育水平提升	相关管理文件
20 世纪 40 年代末至 80 年代	早期教育扶贫阶段	国家为城市居民提供公共教育保障，至于农村贫困人口仅"提供必要的福利救助"	《关于适当解决小学、幼儿园教职员工福利问题的几项原则的决定》（1953 年）《关于人民公社社办中、小学经费补助的规定》（1960 年）《关于解决小学教师的副食品和生活日用品供应问题的通知》（1961 年）《中共中央关于教育体制改革的决定》（1985 年）《关于开展增产节约运动的通知》（1987 年）	《全国中、小学勤工俭学财务管理暂行办法》（1982 年）《中共中央关于教育体制改革的决定》（1985 年）《关于开展增产节约运动的通知》（1987 年）
20 世纪 80 年代至 90 年代末	教育财政扶贫形成与"两基"目标提出阶段	《国家经委等关于认真做好扶助农村贫困户工作的通知》（1982 年）《关于深化教育改革全面推进素质教育的决定》（1999 年）	《关于帮助贫困地区尽快改变面貌的通知》（1984 年）《国家八七扶贫攻坚计划（1994—2000 年）》（1994 年）第一期"国家贫困地区义务教育工程"（1995—2000 年）	《国家关于委属院校 1990 年财务工作的若干意见》（1990 年）《文教行政财务管理和经费使用效益考核办法》（1990 年）《义务教育学校收费管理暂行办法》（1996 年）《普通高级中学收费管理暂行办法》（1996 年）

续表

时间	阶段	个人助学	地区、学校教育水平提升	相关管理文件
2001—2010 年	"两基"全覆盖与助学体系完善阶段	《关于对全国部分贫困地区农村中小学生试行免费提供教科书的意见》(2001 年)》《国务院办公厅转发教育部等部门关于开展经常性助学活动意见的通知》(2003 年)《国务院关于进一步加强农村教育工作的决定》(2003 年)《教育部 财政部关于进一步加强农村地区"两基"巩固提高工作的意见》(2004 年)《关于加快国家扶贫开发工作重点县"两免一补"实施步伐有关工作的意见》(2005 年)《国务院关于建立健全普通本科高校高等职业学校和中等职业学校家庭经济困难学生资助政策体系的意见》(2007 年)	《国务院关于大力推进职业教育改革与发展的决定》(2002 年)《国家西部地区"两基"攻坚计划》(2003 年)《2003—2007 年教育振兴行动计划》(2004 年)第二期"国家贫困地区义务教育工程"(2001—2005 年)	《国务院纠风办 教育部关于进一步做好治理教育乱收费工作的意见》(2001 年)《中央级教科文部门项目绩效考评管理试行办法》(2003 年)《教育部关于进一步做好教育项目拖欠工程款清欠工作的通知》(2005 年)《财政部 教育部关于成立全国农村义务教育经费保障机制改革领导小组办公室的通知》(2006 年)《财政部 教育部关于印发〈农村义务教育经费保障机制改革中央专项资金支付管理暂行办法〉的通知》(2006 年)《教育部 财政部关于加强农村义务教育经费保障机制改革督导工作的意见》(2006 年)《教育部 国务院纠风办 监察部 国家发展改革委 财政部关于在农村义务教育经费保障机制改革中坚决制止学校乱收费的通知》(2006 年)《教育部办公厅关于进一步做好农村义务教育经费保障机制改革实施工作的通知》(2006 年)

续表

时间	阶段	个人助学	地区、学校教育水平提升	相关管理文件
2010—2020 年	新时期教育精准扶贫阶段	《关于免除普通高中建档立卡家庭经济困难学生学杂费的意见》（2016 年）《国务院办公厅关于进一步加强控辍保学提高义务教育巩固水平的通知》（2017年）《深度贫困地区教育脱贫攻坚实施方案（2018—2020年）》（2018 年）	《国家中长期教育改革和发展规划纲要（2010—2020 年）》（2010 年）《关于当前发展学前教育的若干意见》（2010 年）《中国农村扶贫开发纲要（2011—2020 年）》（2011 年）《关于加大财政投入支持学前教育发展的通知》（2011 年）《教育信息化十年发展规划（2011—2020 年）》（2012 年）《现代职业教育体系建设规划（2014—2020 年）》（2013 年）《教育部　国家发展改革委财政部关于全面改善贫困地区义务教育薄弱学校基本办学条件的意见》（2013 年）《"十三五"脱贫攻坚规划》（2016 年）《国务院关于进一步完善城乡义务教育经费保障机制的通知》（2015 年）《国务院扶贫开发领导小组办公室　教育部　人力资源和社会保障部关于加强雨露计划支持农村贫困家庭新成长劳动力接受职业教有的意见》（2015年）《中共中央　国务院关于学前教育深化改革规范发展的若干意见》（2018 年）《深度贫困地区教育脱贫攻坚实施方案（2018—2020 年）》（2018 年）《国务院办公厅关于全面加强乡村小规模学校和乡镇寄宿制学校建设的指导意见》（2018年）	《关于治理义务教育阶段择校乱收费问题的指导意见》（2010 年）《关于进一步加大财政教育投入的意见》（2011 年）《财政专项扶贫资金绩效评价办法》（2017 年）《关于进一步调整优化结构提高教育经费使用效益的意见》（2018 年）《教育部等六部门关于做好家庭经济困难学生认定工作的指导意见》（2018 年）

资料来源：笔者自制。具体内容源于国内教育扶贫的官方文件。

第二节　财政性教育精准扶贫支出绩效目标

绩效目标是检验的前提。自 1949 年以来，财政性教育精准扶贫支出绩效目标在各个阶段的表现有所不同，并逐渐形成基本完善的绩效目标体系，也表现出递进性、个体导向化、指标规范化与体系化的特征。

一　财政性教育精准扶贫支出目标需求

为什么在每个特定的时点均需要确定财政性教育精准扶贫支出的绩效目标与具体目标？综合来讲，理由有三。

（一）财政支出绩效目标检验是公共财政的要求

财政是教育精准扶贫的基础，也是教育精准扶贫的重要支柱。财政取之于民，"民"有权了解财政的用途与去处，并对财政支出进行监督，包括预算编制、财政支出过程、财政支出效果与效益，等等。通过这种方式，降低财政支出成本，提高财政支出效率，优化财政支出效益，一方面保证公共财政的公共性与民主性，另一方面也确保钱用在刀刃上。应该说，这是公共财政的表现，也是公共财政的要求。但如何监督？重要手段之一就是进行财政支出绩效目标检验。当然，这种绩效目标检验并非仅仅局限于各级人民代表大会上政府对年初预算支出与年末预算支出执行进行简单的总量对比，更体现于财政支出预期效果效益与实际执行情况之间的一一比对。

（二）明确绩效目标是绩效目标检验的前提条件

开展财政支出绩效目标检验的前提条件是明确的绩效目标。这也意味着，绩效目标不可以轻易变动。朱舟认为，绩效目标是组织为实现生存和发展而达到的要求，一旦确定，除发生重大变动以外一般不得随意更改。[①] 不轻易更改绩效目标的必要性在于保持支出政策的延续性，一方面保障部分效果滞后的政策发挥政策功能，另一方面树立绩效目标的公信力，事实上也是维护政府行为的公信力。而当支出政策明显有巨大漏洞或发生方向性错误的时候，显然也应当及时止损。这就要求绩效目标的制定应是专业而慎重的，也要求绩效目标检验体系本身包含及时对目

---

① 朱舟主编：《绩效考核与绩效管理》，中国电力出版社 2014 年版，第 23 页。

标设置纠正纠偏的机制，以防由于目标制定偏差而造成财政浪费与绩效低效。

（三）不同发展阶段的绩效目标之间有所区别

绩效目标是希望达到的、意在促成财政高效的指标与目的。因此，绩效目标基于现实，但往往高于现实，是具有挑战性的、需要通过付出和努力完成的任务。鉴于在不同的教育发展阶段，教育发展水平有所不同，因此其绩效目标也理应有所差异，这与其所处阶段的具体特征及所面临的教育的主要矛盾有关。基于这种考虑，有必要根据发展阶段的实际情况对绩效目标进行调整。换言之，不同发展阶段的绩效目标之间是存在区别的。这也是每个特定的阶段下，都应对当时所追求的绩效目标进行再明确的根本原因。

二 财政性教育精准扶贫支出绩效目标体系

总结我国财政性教育精准扶贫支出的绩效要求，尽管国内在不同阶段对财政支出绩效提出了具有阶段性特征的、彼此相异的绩效目标，但始终围绕经济性、效率性、效果性和公平性的"4E"的绩效维度，"4E"要求逐渐贯穿于财政支出全过程，并体现为价值目标与量化目标。

（一）"4E"的财政支出绩效要求

财政支出绩效评价包括经济性、效率性、效果性和公平性的绩效要求，即所谓"4E"原则的要求。该原则由20世纪70年代末80年代初"雷纳评审"中采用的经典财政支出绩效检验框架——"3E"原则（经济性、效率性和效益性三大原则）完善而来。美国会计署在"3E"基础上增加了公平性的考量，进而形成所谓的"4E"原则。置于财政性教育精准扶贫场景，经济性方面，主要指降低行政成本、减少财政资金的外溢与漏出，比如改革开放以来，官方对各学校强调的"勤俭办学"就是一个体现；效率性方面，要求各级政府及时、高效地完成财政性教育精准扶贫任务，要求教育财政资金拨款用款及时、高效地实现阶段性任务，比如2016年，中央要求各地采取扶贫攻坚责任制的方式，作为实现脱贫计划的制度保障，其实就是对脱贫效率提出要求；效果性方面，要求财政资金投入之后有适当水平的产出，比如各学段入学率、辍学率与巩固率，又如义务教育普及率，等等；公平性方面，要求财政性教育精准扶贫通过保障经济困难学生接受优质教育的机会，从而促进教育公平，进而推动社会分配公平，提高人民满意度。

（二）价值目标与量化目标

财政支出过程之中，"4E"绩效维度又分别对应于价值目标与量化目标。

首先，"公平"是我国财政性教育精准扶贫支出最主要的价值目标。从 1949 年以来我国财政性教育精准扶贫支出政策来看，教育公平主要体现为财政性教育精准扶贫支出兜底性的教育扶助。但"教育公平"在各个阶段的具体内涵事实上有所差异。如 20 世纪 90 年代高校实行收费制时，"教育公平"体现为阶段性的、教育资源分配上追求总量最大的公平。受限于我国当时财政力量的不足，尽管部分贫困生因为高校收费制失去接受高等教育的机会，但原本投于高等教育的资金投到义务教育普及上，为更多人口提供基本教育保障。可以说，该时期国家财政紧缺，"教育公平"唯有追求效率最大化，以实现多数人的"教育公平"。此后，由于 1994 年分税制改革为教育均等化提供了财政制度便利，中央有更多财力用于欠发达地区乃至贫困学生的财政性教育精准扶贫，因此国家开始强调"教育均等化"与"教育均衡化"。在该阶段，"教育公平"意味着教育资源的平等化，表现为"规范化"学校、"标准化"学校与"现代化"学校的建设规划。但是，由于地区经济发展速度有所不同，部分地区家庭教育经费支出比重大幅度上升，教育财政占教育经费支出比重逐年降低，教育平等化的价值追求早已不适应教育投入的最新实际。因此，"教育公平"价值需要新的阐释。事实上，党的十九大也对此进行回应，提出"办好人民满意的教育"。换句话说，"人民满意"是当前财政性教育精准扶贫支出绩效的价值体现。

其次，"经济""效率"和"效果"是财政性教育精准扶贫支出的主要量化目标。财政性教育精准扶贫支出量化目标的演变主要与国内财政支出绩效评价的发展与演变有关。1993 年《中国教育改革和发展纲要》对财政性教育经费的使用效益、资金监管与财务规范提出要求，明确提出"各级教育部门和学校必须努力提高教育经费的使用效益……各级财政和审计部门要加强财务监督和审计，共同把教育经费管好用好"。2003年，国内引入财政支出绩效评价之初，财政部教科文司率先对中央教科文部门 7 个项目资金开展财政支出绩效评价，并出台《中央级教科文部门项目绩效考评管理试行办法》，明确对个别教育专项开展财政支出绩效评价，评价内容包括业务考评和财务考评，前者对项目论证效果、项目组织管理水平、项目经济社会效益等提出要求，后者对资金落实、财务管理规范等提出要求。该办法实际上对资金合规性与资金效益提出要求。2010 年，《国家中长期教育改革和发展规划纲要（2010—2020 年）》要求"坚持依法理财，严格执行国家财政资金管理法律制度和财经纪律。建立科学化、精细化预算管理机制，科学编制预算，提高预算执行效率。设立高等教育拨款咨询委员会，增强经费分配的科学性"。该文件进一步对财政性教育经费管理做出法治化、科学化、精细化要求。2017 年，《教育部直属高校基本建设管理办法（2017 年修订）》规定"在监督评价方面，由教育部利用直属高校基建管理信息系统对基建项目实施监管，对项目建成后的使用效果进行绩效评价"，提出信息化监控的要求。2018 年，国务院办公厅发布《关于进一步调整优化结构提高教育经费使用效益的意见》，提出"以调整优化结构为主线……着力解决教育发展不平衡不充分问题，切实提高教育资源配置效率和使用效益，促进公平而有质量的教育发展"，则是对教育经费配置效率和使用效益提出要求。综合来讲，官方文件对于教育经费"效益"缺乏明确的定义，但也在多年的教育经费管理过程中逐渐形成资金监管机制、财务合法合规性、财政资金绩效管理机制、法治化预算管理、精细化预算管理、提高资金配置效率、提高资金经济社会效益等制度管理与资金管理要求，而这些要求固然包含财政支出绩效中公平性的部分内涵，但在实际绩效考评中仍更多强调财务管理与过程管理的合法合规性和教育经费的产出结果，体现为财政支出的精准度与充足性，仍基本局限于"经济性""效率性"和"效果性"的量化要求。

（三）绩效要求贯穿于财政支出全过程

尽管从财政支出绩效目标检验的结果导向来看，财政性教育精准扶贫支出的结果产出与产生社会效益是管理过程中最受关注的阶段，但是结果产出与社会效益同前期投入、过程管理等密不可分。正因如此，财政性教育精准扶贫支出绩效要求本质上贯穿于财政支出的全过程。当然，各个时期财政管理的重点有所差异。比如直至 2012 年，前期投入的充足性一直是国内财政性教育精准扶贫支出绩效的关注重点；又如 20 世纪 50—80 年代，以"勤俭办学"为代表的过程管理的经济性要求也是重要的绩效目标，而与经济性相关的目标又涉及财务合法合规性等；又如 90年代开展的示范性高中建设活动和 2010 年以来开展的义务教育标准化活动，则基本强调学校的规范化建设与标准化建设，重心放在财政支出的结果产出的环节；再如 80 年代至今所开展的教育扶贫活动，包括如今开展的、通过建档立卡实现的教育精准扶贫活动，基本将焦点放在财政支出社会效益的发挥上，强调教育公平，包括区域间的公平与个体之间的公平。受公共财政体系完善化的影响，目前财政性教育精准扶贫支出绩效管理逐步规范化并覆盖财政支出全过程，包括前期投入、过程控制、产出结果和社会效益发挥。

三 财政性教育精准扶贫支出绩效目标特征

总结 1949 年以来财政性教育精准扶贫支出绩效目标，体现为四大特点。

一是目标具有连续性与递进性。首先，体现为长期强调加大经费投入（实际上也意味着扩大经费支出规模），贫困生补助标准不断提高。除了 20 世纪 90 年代末到 2012 年反复强调 "GDP 4%" 的教育经费规模，"普九""两基" 建设中造成的教育欠债以及校园中乱收费屡禁不止等现象也是长期以来政策制定中关注的重点。对此，教育部门相关政策除了要求各级政府加大教育财政支出力度，也强调规范校园财务秩序，严管校园乱收费现象。除此之外，针对贫困生的补助从教育精准扶贫之初纯粹的助学贷款延伸至营养改善计划、免费校车计划、"两免一补" 等，有效提高了贫困生补助标准[①]，大大减轻了贫困生的就学负担。其次，财政性教育精准扶贫支出瞄准精度不断提高。从 20 世纪八九十年代至 21 世纪初财政性教育精准扶贫的支出方向看，其补助精度的提高与国家扶贫政策的推进具有同步性，即从 1984 年贫困县 "戴帽" 到后来 2001 年的 "整村推进" 政策和 2011 年划定 "集中连片特殊困难地区"，再到 2015 年之后 "精准到户"，基本按照 "贫困县—连片特困区—整村推进—贫困村—贫困户—贫困生" 精度进行瞄准。不同之处在于，教育系统内部本身也存在另一条精准扶贫的主线，即助学体系建设，也同样呈现瞄准精度不断提高的特征，从单纯针对义务教育阶段贫困生，逐步延伸到学前教育、高中教育、职业教育等其他阶段与教育类型的贫困生。

二是从国家导向向个体导向转变。从不同时期财政性教育精准扶贫支出绩效整体目标来看，财政性教育精准扶贫支出的功能与定位发生了

---

① 补助标准参见《广东省教育厅关于推进教育精准扶贫精准脱贫三年攻坚的实施方案》（2016 年）。

改变，从国家建设的功能性投入转变为个体发展的功能性投入。举例来说，根据 1986 年《义务教育法》的表述，其立法初衷是"为了发展基础教育，促进社会主义物质文明和精神文明建设"，将教育发展作为国家发展与社会主义建设的立足点之一，并强调其服务于国家建设与社会主义建设宏观功能。相比之下，《国家中长期教育改革和发展规划纲要（2010—2020 年）》把发展的终极目标定为"促进人的全面发展、适应社会需要作为衡量教育质量的根本标准"，将教育发展目标指向从国家发展回归到个体发展与社会发展。这些宏观的法律与政策文件的教育发展理念直接反映到教育财政扶贫文件中，比如 2007 年《国务院关于建立健全普通本科高校高等职业学校和中等职业学校家庭经济困难学生资助政策体系的意见》的基本原则之一为"学习国家最需要的专业，到艰苦地区基层单位就业"；又如 2016 年《教育脱贫攻坚"十三五"规划》基本原则强调"全面提升贫困地区人口就业创业、脱贫致富能力"。这种变化与我国特定时期所处阶段的发展重心有关，也与国际教育扶贫理念的影响不无关系。

三是绩效目标要求逐步规范化和制度化。财政性教育精准扶贫支出绩效目标的这一特征与财政支出绩效管理体系的建设与完善有关。1993年《中国教育改革和发展纲要》提出"努力提高教育经费的使用效益……各级财政和审计部门要加强财务监督和审计"。其实就是对教育经费的使用效益、资金监管与财务规范提出要求，但该时期并未对"效益"做明确的说明。2003 年，国家开展财政支出绩效评价试点，财政部教科文司制定《中央级教科文部门项目绩效考评管理试行办法》和《中央与地方共建高校实验室专项资金绩效考评指标》，明确提出对个别教育专项开展绩效评价，并制定相应的评价办法，将业务考评[①]和财务考评[②]均纳入评价范围。2010 年，《国家中长期教育改革和发展规划纲要（2010—2020 年）》进一步对依法理财、科学理财、精细预算、提高效率等提出要求。[③] 2017 年，教育部印发《教育部直属高校基本建设管理办法

---

① 包括：立项目标完成程度、目标完成的可能性、立项目标的合理性、项目验收的有效性、项目组织管理水平、项目的经济效益、项目的社会效益、项目可持续性影响等。

② 包括：资金落实情况、实际支出情况、财务信息质量、财务管理状况等。

③ 原文为："坚持依法理财，严格执行国家财政资金管理法律制度和财经纪律。建立科学化、精细化预算管理机制，科学编制预算，提高预算执行效率。设立高等教育拨款咨询委员会，增强经费分配的科学性"。

（2017 年修订）》，规定"由教育部利用直属高校基建管理信息系统对基建项目实施监管，对项目建成后的使用效果进行绩效评价"提出信息化监控并评价的要求。2018 年《国务院办公厅关于进一步调整优化结构提高教育经费使用效益的意见》提出"切实提高教育资源配置效率和使用效益"，则是明确对教育经费配置效率和使用效益（公平而有质量的教育）提出要求。当然，针对财政性教育精准扶贫支出的评价，除教育部门内部各类财政绩效目标管理办法以外，还涉及扶贫部门出台的《财政专项扶贫资金绩效考评试行办法》（2008 年出台，2017 年修订），该办法从财政资金流的全过程管理上对财政性教育精准扶贫支出进行规范，并进一步强调脱贫效果与机制创新。

四是目标逐渐体系化与层次化。这体现为两个方面。一方面，在央地的政策文件的目标体系上，体现央部地同构的特征。教育部门根据中央与国务院的重要决定，出台教育领域的精准扶贫政策；相应地，省级教育部门依据教育部的有关规划与纲要，进行进一步的细化。而以央地有关教育脱贫攻坚的文件为例，从表 3-2 可以看出，各省在对教育精准扶贫任务的细化上，存在一定的差异，这或与各省教育精准扶贫实际有关。另一方面，从国家到各级教育部门的政策，细分为长期的发展纲要、中期的阶段性教育规划、阶段性的重要决定、实施方案、通知和办法。其中，国家阶段性的发展纲要与重要决定是教育精准扶贫工作开展的主要依据，各类教育规划、实施方案、通知和办法均以其为标准，并结合当地实际对其提出的绩效目标进行细化。

表 3-2　　　　　　　　央地有关教育脱贫攻坚文件的部分表述

时间	印发机构	文件	绩效目标的相关表述（以基础教育为例）
2015 年 11 月 29 日	中共中央、国务院	《中共中央国务院关于打赢脱贫攻坚战的决定》	到 2020 年，稳定实现农村贫困人口义务教育有保障；"加快实施教育扶贫工程……帮助农村贫困家庭幼儿接受学前教育。稳步推进困地区农村义务教育阶段学生营养改善计划……全面落实连片特困地区乡村教师生活补助政策，建立乡村教师荣誉制度。合理布局贫困地区农村中小学校，改善基本办学条件，加快标准化建设，加强寄宿制学校建设，提高义务教育巩固率……率先从建档立卡的家庭经济困难学生实施普通高中免除学杂费"

续表

时间	印发机构	文件	绩效目标的相关表述（以基础教育为例）
2016 年 11 月 23 日	国务院	《"十三五"脱贫攻坚规划》	到 2020 年，稳定实现农村贫困人口义务教育有保障；2015 年贫困县义务教育巩固率达 90%；2020 年贫困县义务教育巩固率达 93%；"重点支持中西部 1472 个区（县）农村适龄儿童入园"；"力争到 2019 年底，使贫困地区所有义务教育学校均达到'20 条底线要求'"；"以贫困地区和家庭经济困难学生为重点，通过农村义务教育学生营养改善计划国家试点、地方试点、社会参与等方式，逐步改善农村义务教育学生营养状况。中央财政为纳入营养改善计划国家试点的农村义务教育学生按每生每天 4 元（800 元/年）的标准提供营养膳食补助"；等等
2016 年 12 月 16 日	教育部等六部门	《教育脱贫攻坚"十三五"规划》	"到 2020 年……实现建档立卡等贫困人口教育基本公共服务全覆盖"；"贫困地区每个乡镇至少办好一所公办中心幼儿园"；"引导和支持地于 2017 年底前完成贫困县全面改善义务教育薄弱学校基本办学条件任务"；"鼓励地方扩大营养改善计划试点范围，实现贫困县全覆盖，中央财政给予奖补支持"；等等
2017 年 7 月 25 日	广东省教育厅等六部门	《广东省贯彻落实〈教育脱贫攻坚"十三五"规划〉实施方案》	"到 2018 年，贫困地区教育基本公共服务达到全省平均水平；到 2020 年……实现建档立卡等贫困人口教育基本公共服务全覆盖"；"进一步健全义务教育经费保障机制，全面推进实施'全面改薄'、'世行贷款'等项目建设……确保于 2017 年底前完成贫困地区'全面改薄任务'"；"办好贫困地区学校食堂，实现食堂食品安全量化等级达到 B 级以上"；等等
2017 年 8 月 30 日	贵州省教育厅等六部门	《贵州省教育脱贫攻坚"十三五"规划实施方案》	"2020 年，全省学前三年毛入园率、九年义务教育巩固率、高中阶段毛入学率分别达到 90%、95%、90%……县域内义务教育发展基本均衡，实现贫困人口教育基本公共服务全覆盖"；"原则上常住人口 3 万人以上的乡（镇）办好 2 所以上乡（镇）公办幼儿园，同时在有条件的大行政村独立建园、小行政村联合办园"；"落实必需的设施设备配备和校园校舍修缮，保障基本教学需要"；"建立完善控辍保学目标责任制和联控联保机制，严格执行控辍保学'双线'责任制、'七长'负责制及劝返复学责任制，依托全国中小学生学籍信息管理系统建立健全控辍保学动态监测机制"；"向在农村公办学前教育机构和经教育部门批准取得办学许可证的农村民办普惠性学前教育机构就读的儿童提供营养膳食补助，在 66 个贫困县全覆盖实施农村学前教育儿童营养改善计划"；等等

续表

时间	印发机构	文件	绩效目标的相关表述（以基础教育为例）
2018 年 5 月 11 日	河北省教育厅等六部门	《河北省教育脱贫攻坚2018—2020年规划》	"2020 年，贫困地区教育总体发展水平显著提升，实现建档立卡等贫困人口教育基本公共服务全覆盖"；"全面改善贫困地区义务教育薄弱学校基本办学条件工作，优先倾斜支持 62 个贫困县，确保义务教育学校达到基本办学标准"；"完善控辍保学工作机制，在县一级建立县（市、区）长、县（市、区）教育局长、乡（镇）长、村长、校长、家长、师长（班主任）等'七长'控辍保学责任制"；"贫困地区每个乡镇至少办好一所公办中心幼儿园，大行政村独立建园，小行政村实行联合办园或设分园"；"抓好 10 个深度贫困县 126 个农村幼儿园建设"；"确保建档立卡等贫困学生资助全覆盖。全面落实建档立卡学生普通高中、公办中等职业学校、公办普通高校（不含独立学院）'三免一助'政策"；等等

资料来源：笔者自制。具体内容源于国内教育扶贫的官方文件。

第三节 财政性教育精准扶贫支出绩效价值目标与量化目标

党的十九大报告提出"努力让每个孩子都能享有公平而有质量的教育"，这概括了当前我国财政性教育精准扶贫支出的绩效追求。其中，"公平"是价值层面的追求，"质量"则为操作层面的追求。前者是财政性教育精准扶贫的最高指引，后者则是财政性教育精准扶贫的实现手段；前者追求公平性，后者强调经济性、效率性与效果性。换言之，财政性教育精准扶贫支出政策绩效追求在事实上与财政支出绩效要求存在内在的契合。基于相关政策文件与考评文件要求，以下归纳财政性教育精准扶贫支出绩效目标，包括价值目标与量化目标。

一 价值目标

教育公平是财政性教育精准扶贫支出的价值目标，在国内教育发展各个阶段的具体表现有所不同。党的十九大提出"办好人民满意的教育"，将"人民满意"作为当前财政性教育精准扶贫支出绩效的价值体现。但值得关注的是，"人民满意"与"公众满意度"有所差异。"人民满意"不仅仅局限于以往财政性教育精准扶贫支出绩效评价中突出的"公众满意度"，其内涵更为丰富。除了包括整体的公众满意度，也包括个体的满意；除了指向全国范围的人民满意，也指向区域与局部的人民满意；除了指向区域的人民满意，也指向区域内部的人民满意。就目前来讲，"人民满意"要求逐渐体现于教育相关的考核文件，也从以往"仅供参考"到如今占据一定权重。打比方说，2010 年之后开展义务教育标准化验收活动中，公众满意度调查结果仅作为义务教育标准化成效的一个参考；而目前义务教育现代化验收活动中，公众满意度已然成为考核验收的重要指标之一，也直接反映于验收的最终得分。

二　量化目标

从教育质量的追求来看，主要包含充足性与精准性两大要求，进一步又可细分为具体的量化目标。正如彭宗超等所分析，制定需要加以监控的领域容易，但设计指标对之进行监控难。[①] 指标的选取避不开有效指标的讨论。在管理学上，目标管理中的目标制定的 SMART 原则可以引以为鉴[②]，而具体到社会指标的拟定，其过程则涉及公共价值、部门利益等更为复杂的因素，因此还应考虑其他政治性或社会性的因素。Waddell 曾总结世界卫生组织在 20 世纪八九十年代的健康计划制订经验，并总结出提高社会指标有效性的九大原则：①理解、共识和承诺是提升指标的三大要点；②指标设计必须基于对目标人群的实际情况与特征；③有必要认识到指标是一种历史产物；④制定指标必须结合具体项目实施的需要；⑤过程就是产出，指标的构建和实施过程有助于发现问题和解决问题；⑥必须应用新技术；⑦指标应是服务于顾客的；⑧良好的过程设计可以防止指标受到政治干扰；⑨指标所反映出来的是一个总体的情况（或称为"质量"）而无法体现每个个体的选择（或"情况"）。[③] 有鉴于此，基于财政性教育精准扶贫支出现有的政策文件与执行方案（主要是中国教科院"义务教育均衡发展标准研究"课题组所开发的义务教育均衡发

---

① 彭宗超和李贺楼：《社会指标运动源起、评价及启示》，《南京社会科学》2013 年第 6 期。

② 即要求指标具体（Specific）、可测量（Measurable）、可实现（Achievable）、相关（Relevant）和有时间限制（Time-Bound）。

③ Waddell, Steve, "Lessons from the Healthy Cities Movement for Social Indicator Development", *Social Indicators Research*, Vol. 34, No. 2, 1995, pp. 213-235.

展国家标准)，考虑实际绩效评价成本因素，归纳充分性与精确性的量化目标体系。

(一) 促进教育充足性

1. 教育支出总量保障

教育财政支出总量、财政性教育经费占 GDP 比重、财政性教育经费占一般公共预算的比重、县级政府推进教育发展的努力[①]、教师培训经费保障程度、"教师工资不低于公务员"的执行率、生均教育经费投入、城乡财政性教育经费支出比。

2. 欠发达地区投入

教育经费供给充足程度 (基于教育经费投入的供需分析[②])、生均教育经费投入 (针对经济困难学生)。

3. 外溢成本控制

资金规范管理 (针对"是否存在资源浪费""是否存在资金挪用""是否存在资金截留"等问题开展师生满意度、家长满意度和教育精准扶贫工作人员满意度调查)、资金支出经济性 (针对"是否存在资源浪费"开展师生满意度、家长满意度和教育精准扶贫工作人员满意度调查)。

4. 教育质量输出

(1) 教育资源配置。生均教学及辅助用房面积及利用率 (利用率是充足性的必要条件)、生均体育运动场馆面积及利用率、生均教学仪器设备值及利用率、每百名学生拥有计算机台数及利用率、每百名学生拥有网络多媒体教室数及利用率、生均图书册数及利用率、师生比 (应对其统计过程进行精确化定义，确保剔除不从事教学任务的行政人员)、生均中级及以上专业技术职务教师数、生均高于规定学历教师数、生均体育和艺术 (美术、音乐) 专任教师数、县域内校际教育均衡状况 (采用在

---

① 具体内容应结合不同发展阶段各地区对县级政府工作的要求制定，参考教育部 2012 年《县域义务教育均衡发展督导评估暂行办法》和 2017 年《县域义务教育优质均衡发展督导评估办法》中对县级政府的工作评估。

② 以义务教育标准化为例。各县所统计出来的教育经费投入缺口 (主要根据受教育学生的数量确定，借鉴美国的经验，可采用"平均日出勤数"的方法，激励学校提高学生出勤率) 可视为教育投入需求量，各级所能提供的教育经费投入财力则为供给量，通过供需量对比，反映欠发达地区教育经费投入是否充足。参见理查德·A. 金、奥斯汀·D. 斯旺森和斯科特·R. 斯威特兰《教育财政：效率、公平与绩效》，曹淑江、孙静、张晶和方艳等译，中国人民大学出版社 2010 年版，第 197—198 页。

不同类型学校内部计算的差异系数反映）、县域间校际教育均衡状况（采用在不同类型学校内部计算的差异系数反映）；县域内城乡教育均衡状况（采用在城乡学校间计算的差异系数反映）。

（2）教育质量。学校管理规范程度、教学信息化程度、每年每位教师接受培训的频次、课业负担程度（主客观结合）、在国家义务教育质量监测中相关科目学生学业水平（用于地区性教育扶贫而不用于面向个人的教育扶贫，否则单以分数和升学率为评价标准会导致教育经费难以投向贫困人口）。

（3）满意度。师生满意度和家长满意度（以结构化问题结合开放式问题设计问卷；应意识到被访者主观性较强的特质，且在以往的调查中，曾出现恶意打低分的现象，因此满意度调查应以发现问题为主要目的，倘若调查样本量较少、数据结果相近，则数据结果不应作为主要依据）。

（二）提高教育扶贫支出的精准度

（1）教育覆盖。入学率（包括学前三年、义务教育、高中阶段、特殊教育等，其中学前教育与义务教育是重点监测领域[1]）、巩固率（包括学前三年、义务教育、高中阶段、特殊教育等，其中学前教育与义务教育是重点监测领域）。

（2）对象精准情况。部门间信息库匹配度、资金安排是否瞄准建档立卡等家庭经济困难学生[2]、应补未补情况（负向得分）。

（3）资金精准情况。资金到位及时性、资金到位足额性、资金到位充足性[3]。

（4）责任精准。权责统一、职权分明。[4]

---

[1]　早在1998年，H. Wenglinsky用实证研究证明，相比于高年级，教育经费投入低年级对教育公平的促进效果最为显著。换句话说，倘若贫困学生在低年级享受到高质量的教育服务，其学业成绩或综合素质会到明显的提升，进而帮助其更好地摆脱贫困。参见 Wenglinsky, H. , "Finance Equalization and Within-School Equity: The Relationship between Education Spending and the Social Distribution of Achievement", *Educational Evaluation and Policy Analysis*, Vol. 20, No. 4, 1998, pp. 269–283.

[2]　把建档立卡等家庭经济困难学生（含非建档立卡的家庭经济困难残疾学生、农村低保家庭学生、农村特困救助供养学生，下同）作为脱贫攻坚重点对象，特别是把残疾儿童、残疾人子女、服刑人员未成年子女、留守儿童、直过民族地区适龄儿童作为重中之重。参考《国务院办公厅关于进一步加强控辍保学提高义务教育巩固水平的通知》（2017年）。

[3]　此处特指贫困学生就学开支的供需匹配程度。

[4]　采用扶贫对象满意度反映或专家打分。

（5）项目精准。项目是否根据扶贫对象需求开展。①

（6）措施精准。措施是否根据扶贫对象需求开展。②

（7）落实精准。相关的财政性教育精准扶贫支出政策措施落实情况。

（8）违规违纪情况③。财政性教育精准扶贫支出中的违规违纪情况（负向得分）。

三 财政绩效评价的目标界定

价值目标方面。如上文所提及，"人民满意"是当前"教育公平"的价值体现，这意味着"教育公平"的衡量标准为人民的主观感受"满意"与否。从心理学的角度，主观感受与主体的供需满足情况是相互适应的，因此，价值目标的衡量标准理应是个体或群体的供需满足情况。而由于群体由个体所构成，个体供需满足即成为衡量价值目标实现与否的最终标准。当然，鉴于群体"1+1"不一定等于"2"的特质，有必要在个体供需满足的前提下结合群体满意度，从而兼顾整体与局部的价值表达。换句话说，财政性教育精准扶贫支出的价值目标一方面包括学生个体对教育的供需满足，另一方面也包括利益相关群体（如家长、教师等）的高满意度。

量化目标方面。如若严格按照"教育资源充足性"与"支出精准度"的测量要求，则现有财政性教育精准扶贫支出的"质量"目标体系未免过于庞杂，将其应用于实际绩效评价，就会面临成本过高的问题。与此同时，有必要引起关注的是，20世纪六七十年代美国社会指标运动的夭折给社会指标制定与应用提供了教训：指标范围狭窄比巨细无遗更有效。④ 有鉴于此，从繁复的财政性教育精准扶贫支出绩效指标中筛选关键绩效指标十分必要，重点在于厘清"何为财政性教育精准扶贫支出的牛鼻子"。康晓光认为，有效的反贫困首先要"源头有水"，国家财政要有足够的扶贫支出；其次要"渠道通畅"，这条渠要能把水送到贫困人口手中；最后要"减少渗漏"，"跑冒滴漏"不能过于严重。⑤ 这个判断为指

---

① 采用扶贫对象满意度反映或专家打分。

② 采用扶贫对象满意度反映或专家打分。

③ 参见《财政专项扶贫资金绩效评价办法》中《财政专项扶贫资金绩效评价指标评分表》，财政部、扶贫办文件，2017年9月8日印发。

④ 克利福德·科布、克雷格·里克斯福德和宾建成：《社会指标的历史教训》，《经济社会体制比较》2011年第5期。

⑤ 康晓光：《论中国反贫困的制度创新》，《云南社会科学》1997年第2期。

标筛选提供启示。为此，选择"教育支出总量充足""资金管理规范"①
"制度完善与机构保障"和"教育扶贫精准"② 四项作为财政性教育精准
扶贫支出的关键量化目标。

事实上，无论是教育精准扶贫支出，还是教育精准扶贫政策执行，
其绩效要求始终围绕"4E"的理念，对应于财政支出绩效中投入绩效、
过程绩效、产出绩效与社会效益，但具体内涵略有区别。同时，相比之
下，"3E"原则的内容清晰而可量化，公平性的测量则更多体现为价值的
判断且追求人民满意。"3E"理念指导之下的绩效目标多为量化目标，公
平性理念指导之下则主要为价值目标，尽管可通过量化方法呈现，但量
化内容所能呈现的价值内涵十分有限。综上，归纳财政性教育精准扶贫
支出"理念—目标"体系，见表3-3。

表 3-3　　财政性教育精准扶贫支出关键绩效目标体系

阶段	财政支出绩效要求	财政性教育精准扶贫支出政策绩效要求	关键绩效目标	目标分类
前期投入	经济性效率性效果性	教育支出总量保障	财政性教育支出总量充足、制度完善与机构保障、资金管理规范	量化目标
实施过程 结果产出		教育扶贫精准度	财政性教育扶贫精准	
社会效益	公平性	教育公平	学生对教育的供需满足、利益相关群体的高满意度	价值目标

资料来源：笔者自制。

本章小结

本章对1949年以来各个阶段财政性教育精准扶贫支出绩效要求及财
政支出绩效要求进行归纳。根据既有的相关政策文件与考评文件，财政

---

① 针对"是否存在资金挪用""是否存在资金截留"等问题开展师生满意度、家长满意度
和教育精准扶贫工作人员满意度调查。
② 可通过针对扶贫对象或公众的满意度调查获得。

性教育精准扶贫支出绩效目标包括教育公平与教育质量的追求，分别体现为价值目标与量化目标。其中，价值目标为人民满意，体现为个体教育的供需满足和利益相关群体的高满意度；量化目标则细分为教育支出总量充足性保障与教育扶贫精准度要求，进而细化为更具体的指标内容。出于成本控制考虑，选择"财政性教育支出总量充足""制度完善与机构保障""资金管理规范"和"财政性教育扶贫精准"四项作为财政性教育精准扶贫支出的关键量化指标。

第四章　体系构建：目标检验的实施方案

　　基于财政支出绩效目标检验的理论需求，本章试图在已归纳的绩效指标的基础上，构建财政性教育精准扶贫支出绩效目标检验体系。由于财政性教育精准扶贫支出绩效目标包括价值目标和量化目标，故对检验手段的价值理性与工具理性提出要求。从财政支出绩效评价适用条件出发，借鉴韦伯的"价值工具理性二分论"，参照西蒙效率导向与沃尔多价值主张，结合第四代评价价值获取与价值检验的理论要求，"工具—价值"绩效检验视角具有必要性，据此构建"量化—价值"绩效目标检验体系。本章既作为财政性教育精准扶贫支出绩效目标检验体系的构建部分，也作为实证检验的整体技术方案。

第一节　财政支出绩效评价的双重属性

　　从本质上看，财政支出绩效评价具有"工具—价值"双重属性。其工具属性体现在以监督、提效和降耗为主要目标，而其价值属性则体现在以高公众满意度为主要导向。此种特质为财政性教育精准扶贫支出绩效目标检验（包括量化目标检验与价值目标检验）提供理论支撑，但与此同时，财政支出绩效评价本身的适用具有前提条件。

一　以监督、降耗、提效为目标的工具属性

　　自 20 世纪 90 年代以来，国内主要采取财政支出绩效评价的方式开展财政支出绩效目标检验。从整体上看，财政支出绩效目标检验的工具属性大致体现为对财政支出的监督、降耗、提效三方面，反映为所谓的经济性、效率性和效果性的"3E"绩效。

　　首先，对财政支出的监督主体而言，形成财政支出管理监督机制。这里"监督主体"主要为部门内部、上级政府或部门、本级人大、本级

财政部门、公众、被委托第三方等有权力对财政支出进行监督或管理的主体。这些主体既包括政府内部的监督主体，也包括政府外部的监督主体；既包括体制内的监督主体，也包括体制外的监督主体。财政支出绩效评价的监督作用是多方面的。一是通过对财政投入、财政管理、具体产出与支出效果等投入、过程与结果的系统化财政管理，在财政资金流的各个环节形成多个监督节点，从而为实现财政监督的体系化与科学化提供制度基础，避免因财政监督机制设计覆盖范围不足而导致财政资金监督的缺位。二是通过专业化的财政支出绩效评价体系的设计，降低对财政监督主体专业素养与知识储备的要求，进而将监督过程中的关注点转到绩效信息获取上，从而高效判断财政支出绩效水平是否符合绩效要求，如此就有助于提高财政资金监督的参与度，从技术上扩大监督主体参与的深度与广度，进而推动公共财政过程的建立与完善。三是通过绩效目标与目标责任间的一一对应，实现责任明确与责任落实，进而避免因责任模糊而导致的"背黑锅"现象，从而有效避免以往"甩锅"对组织内部成员积极性的打击。

其次，对财政资金管理而言，减少财政资金浪费。曹惠民对教育扶贫评价进行研究，他认为财政支出绩效目标检验（或称之为"财政支出绩效评价"）决定着教育扶贫工作是否按原有计划有序推进，它也是教育扶贫中偏差矫正的主要依据，这本身就是一种避免绩效损失的过程。[1]这种所谓的"绩效损失"体现在几个方面：一是绩效目标制定偏差导致项目投入选择不精准、资金支出方向不精准等造成的浪费；二是财务管理不规范、资金挪用与资金截留等导致的政策执行中的损耗；三是基层对补助对象识别不精准导致的支出低效。这些损耗无疑会大大降低财政资金的使用效率，一方面过大的财政资金投入增加了财政负担；另一方面低效的政策效果不利于社会公平，容易引发公众不满。而财政支出绩效目标检验对资金投入、财务规范性、绩效目标等进行纠偏，无疑有助于解决绩效损失的问题，减少财政资金流失与财政资金低效的发生，推动财政资金"用在刀刃上"。

最后，对财政政策实施效益而言，提升财政支出绩效。财政政策实

---

① 曹惠民：《扶贫绩效的生产：概念、分析框架与对策研究——以教育扶贫为例》，《江苏师范大学学报》（哲学社会科学版）2018年第4期。

施的目的在于通过公共财政支出获得政策绩效。但实际上，政策执行过程中，由于绩效目标制定偏差、执行人员失误、贪腐行为出现、过程控制缺陷、财务管理不规范等问题，常常出现财政支出绩效低下。而学者也早就发现，目前的贫困治理模式常常诱发上级政府、贫困地区地方政府、贫困对象之间的不完全信息的多重动态博弈，从而引起所投资源配置不合理或资源浪费，常常导致"越扶越贫"的制度困境。[①] 解决这些问题，除了对症下药，其关键在于发现问题、识别问题本身，这要求一个政策完善议程启动的触发机制。就财政性教育精准扶贫支出来说，也有类似的机制在发生作用，从而导致教育精准扶贫对象识别不精准、补助机制不科学、部门分工不合理、补助资金漏出，等等。这种现象的出现与国内采取目标评价模式而非绩效目标评价模式有关。在目标评价之下，各级政府监督机构并不针对目标提出质疑，因此即使政策目标发生偏差，也很难及时发现，在程序上也缺少纠错机制。檀慧玲等认为，进行政策调整与改进的前提在于测量政策目标达成、检验政策执行和投入效果，就需要掌握如何有效地评价或检验政策实施效果。[②] 显然，目标评价模式无法实现有效的政策检验。而绩效目标检验则不同，绩效目标检验在进行目标是否达成的检验之外，也对目标科学与否、合理与否等进行审视，由此实现检验过程的有效化，进而为政策改进与调整提供依据。

二　以公众满意度为主导的价值属性

公共满意度是财政支出绩效评价最重要的指标之一，承担反映财政支出绩效评价价值属性的功能。以财政性教育精准扶贫支出为例，它追求被扶贫对象的满意、其他利益相关的满意及社会公众的满意。岳洪江等认为，公共资金的绩效评价中应考虑社会公众对资金使用绩效的满意度。[③]

公众满意度之所以会成为财政支出绩效评价的理念追求，与新公共

---

① 徐孝勇、赖景生和寸家菊：《我国农村扶贫的制度性陷阱与制度创新》，《农业现代化研究》2009 年第 2 期。

② 檀慧玲、李文燕和罗良：《关于利用质量监测促进基础教育精准扶贫的思考》，《教育研究》2018 年第 1 期。

③ 岳洪江和张绍光：《省级财政专项绩效管理效果认知研究——基于绩效自评价报告的内容分析》，《华东经济管理》2016 年第 7 期。

管理中强调"顾客导向"有一定的关系。① 这实际上也与我国自古以来"以民为本"的理念相契合。当然，这种民意的需求主要是由财政支出的公共性所决定的。财政取之于民，故用之于民、听之于民。通过公众满意度调查，民众能有效、直接地反映对财政政策的主观态度与真实感受，从而实现参政议政的民主需求。除此之外，公众满意度的广泛应用也与其相比于客观性指标所凸显的绩效测量优势有关。鉴于各地不同人群对于公共服务的需求有所不同，同时各地提供公共服务的成本和效率等绩效情况也存在差异，因此仅从公共服务的充足性评价公共服务绩效会存在偏误，而公众满意度的使用则能够有效避免这些问题的出现。② 如此一来，无疑也降低了财政政策绩效评价的成本。

在本质上，公众满意度是价值的外化，也是价值的直观的、量化的表现。政策制定与调整的重要依据就是社会的意见或者所谓的公共选择，但如何浓缩民意、凝聚社会价值，实现"同意的计算"，却是经济学家长期以来难以解决的问题。在公众满意度调查中，个体的价值偏好通过满意度回馈的方式，能以数字或图表的形式呈现出来，在一定程度上能反映社会的总体价值，有助于为决策者发现政策绩效短板、识别社会风险提供有效的信息与重要的借鉴。③

但公众满意度毕竟不等同于价值本身。同时，在某种意义上，公众满意度恰恰是工具主义的最高形式，这是因为其将个体的价值整体性地表现出来。与之相区别，价值是评定一切对象的价值的主体和标准，但依附于每一个个体反映出来，④ 同时个体之间也存在差异化的标准的优先序，因而难以通过简单的加总进行反映，经济学家阿罗更是据此提出所谓的"不可能定理"。从该角度去分析，尽管公众满意度也具有价值属性，但是其在根本上难以反映价值的所有内涵，因而也容易导致价值的损失。

① 闫章荟：《民众满意度在政府绩效评估中的应用》，《湖南农业大学学报》（社会科学版）2008 年第 5 期。

② 王伟同、汤雨萌和魏胜广：《基于民生满意度视角的基本公共服务绩效评价——来自中国家庭动态跟踪调查数据的分析》，《地方财政研究》2016 年第 3 期。

③ ［美］B. 盖伊·彼得斯：《政府未来的治理模式》，吴爱明等译，中国人民大学出版社2001 年版，第 37 页。

④ 李德顺：《"价值"与"人的价值"辨析——兼论两种不同的价值思维方式》，《天津社会科学》1994 年第 6 期。

三 评价适用的前提条件

尽管财政支出绩效评价兼具"工具—价值"双重属性，但从已有的财政支出绩效评价实践来看，其工具属性相比于价值属性的特点更为突出，现有实践对价值属性的认识也不够准确。这意味着，发挥财政支出绩效评价双重属性的重要功能，就目前来讲具有一定的前提条件，即应当强调价值的多元化与非单一化。倘若无法满足这一条件，就容易陷入以往三代评价（"测量""描述"与"判断"）所陷入的管理主义倾向、忽略价值多元性和过分强调调查等困境。[①] 国内目前所广泛实施的财政支出绩效评价中价值目标检验单向度地指向公众满意即是一个佐证。究其根源，这种前提的必要性根源于同一主体价值感知的情景化、矛盾性与复杂性，不同主体价值的多样化与差异性，测量技术的局限性和量化评价技术下的连锁反应。

首先，同一主体价值感知的情景化、矛盾性与复杂性。价值感知与满意度存在区别。这是因为与单向度、高度量化的满意度相对比，价值本身具有丰富的内涵，也具有复杂性，并可能存在矛盾性，或反映为对某一事物的相矛盾的认知，或反映个人综合性的情感需求，等等。同时，价值的选择与价值的表达也可能存在一定的前提条件，反映为情景化的价值差异。从这个角度来看，价值本身的情景化、复杂性与矛盾性难以通过简单的量化测量反映出来。因此，忽视价值内涵的丰富性，单方面采用满意度反映价值感知就不免有失偏颇，容易造成财政支出绩效评价对价值的测量与反映的片面化，由此引起绩效检验结果的偏误。

其次，不同主体、不同时期、不同地域、不同历史发展阶段价值的多样性与差异性。举例来说：从中央政府的角度，通过教育实现精准扶贫与精准脱贫是推动我国现代化的必经阶段；从地方政府的角度，通过教育推动精准脱贫需要依靠基层政府的配合；从基层政府的角度，能否有力推动教育精准脱贫依赖于各地教育财政的实力强弱；从贫困户的角度，针对是否能享受财政性教育精准扶贫的服务、是否有必要接受财政性教育精准扶贫的服务等问题，不同贫困户的认知也有所区别。除此之外，不同时空场景之下，总存在某些价值受到社会的普遍认同，并优先

---

① ［美］埃贡·G. 古贝和伊冯娜·S. 林肯：《第四代评估》，秦霖、蒋燕玲等译，杨爱华校，中国人民大学出版社 2008 年版，第 1—21 页。

于其他价值。这些价值是该阶段的核心价值，对政府行为与社会发展发挥主导作用。然而，价值恰恰是政策（财政支出）执行中最难获取，也最难实现科学化管理的内容，因此常常容易导致政策落实的偏差。这是就价值差异的客观存在而言的。

再次，测量技术的局限性。从测量技术的层面来考虑，一方面，尽管量化检验过程基本能够将财政性教育精准扶贫支出的整体绩效情况呈现出来，但是正如 Waddell 所指出的，量化检验指标所反映出来的是一个总体的选择（或称为"质量"，或称为"情况"）而无法体现每个个体的选择（或称为"质量"，或称为"情况"）。[①] 也就是说，整体上反映教育公平性的绩效指标可能是存在偏差的，因为一般性的绩效指标可能掩盖个体或个别或局部表现的不足，产生所谓"瑕不掩瑜"的现象。同时，整体通过满意度调查结果表现出的高满意度，也可能是基于少数服从原则之下的产物，即倘若持有高满意度的公众人数远远超过持有低满意度的公众人数，少数个体的极度不满意或极度不公平感所引致的低满意度会被高满意度所"稀释"。从这个角度看，单纯的量化目标检验置于大范围的教育扶贫或仍有效，置于我国财政性教育精准扶贫则显得"不够精准"。进一步地，倘若将技术局限考虑进去，则量化检验本身也存在客观上的不足，测量的精确性与准确度上总是难以尽如人意。这是由于社会指标牵扯到的目标和目的十分广泛、宏大以致实际上不可能用任何准确或者有力的方法来测量其影响和效益。[②] 另一方面，满意度是通过绝对量化、非此即彼的度量方式测量得到，这种测量方式本身与价值的情景化、矛盾性与复杂性特征是不一致的，因而不可避免地会在测量过程中丢失部分有关个人价值内容的信息。换句话说，满意度对价值表达的反映先天存在不足，天然无法将价值的内涵较为真实、丰富地呈现出来。

最后，设置量化目标所引起的机制上的连锁反应也值得引起注意。打比方说，所设置的量化目标是否可实现？是否因为目标过高而容易引起造假？事实上是否引起造假？量化目标检验结果与事实之间是否存在直接的联系以保证测量的真实性与准确性？这些因素都会影响量化检验

① Waddell, Steve, "Lessons from the Healthy Cities Movement for Social Indicator Development", *Social Indicators Research*, Vol. 34, No. 2, 1995, pp. 213-235.

② Beardsley and Philip, L., *Redefining Rigor: Ideology and Statistics in Political Inquiry*, Beverly Hills. CA: Sage, 1980.

的效果。又如，周雪光曾以国内的计生工作为例反映了因错误的量化目标而引起的目标置换问题。① 针对这些情况，Stone 指出，政策争论中的数目让人无法理解，除非去研究人们如何得到这些数目，是什么让人们决定对某事计数，并明确测量者与被测量者之间的联系，分析出人们是否可以因为数据造假而获利。② 而一旦量化目标设置不当，则容易导致系统性的连锁反应与绩效偏差，这对于财政政策的落实尤为不利。

第二节　绩效目标检验视角

基于财政支出绩效评价的双重属性与适用条件，有必要构建"工具—价值"绩效目标检验体系，以求在原有的财政支出绩效检验之上，提供一个兼顾工具视角和价值视角的财政支出绩效目标检验视角。严格来讲，本书所采用的"工具—价值"绩效目标检验视角，是基于埃贡·G. 古贝等的第四代评价③的价值评价理论提出的。

一　第四代评价的提出与意义④

埃贡·G. 古贝将公共部门的绩效评价分为四代，第一代至第三代分别是 19 世纪末至 20 世纪初盛行的"测量时代"（任何指定变量都可以被测量）、20 世纪 30 年代至 60 年代末盛行的"描述时代"（以描述某种规定目标的优劣为特征）、20 世纪 60 年代末至 70 年代末盛行的"判断时代"（以努力得出判断为标准为特征），第四代则是 80 年代末他提出的"第四代评价"（通过响应式聚焦获取冲突与争议并促进其解决）。在古贝等看来，前三代至少存在管理主义、价值一元化和过分强调调查的科学范式等缺陷，难以适应现实中价值多元化的场景，也容易导致政策执行过程中由于忽视冲突而引发的社会风险。据此，他提出采用另一种方

---

① 周雪光：《基层政府间的"共谋现象"——一个政府行为的制度逻辑》，《社会学研究》2008 年第 6 期。

② Stone, Deborah, *Policy Paradox and Political Reason*, Glenview, IL: Scott Foresman, 1988, p. 146.

③ 原翻译为"第四代评估"，鉴于本书中"评价"与通常意义上的"评估"无异，此处将其称为"第四代评价"。

④ ［美］埃贡·G. 古贝和伊冯娜·S. 林肯：《第四代评估》，秦霖、蒋燕玲等译，杨爱华校，中国人民大学出版社 2008 年版，第 1—21 页。

法——响应式建构主义的评价。他认为，评价者的工作就是发现不同利益相关者的"主张""焦虑"和"争议"，并在评价中解决这些问题，从而避免政策制定中出现公众因不认可所谓"社会规则"而选择不遵守规则的情况。这就是他所说的"第四代评价"。

引入多元价值的必要性体现在五个方面。第一，利益相关者本身属于风险群体，因此如果评价给该群体带来不利的结果，就有可能损害他们的利益；第二，利益相关者对开发、权力和权利的剥夺持开放的态度；第三，利益相关者是评价信息的使用者，只有当评价结果获得他们的认可，才有可能使评价信息得到应用；第四，利益相关者企图在解释性/辩证的过程中使自己的利益最大化；第五，评价过程有利于利益相关者的主张与观点得到交换并使彼此得到教育。

这种评价把获得利益相关者的"主张、焦虑和争议"当作绩效评价的重要目标，从而来决定这个评估需要什么信息，并针对这些信息展开评价。这种评价需处于自然的环境之下，评价者基于定性的方法、人类方法与意会知识，基于零事实前提，调动多种感官进行观察与感受，以协商的方式对已获取的信息进行不断的整合、设计和检测，发现与查证持续交织，并通过多重建构循环辩证解释直至统一，最终以个案报告的形式呈现出来。该种评价是基于"事实是由多种因素建构而来"的假设，主要集中于响应式聚焦和建构主义方法论，以谈判协调为核心动力，其实就要求通过利益相关者与评价主体之间的互动来实现价值凝练。从这个角度来看，这种评价方式有效弥补了以往三代评价对价值关注不足的缺陷，并将现实中多元价值引入政策评价，鼓励价值表达与价值检测，从而完成事实建构与政策反馈，进而达到解决冲突、解决问题的效果。它从政策价值的高度上探讨公共政策的目标与导向，相比于此前三种评价而言，对于推动民主参与与民意表达，倡导多元化价值或民主价值的实现，推动国家、政府乃至社会的治理能力与治理体系的现代化等意义重大。

二 "工具—价值"绩效检验视角

应该说，前三代评价或多或少地将评价简单化为纯粹的管理工具，或将其价值简化为追求满意度或既定的简单目标，或过分推崇评价者本身的专业判断，而忽视了真实民意与潜在冲突。因此，虽然评价本身的工具属性与价值属性可能在一定程度上得到体现，但始终难以规避科学范式的惯性，容易导致工具主义与管理主义，也难以体现民主追求，更容易埋下社会维稳风险。而尽管第四代评价在价值获取与价值检验的问题上对以往几代评价做出补充，但其可操作性也存在欠缺，导致其适用性十分有限。这意味着，未来推进财政支出绩效目标检验需要一个新的视角。

（一）第四代评价的不足

梁鹤年认为，在政策的制定中，参与者有各自的价值，这些价值演绎为政策，政策是价值的具体表达，涉及资源和权力的分配。因此，在进行政策评价时，有必要考虑价值的因素，进而解决价值的分歧，从而提高公共财政的效率，避免公共资源浪费。① 第四代评价固然将价值的获取置于评价的核心地位，也对价值获取过程进行了详细的论述，但实际上，对于多元化价值在评价各个阶段应如何获取并推动评价的开展，第四代评价框架并未作出详细的解释。该评价框架仅局限于对多元价值的获取，目的在于将潜藏的冲突与矛盾暴露出来，从而为针对性地解决矛盾冲突提供依据。但是，针对如何将已获取的价值与所谓的"判断""描述""测量"等评价过程相结合或进行评价方法改良等方面的问题，"第四代评价"理论并未作出明确的回应，更没有提供可行的现实方案和执行方案。如此一来，也导致第四代评价走向另一个极端，即从以往"完全科学主义和管理主义的过程"转变为"完全价值导向与问题导向的过程"。这也就直接导致第四代评价在过去几十年里"有价无市"的尴尬，尽管其在理念上已经突破以往三代的评价理念，但其可操作性十分有限、理论成果不足，因此在实践中难以推广。

针对这种情况，范柏乃等进行了分析。他们认为，第四代评价理论在执行中存在很多瓶颈：首先，第四代评价的输出不是实务工作者所需要的评价结论，而仅仅是主张、焦虑与争议的协商程序；其次，第四代评价需要评价主体在与利益相关者不断协商的过程中对已有事实进行建构，并识别问题所在，因此评价执行成本很高，也依赖于评价主体的专业程度与利益相关者的配合程度，因此顺利开展难度较高。因此，他们提出，摆脱对外部评价主体的依赖，转而关注如何将被评价方的绩效如

---

① 梁鹤年：《政策规划与评估方法》，中国人民大学出版社 2009 年版，第 10—16 页、第 30—33 页、第 44—45 页、第 89 页。

实呈现出来，并关注科学范式与建构范式的结合。进一步地，他们提出采用 FBN 认同度评价法，评价小组推动评价客体自评进行事实建构，而利益相关者对其进行认同评价，再结合他评形成综合得分。通过这样的机制提高评价真实性。[①] 尽管范柏乃等所指出的"第四代评价"的理论欠缺十分中肯，但是他们所提出的 FBN 认同度评价法，也面临由于评价客体与利益相关者专业性无法得到保证、已有评价体系可以定性地评价某个指标却无法解决机制性或价值方面矛盾等问题。应用"第四代评价"理念，实现多元价值与政策评价过程的融合，需要新的绩效检验视角，也需要新的实现路径。

（二）"工具—价值"绩效检验视角

借鉴第四代评价多元价值的评价理念，Silky 与 Readling 采用 REDSIL 模型对项目评价进行改良，通过使用质性化的方法克服了以往纯粹定量化方法的不足，并证实质性化方法的有效性。[②] Bitsch 认为，定量研究和定性研究之间的交换和交流是必要而有效的，但需要一种共同的语言来促进两者之间的理解。[③] 对于财政支出绩效评价，有必要通过结合定量化评价与质性化评价，从而全方位反映财政支出绩效。那么如何结合？包国宪和王学军提出所谓的"以公共价值为基础的政府绩效治理模型"，但该框架是基于所谓西方民主制度分析建立的，因此如何将其与中国实际结合仍需要摸索，尤其是如何将模型具体化为方法与步骤并应用于不同公共行政过程"还需要进一步研究"[④]。在此之上，借鉴韦伯的"价值工具理性二分论"，郑方辉等指出，财政支出绩效评价具有二重属性，即价值理性与工具理性，前者追求法治保障下的公民价值，后者体现于辅助决策、提供解决问题的方法论和驱动财政效益的发挥。[⑤] 进一步地，基于"第四代评价"中评价理念突破与实务中应用的困境，参照西蒙效率导

① 范柏乃和闫伟：《公共部门绩效评估方法的缺陷与修正：FBN 认同度评估法》，《南京社会科学》2016 年第 9 期。

② Silky, W., Readling, J., "REDSIL: A Forth Generation Evaluation Model for Gifted Education Programs", *Roeper Review*, Vol. 15, No. 2, 1992, pp. 67-69.

③ Bitsch, V., "Qualitative Research: A Grounded Theory Example and Evaluation Criteria", *Journal of agribusiness*, Vol. 23 No. 345-2016-15096, 2005, p. 75.

④ 包国宪和王学军：《以公共价值为基础的政府绩效治理——源起、架构与研究问题》，《公共管理学报》2012 年第 2 期。

⑤ 郑方辉、廖逸儿和卢扬帆：《财政绩效评价：理念、体系与实践》，《中国社会科学》2017 年第 4 期。

向、沃尔多价值主张与"第四代评价"思路①，本书将采用"工具—价值"绩效检验视角对财政性教育精准扶贫支出绩效开展绩效目标检验。具体包括两方面：

一方面，工具性的绩效检验视角。工具性与价值性相对。工具性的绩效检验视角，即检验过程强调对客观事实与成效的评价，关注财政支出的经济性、效率性和效果性。绩效检验对应的重点为回应"如何确定不会引发目标置换的、可供优化财政支出管理的、恰当的量化指标"和"如何真实而无偏地测量财政性教育精准扶贫支出的客观成效"，从而将所获取的绩效信息反馈于支出政策制定、支出政策执行与支出政策调整。而由于产出成效与前期投入、过程管理等密不可分，因此前期投入与过程管理也构成客观成效的基本内容。也就是说，工具性的绩效检验几乎覆盖了财政支出管理的全部流程，包括前期投入、过程管理与产出成效。

另一方面，价值性的绩效检验视角。价值性的绩效检验视角，即检验过程强调个体或群体的价值需求与主观立场，关注财政支出的公平性。绩效检验对应的另一检验过程中的重点为回应"如何获取利益相关主体乃至公众对财政支出的绩效需求，从而实现价值目标的检验"。它强调通过访谈、观察等质性化的方式方法，发现财政支出过程中的价值冲突或难以调节的矛盾，结合大范围的、面向利益相关者或公众的满意度调查，进而实现质性化研究结果与定量化研究结果之间、局部性价值表达与整体性价值表达之间的有效比照，从而作为财政支出绩效改进的重要参考。

"工具—价值"绩效检验视角的特点主要有二：其一，强调财政支出绩效价值属性的内核；其二，对应"4E"原则的绩效要求。一方面，该视角针对财政支出绩效评价"审计化"的现状②，试图凸显"绩效"的目标导向与正确导向的内涵和"财政支出绩效"的价值属性，以求在评价方式方法的层面避免以往"财政支出绩效评价即财务合规性合法性的审计过程"的误读，并将"绩效"概念清晰化与明确化，使财政支出绩效评价流程化与精细化。另一方面，"工具—价值"绩效目标检验也对应

---

① "第四代评价"主张，在多元化价值场景之下，评价者的工作就是发现不同利益相关者的"主张""焦虑"和"争议"，并在评价中解决这些问题，从而避免政策制定中出现公众因不认可所谓的"社会规则"而选择不遵守规则的情况。

② 刘国永：《对财政支出绩效评价基础性问题的再认识》，《中国财经报》2016 年 8 月 30 日第 7 版。

于"4E"的普遍绩效理念，"工具性"的绩效目标检验对应于经济性、效率性和效果性的"3E"要求，"价值性"的绩效目标检验对应于公平性要求。也就是说，"工具—价值"绩效检验视角在形式上体现了对工具性与价值性的绩效要求，并可细化为更为直接的理念要求与绩效指标，因而该视角具有可操作性。

与"第四代评价"相比，"工具—价值"绩效检验视角具有优势。第四代评价以价值获取、冲突化解为目标，并将关注点放在价值本身或冲突本身的获取过程之上，但对于评价过程的流程化、价值获取与评价过程的结合等问题并未做深入探讨或分析，由此导致"第四代评价"框架的适用性受到影响。相比之下，"工具—价值"绩效检验视角尽管也立足于"第四代评价"的理论基点，强调多元价值的重要意义，但与此同时，其回归到以往三代评价以政策（财政支出）评价过程为中心的理论视角，试图在第四代评价的基础上，将多元价值的检验同一般性的量化目标检验结合起来，兼顾财政支出政策理念价值的公平性与财政支出绩效检验的可行性，把价值获取过程与科学测量、描述与判断等结果评价过程有机地结合在一起，在此之上构建一个既能够体现多元价值追求的又能够发挥财政监督管理功能的财政支出绩效检验体系。可以说，在该视角下，一方面解决了前三代评价管理主义与科学主义等明显欠缺的问题，另一方面也实现了多元价值的民主表达，真正体现了工具理性与价值理性的融合。

第三节 "量化—价值"绩效目标检验体系构建

一 体系构建

公共部门管理目标的复杂性决定了其绩效评价并非仅仅只是纯统计的技术性过程，也反映出科学、合理的评价方法的重要性，而目前评价结果缺乏解释力与认可度、绩效改进作用不大等问题，与传统的评价治理性缺失、定性与定量相互脱节、自评与他评割裂、评价信息不对称等有关。[①]"工具—价值"绩效检验视角之下，目标检验过程固然将价值纳

---

① 范柏乃和闫伟：《公共部门绩效评估方法的缺陷与修正：FBN 认同度评估法》，《南京社会科学》2016 年第 9 期。

入考虑，但如何将政策评价理念与绩效检验视角融入实际的应用，则需要更为精细的设计，即有必要编制一套能直接用于指导财政支出绩效评价（本书中为财政性教育精准扶贫支出绩效评价）的方法指南。基于此种判断，置于"工具—价值"绩效检验视角之下，本书构建"量化—价值"绩效目标检验体系，以定量化为主的量化目标检验实现财政性教育精准扶贫支出的工具性检验，以定性化为主的价值目标检验实现其价值性检验。

一是量化目标检验。从量化评价要求来看，政府绩效是可测量的、数据化的指标的集成。[1] 量化目标检验，就是在明确财政支出绩效关键量化指标的前提下，通过"目标—结果"比对，获得财政支出量化目标的实现情况。在实际应用中，该检验通常采用财政支出绩效评价的方式，结合逻辑模型的分析思路，对财政性教育精准扶贫支出前期工作、实施过程与结果产出进行经济性、效率性和效果性"3E"维度的目标检验。对应到财政性教育精准扶贫支出绩效评价，实际上就是围绕财政性教育总量的保障程度与财政性教育扶贫的精准度两大内容展开目标检验。值得注意的是，财政性教育精准扶贫支出的产出与结果离不开前期投入与过程控制的把关，也在某种程度上由前期投入与过程控制的绩效所形成。因此，对财政性教育精准扶贫支出的产出与结果进行目标检验，免不了将执行合法合规、法制健全、政府施政高效等过程性与保障性指标纳入所检验的目标体系。这种处理方式一方面符合预算绩效管理"全方位""全过程"和"全覆盖"的要求，另一方面有利于对绩效弱项与绩效短板进行识别，从而针对性地采取措施以提升财政支出绩效。

二是价值目标检验。从评价内容来看，价值是财政支出政策的内核所在，是决定财政支出的公信力高低的主要因素。Kehoe 等对卫生保健系统和卫生政策界的关键行为者的信任水平和决定因素进行研究，发现价值重要性和价值一致性是解释居民信任变异的重要因素，并且平等可及性的一致性被证明比其他因素更为重要。[2] 这意味着，提高财政支出政策平等性与可及性对于公信力的提升尤为关键。从评价手段来看，艾尔·

<hr>

① 郑方辉和陈磊：《法治政府绩效评价：可量化的正义和不可量化的价值》，《行政论坛》2017 年第 3 期。

② Kehoe, S. M., Ponting, J. R., "Value Importance and Value Congruence as Determinants of Trust in Health Policy Actors", *Social science & medicine*, Vol. 57, No. 6, 2003, pp. 1065-1075.

巴比认为，最有效的评估是综合了定量与定性部分的研究，因为后者往往更容易发现非预期的、定性的结果。[①] 价值目标检验的目的就在于，通过引入定性方法（如访谈、观察、问卷调查等）了解利益相关者（被补助对象、扶贫干部、一般师生、家长等主体）的感知，并从中发现当前财政性教育精准扶贫过程中价值供给的欠缺与不足，从而优化价值目标及其落实过程，以实现支出成效。定性方法的引入方便评估者在不同场景之下对被访者进行隐秘的（问卷调查）、深入的（深度访谈）、全面的（观察）感知获取，在此之上结合公众满意的量化结果，实现多元价值的全方位考量。从这个角度来说，"价值检验"是对财政性教育精准扶贫支出量化目标检验过程的价值确认，也是避免财政性教育精准扶贫发生偏差或瞄准失败、保证财政性教育精准扶贫支出价值目标实现的必要手段。

"量化—价值"绩效目标检验体系具有逻辑上的必然性与现实中的必要性。在逻辑上，科学化的目标追求并不永远是政策的最终归宿，在某些问题上，政策服务于何种目标本身是一种政治抉择。[②] 因此，以科学化为主要特征的量化目标检验并无法检验有关财政支出的一切绩效，通过价值目标检验将财政支出过程中的政治选择过程反映出来，本身就构成财政支出绩效检验的另一要件。换句话说，只有同时通过量化目标检验和价值目标检验，财政支出绩效才能全面地反映出来。进一步地，价值目标的实现以量化目标实现为前提，与此同时，价值目标检验本身也高于量化目标检验。正如 Bozeman 等所提出的，政策科学的核心在于，科学的结果（或产出）本身是服务于公共价值的，并致力于推进公共价值。[③] 这意味着，一旦价值目标实现出现偏差，则量化目标实现情况不具有参考意义，并无益于推进公共价值实现。这种情况恰恰是目标管理过程中常常出现的，也是将价值目标检验应用于财政支出的必要性所在。而在现实中，20 世纪六七十年代以来西方国家的社会指标运动的推进结

---

① ［美］艾尔·巴比：《社会研究方法》，邱泽奇译，华夏出版社 2013 年版，第 358—360 页。

② Toulmin, S., "The Complexity of Scientific Choice: A Stocktaking", *Minerva*, Vol. 2, No. 3, 1964, pp. 343—359.

③ Bozeman, B., Sarewitz, D., "Public Value Mapping and Science Policy Evaluation", *Minerva*, Vol. 49, No. 1, 2011, pp. 1—23.

果表明，社会指标的片面量化难以适用于复杂多变的社会问题，因而指标测量结果也往往难以得到公众的普遍认可，所以，对于财政支出绩效而言，在广泛采用量化指标进行绩效检验的同时，也应当将价值供需分析、价值目标检验等针对价值做出的目标检验与价值反思纳入财政支出绩效检验，从而提高绩效检验结果的有效性与公信力。

二　量化目标检验具体思路

量化目标检验，实际上就是通过若干项关键绩效指标对财政性教育精准扶贫支出绩效进行"目标／结果比对"的过程，目的在于通过可量化的、明确化的指标数据监测，实现规范化的财政支出绩效管理。

科学合理的评价体系的构建是财政支出绩效评价的核心内容，决定评价的执行力与公信力能否实现。从检验的内容来看，按照"全面实施绩效管理"的顶层设计①，财政性教育精准扶贫支出绩效评价应兼顾事前、事中与事后，即实现评价覆盖"全过程"包括前期工作绩效、实施过程绩效、结果产出绩效和社会效益绩效，资金的管理绩效主要反映为决策绩效、监管绩效和使用绩效。前期工作绩效包括教育精准扶贫政策目标科学性与完整性、教育经费投入的充足性、教育精准扶贫财政支出分配的合理性与科学性、制度建设完善程度与组织机构保障程度等；实施过程绩效包括财政资金支付足额性、资金到位及时性、财务合法合规性和监管有效性等；结果产出绩效包括经济性、效率性和效果性。

在指标测量上，量化检验意味着将指标表现数值化展示出来，其作用主要体现为三方面：一是通过数值化的表达方式，直观地展现财政性教育精准扶贫支出绩效；二是数值化的表达为不同部门间、不同年份间、不同区域间等的财政支出绩效比较提供了可能性；三是数值化的表达为普通公众与上级部门的监督提供了便利，因此容易对体制内一级政府或部门或个人形成绩效压力与改革推力。但"量化"并不意味着一味采用定量方法进行测量。在公共领域，指标定量化事实上难以实现，也存在科学性不足的问题。针对这种问题，可通过指标定性处理解决，而为了直观反映指标完成水平，也采用定性指标量化处理的方式。以财务规范性为例，财务的规范性本应采用定性判断的方式，但如此一来在财政绩

---

① 参见《中共中央国务院关于全面实施预算绩效管理的意见》，中共中央、国务院文件，2018 年 9 月 1 日印发。

效评价指标体系中的呈现则直观性不足，为此，可通过赋权并采取负向得分的方式。这是就测量而言。而在指标确定上，丛树海认为，所选指标在内容上要具有精确性而不能模棱两可；同时，指标选择应尽可能地充分，即指标应充分地对绩效进行评价；此外，所选指标应可供监控，具有客观性，从而减少人为因素对指标的影响。[①]

　　基于上文中对财政性教育精准扶贫支出绩效评价理念的归纳与总结，以华南理工大学政府绩效评价中心与广东省财政厅等多家单位共同开发的财政支出绩效评价体系为借鉴，构建财政性教育精准扶贫支出绩效评价指标体系，作为本书中量化目标检验的技术方法。值得注意的是，国内对于财政支出合法合规性绩效的要求，实际上从属于过程控制的一部分而非通常意义上"绩效产出"（主要从"3E"的维度考虑）。因此，严格来说，财政支出合法合规性等目标并不属于绩效结果产出的内容，但从过程控制与结果效益之间的关系看，法制健全、执行合法合规等过程控制类的目标却直接影响到财政支出的经济性与效率性。如此看来，前期工作和实施过程中的绩效指标与所谓"绩效产出"之间并无清晰的界限，而是息息相关、紧密联系的。

　　本书采用财政性教育精准扶贫支出绩效评价三级指标体系（见表4-1）。其中，一级指标包括前期工作（20%）、实施过程（30%）和目标实现（50%）三项指标；二级指标包括前期研究（7%）、目标设置（6%）、保障机制（7%）、资金管理（17%）、专项管理（13%）、经济性（5%）、效率性（10%）和效果性（35%）八项指标；三级指标包括论证决策（7%）、目标完整性（3%）、目标科学性（3%）、组织机构（3%）、制度措施（4%）、资金到位（5%）、资金支付（4%）、财务合规性（8%）、实施程序（8%）、项目监管（5%）、预算（成本）控制（5%）、完成进度及质量（10%）、教育财政投入充足（25%）和教育财政扶贫精准（10%）十四项指标。同时，出于评价成本控制与评价技术的考虑，部分测量成本较高或难以测量的指标，采用主观满意度（主要采用公众满意度或相关利益主体满意度的形式）代替客观指标进行反映。

---

　　① 丛树海、周炜和于宁：《公共支出绩效评价指标体系的构建》，《财贸经济》2005年第3期。

表 4-1　　　　　财政性教育精准扶贫支出绩效评价指标体系　　　　单位：%

一级指标 名称（权重）	二级指标		三级指标		
	名称	权重	名称	权重	指标说明
前期工作（20）	前期研究	7	论证决策	7	资金投向和结构合理性与合规性，是否符合公共财政扶持方向及资金设立目标
	目标设置	6	目标完整性	3	目标设置是否全面体现资金目标的全部内容
			目标科学性	3	目标设置明确合理、细化与量化程度，与项目属性、特点、内容是否相关，是否体现决策意图
	保障机制	7	组织机构	3	实施机构是否健全、分工是否明确
			制度措施	4	是否制订了相应的资金、项目管理制度以及项目实施方案（计划）
实施过程（30）	资金管理	17	资金到位	5	资金的到位情况，包括到位比率及到位及时性
			资金支付	4	教育精准扶贫资金的实际支出情况
			财务合规性	8	资金支出规范性（资金管理、费用支出等制度是否严格执行）；会计核算是否规范（支出依据不合规、虚列项目支出；截留、挤占、挪用资金；超标准开支等情况）
	专项管理	13	实施程序	8	实施过程是否规范，包括是否符合申报条件；申报、批复程序是否符合相关管理办法；项目招投标、调整、完成验收等是否履行相应手续等
			专项监管	5	主管部门对项目的检查、监控、督促等管理情况，以教育精准扶贫过程中腐败率、发案率、补助偏离情况等作为依据进行专家评分
目标实现（50）	经济性	5	预算（成本）控制	5	项目成本（预算）控制、节约等情况，以实地考察中的加减分项为依据进行专家评分
	效率性	10	完成进度及质量	10	反映教育财政精准扶贫实施（完成）的进度及质量等情况，通过公众对政府施政高效与否的满意度与实地考察中扣分情况来反映。其中，满意度占50%，负向得分结果占50%
	效果性	35	教育财政投入充足	25	教育财政投入充足与否在很大程度上反映了教育财政精准扶贫供需是否平衡，由此决定了教育财政精准扶贫是否能实现高质量，在某种程度上就是财政支出效果的间接反映。主要通过教育财政供需满意度来反映

续表

一级指标 名称（权重）	二级指标		三级指标		
	名称	权重	名称	权重	指标说明
目标实现（50）	效果性	35	教育财政扶贫精准	10	"六个精准"（扶贫对象精准、项目安排精准、资金使用精准、措施到户精准、因村派人精准、脱贫成效精准），主要通过公众满意度进行反映

资料来源：笔者自制。指标体系基本框架来源于华南理工大学政府绩效评价中心。

三 价值目标检验具体思路

尽管"第四代评价"中对如何化解价值冲突提供了可行路径，但其价值的获取过程始终是基于西方民主政治体制之下的，因此相对于我国国情难免出现理论脱离实际或理论与实际不兼容的情况。置于中国场景之下，结合国内威权体制实际，有必要采取以顶层政策规划为主要依据、从教育精准扶贫对象出发、利益相关者高度参与的价值目标检验方式。检验思路主要分六步：第一步是基于国内财政性教育精准扶贫的已有政策文件与相关办法，归纳财政性教育精准扶贫支出的价值追求；第二步则通过现场考察过程中的访谈与问卷调查获取价值绩效的基本事实信息；第三步从财政性教育精准扶贫对象（被扶助学生）的需求出发，对财政性教育精准扶贫支出的价值目标实现效果作定性化的呈现；第四步通过师生满意度、家长满意度、贫困户满意度及扶贫干部满意度等主观性感知结果量化地展示教育财政扶贫价值目标实现情况，从而与第三步中定性化结果形成对照；第五步对第三步和第四步中价值目标检验结果展开分析与讨论；第六步进一步对价值目标实现过程中的关键影响因素进行分析识别，作为对第四步的补充。具体如下。

第一步，对价值绩效目标的梳理与明确。对1949年以来国内政策文件中有关财政性教育精准扶贫的相关表述做一梳理，从而把握财政性教育精准扶贫支出政策整体的发展脉络。进一步地，归纳不同时期财政性教育精准扶贫支出绩效目标的变化及其特征，从而明确当前财政性教育精准扶贫支出的价值追求的内容并理解其形成的过程。在此之上，总结当前财政性教育精准扶贫支出的绩效目标，包括价值目标与关键量化目标，作为财政性教育精准扶贫支出绩效检验的主要依据。该步骤已在本章进行呈现。

第二步，对价值目标实现基本情况的归纳与总结。事实信息的获取实际上是深入政策实施的一线，鼓励利益相关者进行价值表达并获取其政治主张信息，进而检验价值目标实现情况，发现价值绩效中可能存在冲突与矛盾。冲突与矛盾是价值目标检验关注的重点内容，其出现往往伴随着利益的受损或不公感的滋生，因此往往也容易出现利益主体的反对或不满。比如，财政对教育精准扶贫投入多少资金（实质是对教育精准扶贫重视程度不同见解的冲突）；又如，财政性教育精准扶贫支出过程是否损害到某一群体的利益或并未保护某一群体或个体的利益（实质是利益分配的冲突）；再如，财政性教育精准扶贫支出方式是否与被扶助对象的需求相矛盾（实质是财政性教育精准扶贫支出供需的矛盾）；等等。对该类事实信息的获取过程，或可以通过政策文本分析，从相关的教育精准扶贫政策规定与部门总结报告中总结一二；或可以通过相关的新闻报道，收集政策执行中的经典案例；或可以通过实地考察（观察、问卷调查与访谈）获取。这是进行价值目标检验的基础环节。

第三步，采用深度访谈进行定性化价值目标检验。价值依赖于个体而存在，价值选择与个体需求密切相关。基于马斯洛"需要层次理论"，针对被扶助学生、教师、家长、教育精准扶贫干部等不同主体开展深度访谈，主要采用定性化（访谈记录）的呈现方式，对财政性教育精准扶贫支出过程中被扶助学生在受教育过程中的生理需求、安全需求、社交需求、尊重需求和自我实现需求五方面需求进行价值目标的检验，从而系统性地将价值绩效表现呈现出来。

第四步，通过满意度问卷统计结果定量化呈现价值目标整体达成情况。借助 SPSS、Excel 等统计分析软件，采用频数分布、统计描述（柱形图、饼图、雷达图等图表）等统计方法，对评价期间通过问卷调查获取的利益相关者的满意度数据进行统计分析，然后对被扶助学生、教师、家长、教育精准扶贫干部等不同主体针对财政性教育精准扶贫的感知、认识与主张等情况进行整体性的描述。该步骤中定量化的价值目标检验结果与第三步中质性化的检验结果形成对照。

第五步，价值目标检验结果分析与回访。基于第三步与第四步所得到的价值目标检验结果，对结果中所体现出来的价值认知差异引起的价值冲突、机制运行不畅引起的利益争议等价值目标实现的不足进行分析，形成逻辑化的问题归因与机制构建，初步得到价值目标的检验结果，必要时对利益相关者开展回访活动。回访的对象主要包括教育精准扶贫对象（包括家长与被扶助学生）、各级教育扶贫干部、村委干部、驻村干部，等等。回访的目的在于对财政性教育精准扶贫支出绩效评价前期中个别不明确或不清晰的地方进行信息补充，从而对已有的分析进行再提炼或修正。同时，通过进一步的回访，也对已有分析进行丰富与补充，从而实现理论分析的饱和。

第六步，利益相关者满意度关键影响因素识别。利益相关者的价值需求的表达固然构成财政性教育精准扶贫绩效的重要内容，但价值本身毕竟具有强主观性的特征，所以财政性教育精准扶贫的价值目标检验结果难免受到个案代表性不足的质疑。因此，为提高价值目标检验结果的说服力与公信力，有必要对财政性教育精准扶贫绩效满意度的影响因素开展一定的量化分析与统计分析，进而识别并排除非必要因素的影响，提升价值目标检验的信度与效度，也为提升财政性教育精准扶贫满意度提供一定的思路与启示。为此，借助问卷调查获得的利益相关者的满意度数据，构建财政性教育精准扶贫数据库，采用回归分析的方式分析不同主体满意度的关键影响因素，作为对已有分析结果的有效补充。

第四节　目标检验个案选择

一　广东贫困情况简述

新时期脱贫攻坚推进之后，广东省各地、各部门共动员 32.67 万名干部进村入户，并采取发布群众公开信、整村摸查、农户申请、群众评议、公示、镇县审核批准等程序，采用"四看、五优先、六进、七不进"，"四看、十不宜、五把关"，"十问精准识贫"，"看、访、听 22333 工作法"等方式方法，对相对贫困人口进行精准识别。

统计结果显示，截至 2018 年年底，广东省扶贫信息系统已录入相对贫困人口 66.4 万户、173.1 万人（表 4-2 反映了广东省内各地市贫困人口分布情况），基本覆盖相对贫困村、相对贫困人口。在精准识别贫困村与贫困人口的基础上，广东省扶贫办整合并梳理各地贫困人口基本信息，实现省内 97 个县市区共计 16483 条村的建档立卡工作，基本做到"户有卡、村有册、镇有簿、市县有数据库、省有数据平台"。在贫穷人口的占比、分布与结构上，根据广东省公安厅测算，省内贫困发生率为 4.55%；在全省范围内，相对贫困人口 4 万人以上（含 4 万人）的县（市、区）有 10 个，相对贫困人口 5000 人以上的乡镇有 30 个；至于致贫原因，前五位分别为因病（36.2%）、缺劳力（23.3%）、因残（19.9%）、因学（4.9%）、缺资金（4.5%）。[①]

表 4-2　　　　　　　　　广东省内各地市贫困人口数量

所处区域	地市	贫困人口（人）	所处区域	地市	贫困人口（人）
粤西	湛江	236407	粤北	梅州	150958
粤西	茂名	157632	粤东	潮州	46681
粤西	阳江	78470	粤东	汕头	96919
粤北	云浮	115821	粤东	揭阳	108401
粤北	清远	129508	粤东	汕尾	127690
粤北	韶关	85852	珠三角	肇庆	92991
粤北	河源	109313	珠三角	惠州	37658

注：表中未提及的地市已脱贫；统计截至 2019 年 1 月 25 日。

资料来源：该表根据广东省新时期脱贫攻坚信息平台已发布数据制作；网址为 http：//210.76.68.130：8080/fpy/a/index.do，检索时间为 2019 年 3 月 28 日。

二　广东的典型性与代表性

（一）典型性

广东是一个经济与财政大省，也是一个人口与教育大省，但长期以来也是一个"教育弱省"，"教育经费支出居全国榜首、生均教育经费却倒数"[②] 的反差凸显其教育水平落后、教育公平不高的困境。2014 年，时任广东省教育厅厅长的罗伟其提出，尽管广东 GDP 在全国来讲居于榜首，属于经济大省，但是除深圳以外，其他地区的人均可支配财力在全

---

① 参见广东省新时期脱贫攻坚信息平台网站 http：//210.76.68.130：8080/fpy/a/index.do，2019 年 3 月 6 日查询。

② 以 2014 年为例，广东省普通小学的生均公用经费仅为 1851.39 元，在全国排名倒数第 9。在生均教育事业经费方面，广东除小学生均教育事业经费首次超越全国平均水平，其他数据也均低于上述全国平均值。参见李静《粤教育经费：总额全国第一人均仍排倒数》，《羊城晚报》2015 年 10 月 16 日。

国处于中下层次，这与分税制下广东实际可支配财力有限有关。他指出，截至 2013 年年底，高达 390 万随迁子女需要广东提供义务教育服务，而与此同时中央财政并未根据生均公用经费标准给广东下达财政资金，近年来中央下达广东的义务教育阶段生均经费补贴仅为全国平均水平的 1/10。在这种情况下，广东省内个别区县以 37% 的财政支出发展教育，也会远远落后于全国平均水平。① 这无疑暴露出广东教育经费投入不足的困境，也暴露出因教致贫的可能性。

2011—2015 年，广东全省共投入高达 12098 亿元教育经费，教育经费集中投入显著提升了省内的教育发展水平，各学段毛入学率、学生巩固率、教学软硬件服务等多项教育发展指标水平得到明显提高。此外，进入 21 世纪以来，为促进教育公平与教育均衡，广东教育发展先后推进"义务教育规范化——基础教育创强与义务教育均衡化——教育现代化"等教育发展规划；② 2016 年年底，广东所有市县均通过义务教育发展基本均衡县验收；截至 2017 年年底，规范化幼儿园占比 74.57%，义务教育标准化学校比例高达 97.40%，普通高中省一级学校占比 48%；2018 年 2 月，珠三角地区教育现代化先进区县达 100%。可以说，广东在短短几年间摆脱"教育弱省"的困境，离不开教育财政的精准发力与有效发力。通过教育财政提升教育均衡水平、促进教育公平成为广东的成功经验。

但与此同时，2017 年，广东省审计厅派出 14 个审计组共计 235 人对汕头等 14 个有脱贫攻坚任务的地市级开展有关精准扶贫精准脱贫的全覆盖式审计，重点审计这些地市的各类扶贫资金，共有 97 亿元（截至 2016 年 9 月 30 日）。该次审计发现，5 个市共计 24214 名已建档立卡的无劳动能力贫困户仍被排除在政策性低保之外；14 个市高达 15211 户共 54963 人为违规领取，同时共计 9762 名分散供养五保户、贫困户等未及时得到

---

① 林世宁等：《粤教育厅长：生均经费全国垫底广东有难处》，《羊城晚报》2014 年 1 月 18 日。

② 2015 年，全省公办义务教育标准化学校覆盖率达到 98.99%，比 2011 年提高 52.85 个百分点；2015 年，在校园面积、校舍面积、体育运动场地面积、教学计算机台数、仪器设备数、图书六方面生均值，比 2011 年分别提高 12.6%、27.1%、40.6%、111.8%、83.7%、29.6%；小学生师比从 19∶1 降至 18.5∶1，初中生师比从 17.9∶1 大幅降至 12.9∶1。此外，截至 2015 年年底，规范化幼儿园比例达到 67% 以上，94% 以上的乡镇建成 1 所规范化公办中心幼儿园；残疾儿童少年接受义务教育的比例达到 88.5%；民办学校在校生达 583 万人，占全省在校生总数的 27.6%，规模居全国第一；等等。

帮扶；9 个市之前年度扶贫资金 14.75 亿元闲置未用。[①]

从广东省财政性教育精准扶贫支出积极与消极两面的表现来看，其经验具有典型性。

（二）代表性

民间戏言"最穷最富都在广东"，一语道出广东省内经济发展不平衡的基本省情。按照传统经济区域划分，广东包括珠三角（广州、深圳、东莞、佛山、中山、江门、肇庆、惠州和珠海）、粤东（潮州、汕头、揭阳和汕尾）、粤北（梅州、河源、韶关、清远和云浮）和粤西（湛江、茂名和阳江）四大区域，其中珠三角发展远超过粤东西北（见表4-3、图4-1），该省情与我国社会当前"不平衡不充分"的发展现状基本一致。而鉴于广东教育经费多为省内自筹，经济发展状况成为决定教育发展水平的基础，这也就决定了省内教育发展水平不均衡的基本教育省情。从这个角度看，广东财政性教育精准扶贫支出经验在国内具有代表性。

表4-3　　　　　2017 年度广东 21 个地市经济发展水平一览

所处区域	地市	常住人口（万人）	GDP（亿元）	人均GDP（元）	所处区域	地市	常住人口（万人）	GDP（亿元）	人均GDP（元）
珠三角	广州	1449.84	21503.15	150678	粤北	韶关	297.92	1338.00	45000
珠三角	深圳	1252.83	22438.39	183127	粤北	梅州	437.43	1125.82	25777
珠三角	珠海	176.54	2564.73	149100	粤北	清远	386.00	1500.90	38954
珠三角	佛山	765.67	9549.60	124722	粤北	河源	309.11	952.12	30853
珠三角	江门	456.17	2690.25	59089	粤北	云浮	250.54	840.03	33694
珠三角	肇庆	411.54	2200.61	53674	粤东	汕头	560.82	2350.76	42025
珠三角	惠州	477.70	3830.58	80205	粤东	汕尾	603.09	855.37	29645
珠三角	东莞	749.66	7582.12	91329	粤东	潮州	265.08	1074.07	40555
珠三角	中山	326.00	3450.31	106327	粤东	揭阳	608.6	2151.43	35327
粤西	湛江	730.50	2824.03	38744					
粤西	茂名	620.41	2924.21	47443					
粤西	阳江	254.29	1408.63	55553					

资料来源：笔者自制。数据来源为各地市 2017 年国民经济和社会发展统计公报。

---

① 杨洋：《5 万多人"被"精准扶贫：广东 2016 年审计报告出炉 14 个市存在贫困对象识别不精准问题》，广州日报大洋网（http://news.dayoo.com/guangzhou/201707/26/150079_51562912.htm），2019 年 2 月 2 日。

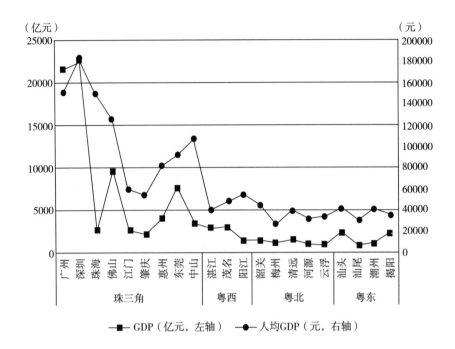

图 4-1　2017 年度广东 21 个地市经济发展水平

资料来源：笔者自制。数据来源为各地市 2017 年国民经济和社会发展统计公报。

本章小结

　　财政支出绩效评价具有"工具—价值"双重属性，但评价具有适用条件，即强调价值的多元化与非单一化。在以往财政支出绩效评价中，由于价值目标检验常常被简单地量化，价值内涵缺失影响了财政绩效评价的科学性与合理性，因此有必要通过强化定性化的价值目标检验进行完善。这种理念需求恰与第四代评价要求引入多价值互动相一致，但与此同时，第四代评价适用性十分有限。为此，本书采用"价值—工具"绩效检验视角，并据此构建基于中国场景的"量化—价值"绩效目标检验体系。在技术实现上，该体系的构建依据主要是长期以来我国教育精准扶贫政策与近年来华南理工大学政府绩效评价中心广泛应用于广东财政绩效评价实践的评价体系；在价值目标检验上，基于教育需要层次分析与满意度调查对师生、家长及一般公众的态度、满意度及其背后的成因进行反映。前者对应财政支出绩效评价的"3E"评价维度，后者对应"公平性"维度。作为实证检验的个案，广东财政性教育精准扶贫支出具有典型性与代表性。

第五章 检验之一：量化目标实现程度

    对绩效目标进行检验是绩效改进的前提，财政支出绩效评价是目标检验的主要途径，量化目标检验是其重要内容。如前文所述，财政性教育精准扶贫设定了较为清晰的目标，主要指向被扶助对象的精准度、财政性教育支出总量充足（包括补助资金到位率和资金发放的及时性）、制度完善与机构保障、资金管理规范，等等。以下以 2016—2017 年广东省财政性教育精准扶贫资金为例，对量化目标进行实证检验，以反映财政性教育精准扶贫支出成效。

第一节 量化目标检验：以广东省财政性教育
精准扶贫资金绩效评价为例

一 资金概述

    根据《中共中央 国务院关于打赢脱贫攻坚战的决定》（中发〔2015〕34 号），自 2016 年以来，广东省委、省政府全面启动精准扶贫精准脱贫工作，制定了《关于新时期精准扶贫精准脱贫三年攻坚的实施意见》（粤发〔2016〕13 号）：一是提出了精准扶贫精准脱贫的目标任务①

---

    ① 按照实施意见的要求，到 2018 年，稳定实现农村贫困人口不愁吃、不愁穿，义务教育、基本医疗和住房安全有保障，基本公共服务主要领域指标相当于全省平均水平。与广东省"十三五"规划关于城乡居民收入增长不低于同期经济增长速度（7%）的目标相衔接，有劳动能力的相对贫困人口人均可支配收入不低于当年全省农村居民人均可支配收入的 45%（7365 元），符合政策的完全或部分丧失劳动能力的相对贫困人口纳入低保，确保全部实现稳定脱贫；相对贫困村人均可支配收入不低于当年全省农村居民人均可支配收入的 60%（9820 元），确保全部出列。到 2016 年年底，50 万相对贫困人口实现脱贫；到 2017 年年底，60 万相对贫困人口实现脱贫；到 2018 年年底，66.5 万相对贫困人口实现脱贫，全部相对贫困村出列。

和对象范围①；二是明确脱贫攻坚的具体内容和"八项工程"的战略重点；三是落实各地各部门主体责任和配套保障机制。财政性教育精准扶贫是"八项工程"之一。按照13号文件的要求，帮扶标准为人均2万元，应投入的资金由省、对口帮扶市、贫困人口属地市按6∶3∶1的比例共同分担，用于直接促进扶贫开发帮扶对象增收等，也作为教育精准扶贫支出的来源。经广东省财政厅测算，2016—2018年广东各级政府预计投入高达391亿元②，通过扶贫开发、低保兜底和专项保障三大方向落实使用，贫困人口属地市预计承担财政支出77亿元。其中，对贫困户住房、教育、医疗等专项将投入77亿元，市县将负担其中的22亿元。

为贯彻执行13号文件，2016年年底，广东省扶贫开发领导小组转发《广东省教育厅关于推进教育精准扶贫精准脱贫三年攻坚的实施方案》，要求以建档立卡贫困人口为重点，着力推进改善教育基础设施建设、实施学生资助惠民政策、实施特殊困难儿童保障政策、实施职业教育富民政策和加强贫困地区师资队伍建设五项重点任务。其中，基于学生资助惠民政策，要求提高对贫困学子的资助水平，尤其针对建档立卡贫困户子女，应保证精准补助。具体地，义务教育阶段建档立卡贫困户学生生活费补助从每生每学年200元（其中，20%的特困小学生500元、初中生750元）提高到3000元，针对中职教育，按每生每学年3500元补助学校，等等。③

从近年各种反馈看，这些资金较好地保障了广东省教育脱贫攻坚工作的推进，并取得了积极进展。2017—2018学年，教育精准扶贫补助资金共补助建档立卡学生29.59万人，补助金额高达10.8亿元，有效减少了因贫辍学的现象。但是，与此同时，补助人数并不意味着"补助精准"。财政性教育精准扶贫资金支出的具体绩效如何？存在何种问题？还有哪些需要解决的深层次困难？诸如此类的问题需要通过系统化的、规范化的财政支出绩效评价予以识别，从而为优化财政性教育精准扶贫绩

---

① 按照实施意见的要求，广东按农村居民年人均可支配收入低于4000元（2014年不变价）的标准，确定全省农村70.8万户176.5万人为相对贫困人口；并按村年人均可支配收入低于8000元（2014年不变价）、相对贫困人口占村户籍人口5%以上的标准，确定全省2277个村为相对贫困村；同时要求将国家扶贫标准以下人口全部纳入低保范围。

② 原野和辛均庆：《粤扶贫三年将投约391亿》，《南方日报》2016年8月30日第A07版。

③ 补助标准参见《广东省教育厅关于推进教育精准扶贫精准脱贫三年攻坚的实施方案》（2016年）。

效提供可行路径与有效建议。

二 评价范围与对象

（一）评价范围

鉴于财政性教育精准扶贫资金的多样性，本次评价以贫困家庭学生助学为例开展目标检验。考虑全省资金安排与项目实施周期等因素，纳入本次评价范围的是广东省财政在 2016—2017 年下达的精准扶贫资金中的"贫困学生补助"（建档立卡贫困户子女在校生免学费，并发放生活补助）资金，共计 9.83 亿元，覆盖全省 14 个欠发达地市和 35 个省直管县（有脱贫攻坚任务的地区）。这些资金主要通过因素法下达，由各市、县（市）政府统筹使用，各级扶贫部门作为牵头单位负责推进落实。需要说明的是，扶贫开发资金由省、市、县三级分担，若单纯关注省级资金则无法分离其产生效益，故本次评价范围包含但不限于省级财政负担部分。

（二）评价对象

财政性教育精准扶贫支出绩效评价对象为资金管理的责任主体。资金管理者（单位）的责任范围包括论证并设立资金、明确资金目标、制定管理办法、督促目标完成、依法依规使用资金等。在本项评价中，财政性教育精准扶贫支出通过直接补贴、教育补助等形式给予贫困对象家庭或个人，被扶助对象对资金的使用并不负有实体责任，而基层主管部门（镇村干部等）有责任促使本辖区内政策落实、教育脱贫攻坚任务尽快完成。从理论上看，资金管理者（单位）事实上仅是教育财政绩效的责任主体，但其并非指向唯一的部门或单位。实际上，这类资金责任主体覆盖（省级）政策设计与资金管理者、（省级）资金监督者、（市县级）政策落实者与监督者、（镇村级）政策执行者与资金发放者等多层级多类别主体，这些主体分别与财政性教育精准扶贫支出的量化目标的不同内容相对应。

在此基础上，对主要责任单位的职责予以明确：一是省教育厅（资金主管部门），负责牵头组织全省教育扶贫攻坚工作，包括承接中央及省委省政府有关要求、核查确认全省教育脱贫攻坚总任务数并提出绩效目标、制订各市县年度工作实施与资金投入计划并报省政府批准后下发执行、会同财政部门制定资金管理办法等；二是省财政厅（资金监督部门），负责根据全省教育扶贫攻坚工作进度筹措并拨付财政资金，包括制定专项资金管理办法、确定年度资金来源与分配计划并及时下达资金、提出各级资金管理和监督的指导性意见或具体要求、督促各市县按要求落实并及时支付补助资金、常态化的财政监督等；三是市县级人民政府，通常由本级扶贫攻坚工作领导机构即党政领导，班子成员与教育、扶贫等部门负责人组成，负责落实和确保本地教育精准脱贫任务完成，主要承接上级与审定本级该项工作开展的重大决策事宜（如分配计划、实施方案等），协调部门间的权责与业务关系；四是市县级教育部门（资金主管部门），负责牵头组织本地教育扶贫工作实施，包括核准上报与承接下达的本地教育脱贫攻坚任务数、制订本级实施方案及下辖各地的分配计划、转发上级或制发本级有关要求、采取措施督促和推动本地教育脱贫攻坚任务完成（尤其指导、组织或协助对实现脱贫对象的验收及审核补助、签领等手续）；五是镇村级工作部门及人员，作为市县级资金主管/监督部门的延伸或派出机构，却是最终落实全省教育精准扶贫工作、面向补助对象的责任主体，在实际操作中承担着调查、核准与上报本地教育精准扶贫对象，分配与落实年度任务指标，落实上级有关该项工作各项要求，组织或协助对实现被扶助学生的验收及补助支付、签领手续等大量重要职责，故需对扶贫对象认定的公平性、扶贫任务完成的及时性与补助发放的合规性等负责。本项工作还涉及对口帮扶地区之间的工作关系，对口帮扶的地市应按要求科学、高效地组织本地有关政府部门和社会资源，按照省级规定比例及时向帮扶对象地区转移支付财政资金，派出工作组驻扎和跟踪推进当地扶贫开发任务。显然，有对口帮扶责任地市的政府也应作为责任主体之一。

三　评价体系与评分标准

将已归纳的关键量化目标体系与华南理工大学政府绩效评价中心近年来同广东省省级机关（省人大及省财政厅）合作开发并用于实务工作中的、基于"4E"评价维度和"投入—过程—产出—效果"逻辑模型构建的财政支出绩效评价体系相结合，进而形成财政性教育精准扶贫支出量化目标检验的评价指标体系。进一步地，根据量化指标的专业依赖程度及指标特质，分别采用专家打分（如论证决策、目标完整性、目标科学性等指标）和利益相关群体满意度调查（如完成进度与质量、补助发放精准度、教育财政投入充足性等指标）作为评价方式。为保证专家打分标准的一致性，采用现场核查后统一打分、根据现场核查情况分档打分的方式。评价指标内容与具体评分标准见表5-1。

表 5-1　　财政性教育精准扶贫支出绩效评价体系与评分标准

一级指标	二级指标		三级指标		
名称（权重）	名称	权重	名称	权重	评分参考标准（以百分制打分后根据权重计算总分）
前期工作（20）	前期研究	7	论证决策	7	资金投向和结构合理性与合规性，是否符合公共财政扶持方向及资金设立目标，根据专家调查结果评定
	目标设置	6	目标完整性	3	十分完整得100分，完整性稍有不足得70—99分，完整性严重不足得0—69分，没有目标不得分
			目标科学性	3	目标设置明确合理且细化与量化程度较高、与项目属性特点相关、体现决策意图的得100分，有所欠缺得70—99分，严重欠缺得0—69分
	保障机制	7	组织机构	3	反映实施机构是否健全、分工是否明确，完全符合得100分，极个别不符得80以上，部分符合得60—80分，较不符合得60分以下，完全不符合得0分
			制度措施	4	根据是否制订相应的资金、项目管理制度以及项目实施方案（计划）确定得分，完全符合得100分，极个别不符得80以上，部分符合得60—80分，较不符合得60分以下，完全不符合得0分
实施过程（30）	资金管理	17	资金到位	5	包括到位比率（占50分，根据资金实际到位百分比计算）及到位及时性（占50分，及时到位得50分，不及时到位得10—40分，财政资金严重滞留或未发放不得分）
			资金支付	4	考察教育精准扶贫资金的实际支出情况，根据实际支出百分比打分
			财务合规性	8	考察资金支出规范性（资金管理、费用支出等制度是否严格执行）与会计核算是否规范（支出依据不合规、虚列项目支出；截留、挤占、挪用资金；超标准开支等情况），完全规范得100分，极个别欠规范得80分以上，部分欠规范得60—80分，较不规范得60分以下
	专项管理	13	实施程序	8	考察财政性教育精准扶贫支出是否符合申报条件、申报与批复程序是否符合相关管理办法等是否履行相应手续等，规范化得100分，个别欠缺得80分以上，有所欠缺得60—80分，严重欠缺得60分以下

续表

一级指标名称（权重）	二级指标		三级指标		
名称（权重）	名称	权重	名称	权重	评分参考标准（以百分制打分后根据权重计算总分）
实施过程（30）	专项管理	13	专项监管	5	对专项的检查、监控、督促等管理情况，关注教育精准扶贫过程中腐败率、发案率、补助偏离情况等，采取负向得分的方式，由专家统一打分
目标实现（50）	经济性	5	预算（成本）控制	5	专项成本（预算）控制、节约等情况，以实地考察中的加减分项为依据进行打分，成本控制得当得100分，存在个别浪费得80分以上，存在部分浪费得60—80分，严重浪费得60分以下
	效率性	10	完成进度及质量	10	反映财政性教育精准扶贫支出进度及质量等情况，通过公众对政府施政高效与否的满意度与实地考察中扣分情况反映。其中满意度占50分，负向得分结果占50分。针对负向得分，按要求及时完成目标任务得50分，否则酌情扣分
	效果性	35	教育财政投入充足	25	主要通过教育财政供需满意度反映
			教育财政扶贫精准	10	关注"六个精准"（扶贫对象精准、项目安排精准、资金使用精准、措施到户精准、因村派人精准、脱贫成效精准），主要通过公众满意度进行反映

资料来源：笔者自制。指标体系基本框架来源于华南理工大学政府绩效评价中心。

四 评价组织与流程

从评价的组织上，本次评价采取"搭车评价"的方式，借助2018年华南理工大学政府绩效评价中心实施2016—2017年广东省扶贫开发资金绩效评价的机会，开展2016—2017年广东省财政性教育精准扶贫支出绩效评价。

本次评价包括单位自评、书面评审和现场核查等环节。其中，单位自评环节要求各级资金主管部门提供基础信息表、自评报告与关键佐证材料，评价方则以主管单位自评分为数据源，得到全省项目绩效自评结果并按属地、层级、指标等进行结构分析，作为书面评审与现场核查

（或称"实地考察"）的重要参考；书面评审环节要求审核资金主管单位报送自评材料的及时性、完整性和内容有效性，重点考察资金产出和资金效益，并从中识别财政资金管理问题，作为现场核查的依据；现场核查环节则主要为丰富教育财政绩效信息、跟进支出绩效结果、总结优秀管理经验等，作为书面评审结果的补充；专家评审环节要求由评价方组织有关专家召开评审会（也可以通过非正式的访谈实现），听取主管部门对资金立项、分配、使用和监督等情况的总结报告，并就评价中发现的若干问题展开讨论，最后由专家对财政性教育精准扶贫支出绩效表现进行打分。

五 实地考察与满意度调查

（一）实地考察抽样

全省财政性教育精准扶贫支出计划在 14 个地市 97 个县区开展，实地考察（2018 年 6—11 月）之前应首先确定区县抽查样本。依据贫困人口分布情况，在全省共抽取 15 个区县作为实地考察（现场核查）样本，覆盖全部被评资金所及的地市[①]。在 15 个抽样区县内确定具体核查的镇（村）名录，主要根据建档立卡贫困人口的自然分布特征，遵循省定贫困村和其他贫困村各抽一部分的原则，具体数量依各市两类村（居）及人口数量而定，此外考虑被抽查样本村的帮扶单位类型、所属区位（所在镇街的经济发展水平）、近两年脱贫情况等多种因素。

（二）满意度调查

社会福利最大化是财政资金的重要目标。对于财政性教育精准扶贫支出政策，其最终受众为全省经济困难学生及其家长，他们拥有对其政策质量（财政支出绩效）的最直接和最终评价权。因此，在政策的评价中导入公众满意度，同时引入扶贫干部满意度作为对照与参考。另外，财政性教育精准扶贫支出政策对于整个社会产生广泛而深远的影响，这种影响是系统性的，但可能表现为两面性，因此有必要引入专家满意度（由于评价需要依赖一定技术理性和专业知识，作为普通公众哪怕是受补助对象也未必完全具备，特别是对资金决策与分配层面的信息掌握不充分，故以专家/代表性公众的满意度作为补充）。两类满意

---

① 包括汕头、韶关、河源、梅州、惠州、汕尾、阳江、湛江、茂名、肇庆、清远、潮州、揭阳和云浮 14 市。

度数据分别通过全省范围的抽样（入户）调查和特定领域专家抽样调查取得。

公众满意度调查以全省 3.47 万名经济困难学生[①]为抽样框，设置最小样本量为 500 户（通过评价方入户调查与结构化访谈获得，不区分贫困户家长或学生）。实际派发问卷阶段，部分问卷的填写受到驻村干部的影响，有效问卷数量不足，后期采取补充发放的方式补足问卷数。此外，派发并回收扶贫干部（主管部门工作人员、镇村干部、对口帮扶地派驻干部）有效问卷为 120 份。专家满意度则由长期关注或熟知财政性教育精准扶贫支出工作的专家学者及实务人士组成，采用通信调查（13 位省内外专家意见）与现场核查评分相结合（各占 50%）的方式完成。

经问卷录入并初步整理，统计受访者构成如下：一是性别方面，受访男性占比 73.8%，女性占比 26.2%，这个情况主要与扶贫工作人员男性占比较高有关；二是年龄方面，受访者主要是中老年人，30—50 岁的占 55.8%，50 岁以上的占 37.2%；三是户籍方面，受访者中 94.2% 为本市县居民，4.4% 为本省外市居民，1.5% 为外省居民；四是家庭收入来源（针对贫困户）方面，从事种植养殖的占 47.17%，本地务工的占 16.98%，子女赡养的占 8.81%，亲友扶助的占 1.26%，自营生意的占 7.55%，享受农村合作社分红的占 1.89%；五是家庭年收入（针对贫困户）方面，55.7% 的受补助家庭年收入低于 3 万元，其中低于 1 万元的有 14.6%，29.1% 的年收入为 3 万—5 万（不含）元，11.9% 的年收入为 5 万—10 万（不含）元，3.3% 的年收入为 10 万—20 万元（多为因病致贫）；六是参与扶贫开发时间（针对扶贫干部）方面，1 年以内的占 17.2%，1—3 年的占 42.4%，4—5 年的占 18.3%，5 年以上的占 22.1%；七是扶贫干部的工作类型，增产增收的占 11.5%，住房保障的占 6.1%，教育保障的占 7.6%，医疗保障的占 14.9%，以上都有的占 48.5%，其他占 11.8%。具体见图 5-1。

---

① 2017 年全省共有 70.8 万贫困户，其中 4.9% 为因学致贫，据此估算全省教育精准扶贫对象约 3.47 万人。

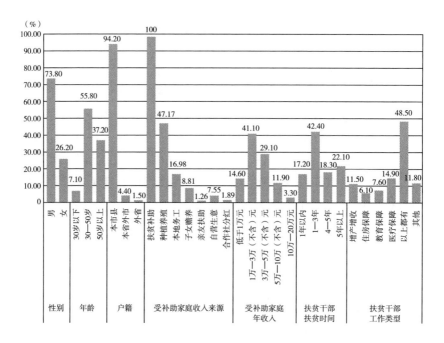

图 5-1　公众满意度调查样本结构

　　资料来源：笔者自制。数据源于华南理工大学政府绩效评价中心于 2018 年开展的广东省内财政性教育精准扶贫绩效评价。

第二节　量化目标检验结果

一　总体结果

　　资金管理绩效（以县区为观测点，以地市绩效呈现）由自评审核与现场核查两部分合成。前者基于区县所提交的自评报告与相关佐证，后者则以之为依据，结合评价方现场核查掌握信息，形成市县级资金管理绩效评分。以下以现场核查所及 15 个区县为例（见表 5-2）。

表 5-2　　　　　　　　　现场核查 15 个区县资金管理绩效评分一览

所属地市	所属县区	资金管理绩效评分（分）		
		自评审核（30%）	现场核查（70%）	合成
清远	连州市	86.00	84.90	85.23
肇庆	怀集县	81.00	82.60	82.12

续表

所属地市	所属县区	资金管理绩效评分（分）		
		自评审核（30%）	现场核查（70%）	合成
云浮	郁南县	88.00	86.10	86.67
韶关	翁源县	87.00	89.00	88.40
	南雄市	90.00	88.40	88.88
河源	龙川县	80.00	81.40	80.98
梅州	五华县	83.00	86.00	85.10
惠州	龙门县	89.00	87.50	87.95
潮州	饶平县	86.00	88.00	87.40
揭阳	惠来县	86.00	86.40	86.28
汕头	潮南区	85.00	84.70	84.79
汕尾	海丰县	85.00	86.40	85.98
阳江	阳春市	84.00	84.50	84.35
茂名	信宜市	87.00	82.60	83.92
湛江	廉江市	84.00	86.50	85.75
均值		85.40	85.67	85.59

资料来源：笔者自制。数据源于华南理工大学政府绩效评价中心于 2018 年开展的广东省内财政性教育精准扶贫绩效评价。

这一结果的主要特点如下：

一方面，管理绩效表现良好，现场核查评分均值高于自评审核分。15 个县（市、区）现场核查分均值为 85.67 分，按 30% 与 70% 比例合成的资金管理绩效为 85.59 分，总体上 3 项评分均值差距不大。从评价方式看，自评审核分低于现场核查分，这主要是由于各地佐证材料不完整、对资金发挥效益情况体现不足所致。

另一方面，现场核查 15 个县（市、区）资金管理绩效评级均为良好及以上。但从合成分值看，没有一个区县超过 90 分，85—90 分（不含 85分）的有 10 个（占 66.7%），评分在 80—85 分（不含 80 分）的有 5 个（占 33.3%）；自评审核得分与现场核查得分也基本处于 80—90 分。这说明尽管全省财政性教育精准扶贫支出绩效总体表现良好，但普遍不够突出，呈现"平均化"与"平庸化"特点，绩效表现总体存在不足。

二 区域结果

地域因素是影响资金支出绩效的一项重要因素。对比评价方现场核查所及 14 个地市的自评、自评审核、现场核查与公众满意度 4 个维度评分，其主要特点如下（具体见表 5-3）：

一是各地市自评分普遍较高，梅州、云浮、肇庆 3 市自评分为 100.00 分，其余各地市基本集中于 93.00—98.00 分，惠州自评分数较低，为 88.50 分；

二是从自评审核来看，惠州、韶关、云浮等地市得分较高，但总体来看，粤东自评审核得分相较于其他地区更高，为 85.50 分；

三是就现场核查得分，韶关、潮州与惠州等地市得分相对较高，但总体来看，粤东现场核查得分相较于其他地区更高，为 86.40 分；

四是从资金管理绩效（自评审核与现场核查 2 项合成）来看，评分较高的为韶关、惠州和潮州等市，较低的为河源、肇庆 2 市，总体上粤东地区得分仍高于其他地区；

五是从效果满意度来看，与管理绩效评分存在差异，相比较而言，粤东地区总体公众满意度较高（均值为 82.40 分），珠三角地区总体公众满意度较低（均值为 75.30 分）。

表 5-3 各有关地市不同维度评价结果对照

区域	地市	各维度评分（分）					区域	地市	各维度评分（分）				
		自评	资金管理绩效			效果满意度			自评	资金管理绩效			效果满意度
			自评审核	现场核查	合成					自评审核	现场核查	合成	
粤北	韶关	97.50	88.50	88.70	88.64	82.20	粤东	汕头	98.00	85.00	84.70	84.79	76.00
	河源	96.00	80.00	81.40	80.98	71.20		汕尾	93.00	85.00	86.40	85.98	75.40
	梅州	100.00	83.00	86.00	85.10	73.40		潮州	97.00	86.00	88.00	87.40	88.40
	清远	94.50	86.00	84.90	85.23	83.90		揭阳	98.50	86.00	86.40	86.28	89.80
	云浮	100.00	88.00	86.10	86.67	81.50	珠三角	惠州	88.50	89.00	87.50	87.95	78.50
粤西	阳江	96.50	84.00	84.50	84.35	76.60		肇庆	100.00	81.00	82.60	82.12	72.10
	湛江	97.00	84.00	86.50	85.75	82.60		—	—	—	—	—	—
	茂名	97.50	87.00	82.60	83.92	76.00	全省均值		96.71	85.18	85.45	85.37	79.11

注："效果满意度"采用"教育财政投入充足"与"教育财政扶贫精准"2 项主观性指标均值。

资料来源：笔者自制。数据源于华南理工大学政府绩效评价中心于 2018 年开展的广东省内财政性教育精准扶贫绩效评价。

进一步，基于已有分析，对珠三角、粤东、粤西、粤北四个传统经济区域不同维度的评价结果进行进一步的归纳。可见，无论是总体的资金管理绩效还是效果满意度，均呈现粤东高于其他三个区域的特征（见图 5-2）。这种现象的出现，或与粤东地区近期（实地考察之前）集中化的强力度的反腐（比如惠来县）有关，而该种反腐所产生的震慑作用明显激励了教育扶贫绩效提升。同时，管理绩效均高于主观满意度，也反映出公众对于财政性教育精准扶贫支出绩效认可度不高且低于客观绩效表现的现状。这意味着财政性教育精准扶贫支出工作成效的宣传工作与公开程度仍有待加强，也意味着财政性教育精准扶贫补助发放过程中，有必要重视对公众满意的监测。

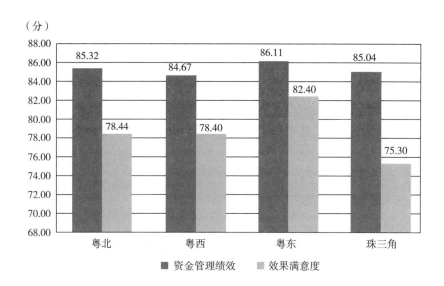

图 5-2 资金管理绩效与效果满意度按地区分类统计结果

资料来源：笔者自制。数据源于华南理工大学政府绩效评价中心于 2018 年开展的广东省内财政性教育精准扶贫绩效评价。

三 指标结果

评价过程中，采用统一的绩效评价指标体系获取各指标项整体得分。通过分析各指标得分率，可明确财政性教育精准扶贫支出指标的强弱项，从而达到凸显成绩或发现问题的目的。

从 3 项一级指标的得分率来看，前期工作为 84.71%，实施过程为

87.99%，目标实现为 83.40%。三者得分较为相近，但目标实现得分相对较低，反映前期工作、实施过程和目标实现三者之间密切相关而目标实现效果相对不理想的绩效情况。

从 8 项二级指标的得分率来看，前期研究为 88.83%，目标设置为 84.54%，保障机制为 82.62%，资金管理为 88.91%，专项管理为 88.10%，经济性为 89.77%，效率性为 79.77%，效果性为 84.29%。相比之下，目标设置、保障机制与效率性三项为绩效弱项。

从 14 项财政性教育精准扶贫支出绩效具体指标的得分率来看（见图 5-3），得分较高的包括资金到位（91.47%）、实施程序（91.42%）和预算（成本）控制（89.77%），较低的是财政性教育扶贫精准（76.78%）、完成进度及质量（79.77%）与目标科学性（81.42%）；指标间得分极差达 14.69%。该结果说明，制约 2016—2017 年广东省财政性教育精准扶贫资金使用绩效提升的主要是教育扶贫对象瞄准效果不佳、完成进度及质量不佳、目标制定科学性不足等，进而影响到资金（政策）社会效益的发挥。

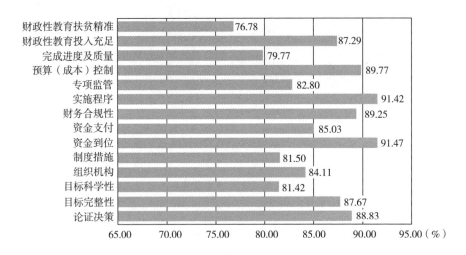

图 5-3 资金管理绩效三级指标得分率

资料来源：笔者自制。数据源于华南理工大学政府绩效评价中心于 2018 年开展的广东省内财政性教育精准扶贫绩效评价。

第三节　量化目标实现偏差及其原因

从 2016—2017 年广东省财政性教育精准扶贫资金量化目标检验结果来看，主要存在量化目标设置欠科学而教育精准扶贫保障机制不足、教育精准扶贫对象识别精准度不足和部分基层财务合法合规性与规范性不足三大问题。

一　量化目标实现偏差

（一）目标设置欠科学

2016 年 12 月 6 日，广东省教育厅等六部门联合发布《关于做好我省建档立卡家庭经济困难学生精准资助工作的通知》，要求"从 2016 年秋季学期起，实施对就读义务教育、高中教育和全日制专科教育阶段的建档立卡贫困户子女免学杂费并给予生活费补助政策"。应该说，财政性教育精准补助的发放工作任务繁重，但广东省启动财政性教育精准扶贫之时，要求在 1 个月内落实政策并发放补助，而由于客观上贫困学生流动性大且覆盖面较广，因此精准补助存在难度。从各地市实际发放的情况来看，"1 个月之内发放补助"的目标任务在一定程度上导致补助发放不精准、"应补未补"、专项资金滞留等情况的出现，事实上也反映出教育精准扶贫补助专项资金补助时限的目标设置本身不够科学。当然，该目标难以实现与补助发放方式不合理也有关系。根据现场考察中 W 县扶贫办所反映，针对外省就读、本省外市就读和本市外县就读的贫困学生，广东省教育厅要求由本县教育局落实补助发放，补助先由学籍所在地负责，后由本县教育局进行结算。此种补助要求对户籍所在地区县形成考核压力，但对于学籍所在地的外地区县而言无疑是毫无约束力的，因为年终考核之时仅针对本县教育局进行考核。也就是说，其补助目标、补助方式与补助对象权责之间，存在任务过重、权责不匹配的问题。换言之，补助方式的目标设置（包括目标考核的时间、对象等方面）上要求过高，也未能保证权责一致。

（二）扶贫对象识别精准度不足

财政性教育精准扶贫支出的重要目标之一为"财政性教育扶贫精准"，但从结果来看，教育财政扶贫的精准性仍待改进。比如 J 市教育局反馈，2016 年 11 月省教育厅联合省扶贫办通过大数据关联技术分析教育精准扶贫对象，并将分析结果（共计 12212 名建档立卡贫困户学生）以数据包的形式下达该市，但经校对发现，省下达的数据包人数和具体补助对象与实际情况存在很大的差距。又如 C 市教育局反馈，该市教育局于 2017 年 4 月 26 日将其提供的"全市建档立卡贫困户子女在校生的明细表"与市扶贫办采集的"广东省新时期精准扶贫信息管理平台"数据进行比对，并发现 15 名学生在市扶贫办提供的建档立卡贫困户信息中不存在记录。再如，T 市在 2017 年精准扶贫跟踪审计中发现，由于审核过程不严、教育学籍系统与扶贫系统对接不畅等原因，已被剔除的贫困户子女仍以之前的帮扶记录申请生活补助，由此造成全市共有 35 名非建档立卡户学生领取生活补助的情况，同时 3 名符合条件的贫困户子女尚未获得补助。

进一步地，针对"教育精准扶贫中的主要问题"对广东省内欠发达地市 S 市全市 58627 名师生与家长展开调查。仅 18.74%受访者对教育精准扶贫补助效果非常满意，7.20%认为在补助过程中非困难学生获得补助，6.71%认为在补助过程中困难学生未获得补助，1.21%认为补助遭挪用，1.47%认为出现冒领补助的问题，10.54%认为困难学生不愿意申请补助，2.86%认为补助发放不及时，1.85%认为补助发放不公平，4.28%认为补助作用不大，10.62%认为教育扶贫覆盖面太窄，10.91%认为存在其他方面的问题（根据问卷中师生与家长的反馈，主要体现为补助申请手续过于烦琐、补助金额过小、未针对性补助特困生，等等[1]），23.62%则表示对教育精准扶贫不了解（见图5-4）。这个结果直观反映出目前财政性教育精准扶贫支出过程中精准性较差的问题，与所谓"全覆盖教育精准扶贫体系"形成鲜明对照。

（三）基层财务合法合规性不足

主要体现为部分区县发生的补助错发、资金挪用与资金滞留。比如，现场核查期间发现 H 县出现教育补助中建档立卡对象审核环节较为烦琐而影响了补助发放时间，同时该地个别学校对精准扶贫审核校对不认真，对村委会和镇农办上报的部分困难学生错误信息未及时更正。又如 C 市审计局在 2017 年第二季度精准扶贫精准脱贫跟踪审计中发现：至审计日

---

[1] 调查问卷中师生与家长的具体意见详见附录。

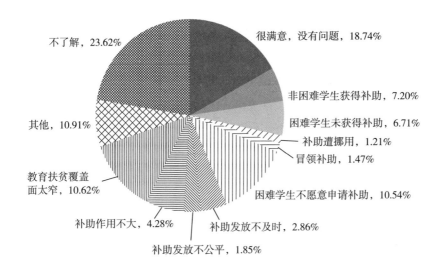

图 5-4　师生、家长等所认为的教育精准扶贫中存在的主要问题

资料来源：笔者自制。数据源于华南理工大学政府绩效评价中心于 2018 年开展的 S 市公办学校社会满意度调查。

（5 月 12 日），R 县教育局仍处于建档立卡学生信息核实阶段，资金尚未拨出；C 市卫生学校 26 名已核实的建档立卡学生中，仅 15 名领取 2016—2017 学年度的 3000 元生活补助费，其余 11 名仍未领取；C 市某中学的 31 名已核实的建档立卡贫困户学生均未领取生活补助费。

　　从师生与家长实际感知的角度，以广东省内欠发达地市 S 市全市 58627 名师生的问卷调查结果为例。针对贫困学生的助学金发放、补助金发放与优惠政策是否出现徇私不公的现象，多数师生与家长均表示对贫困学生补助发放过程中徇私不公的现象不了解或认为该现象不存在。但与此同时，对于校领导，0.14% 认为徇私不公现象偶有发生，0.35% 认为经常发生；对于专职教师，0.49% 认为徇私不公现象偶有发生，0.33% 认为经常发生；对于教辅人员，1.65% 认为徇私不公现象偶有发生，0.27% 认为经常发生；对于家长，1.22% 认为徇私不公现象偶有发生，0.78% 认为经常发生；对于学生，2.78% 认为徇私不公现象偶有发生，1.36% 认为经常发生；对于其他人员，1.78% 认为徇私不公现象偶有发生，0.44% 认为经常发生（更多信息见图 5-5）。

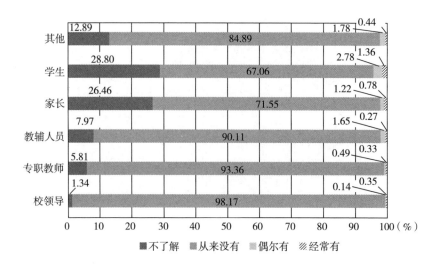

图 5-5 师生等对于贫困学生补助发放中出现徇私不公的认识

资料来源：笔者自制。数据源于华南理工大学政府绩效评价中心于 2018 年开展的 S 市公办学校社会满意度调查。

针对教育精准扶贫过程中是否有非困难学生获得补助、困难学生未获得补助及挪用补助等现象，多数师生与家长均表示不了解或认为该现象不存在，这与"贫困学生的助学金发放、补助金发放与优惠政策是否出现徇私不公"的调查结果互相印证。然而，认为教育精准扶贫过程中"非困难学生获得补助、困难学生未获得补助及挪用补助等现象"出现的师生与家长的比重相较之下有明显增加。比如，5.71%的学生认为"非困难学生获得补助、困难学生未获得补助及挪用补助等现象"偶有发生，并有 3.99%的学生认为经常发生（见图 5-6）。该结果证实教育精准扶贫补助发放过程中仍出现"应补未补""不应补被补"等问题。

二 原因分析

针对财政性教育精准扶贫中存在的目标设置欠科学且保障机制不足、扶贫对象不精准、部分基层财务合规合法性不足等问题进行分析，发现其直接原因主要包括以下三个方面。

（一）补助机制顶层设计不符合部门权责现状导致数据对接不畅

按照广东省财政性教育精准扶贫机制最初的设计，2016—2017 年各学期的贫困户子女教育生活费补助是按学籍发放，但全省建档立卡贫困户是按户籍管理，如此由于贫困学生户籍学籍地的不同就会存在补助发

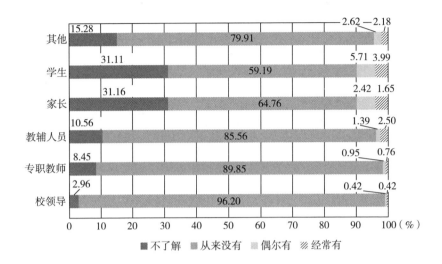

**图 5-6　师生等对"非困难学生获补助、困难学生未获补助及挪用
补助等现象"的认识**

资料来源：笔者自制。数据源于华南理工大学政府绩效评价中心于 2018 年开展的 S 市公办
学校社会满意度调查。

放过程中的多种情况。对于市县一级来讲，受制于全省学籍系统信息不
完全准确也无法向市县开放权限，要实现向本区县户籍在省内外区县就
读的贫困学生精准发放补助，甄别核对难度极大。在此情况下，各地实
际只能采取向其他兄弟市县逐个咨询确认的方式解决。而针对本市户籍
贫困学生在省外就读的类型，市县一级的工作难度则更大，也容易因核
对与资金转拨困难，导致学生生活费补助发放不及时或漏发。这部分对
象占全部贫困学生的比重不大，据评价方现场核查若干县市估算，总体
不超过 25%，但显然要做到补助完全精准，其行政成本很高。针对这种
情况，2017 年 1 月，省教育厅、省财政厅和省扶贫联合印发通知，明确
从 2018 年秋季学期起将该项补助发放渠道调整为户籍地发放，这应该能
在较大程度上缓解矛盾，降低成本。但也还存在未解决的问题：一是通
知并未明确建档立卡学生名单的审核、确认程序、具体由哪个部门发放
等内容；二是扶贫部门掌握关于贫困户变动的信息，但目前不能与教育
部门掌握的学生学籍信息实时对碰；三是据省教育厅相关业务处室反映，
目前学籍管理系统所监控的范围是有限的，并未完全覆盖本科、大（中）
专等学段（其学籍由院校自行管理），也就是说教育部门对学生学籍变化

情况的掌握可能存在时差，需再与扶贫部门匹配，依然存在漏发、错发的风险。在省级层面，依托广东扶贫云系统及相关部门正在开发的大数据政务服务平台，相关部门正在努力探索解决的方案，但在短期内依然无法实现。

而尽管从表面看，教育精准扶贫对象识别不精准是技术上数据对接的问题，但其实质上还牵扯到"谁来识别""谁来发放""谁来主导"以及"是否有能力主导"等更为细致的机制设计问题，背后又是部门职能分工与权责分配的问题。

在职能分工方面，广东省教育厅某位参与教育精准扶贫政策制定的官员直言：

省里认为教育精准扶贫是教育部门的事，扶贫办只是一个枢纽，所以交给教育部门执行……但责任上，县一级以谁为主并未写明。而对于教育部门而言，在校可以发，但不在校没办法发。因此，制度上要有所突破。以谁为主，要看这个工作要怎么执行到位。

在权责分配方面，J市H区的扶贫办主任则认为：

扶贫办承担着上级下达的扶贫统计任务，接受上级考核，但统计数据实际需要职能部门来配合提供。

事实上，教育精准扶贫支出主要涉及扶贫、教育两大部门，扶贫部门掌握户籍基本信息，教育部门掌握学籍基本信息，而由于长期以来户籍管理与学籍管理之间彼此分离，因此部门之间并未存在统一的扶贫信息收集处理平台，也就容易导致教育财政扶贫对象难精准的问题。而实际上，统一的扶贫信息收集处理平台的建立本身也是难以实现的，主要原因在于贫困户的管理与学籍的管理均处于动态变化的状态，因此，单独由扶贫部门或教育部门对贫困学生进行识别，教育精准扶贫支出的精准性就很难得到保障。这就要求扶贫部门与教育部门之间应通过某一部门的主导实现实时的或阶段性的数据对接。但在目前的机构设计之下，各级扶贫部门与各级教育部门同级，因此扶贫部门在主导财政性教育精准扶贫上仍处于被动的地位，难以在实际上推动部门间的有效沟通与数据的及时对接。

（二）多部门频繁检查与重复检查导致监管低效

扶贫脱贫工作要求高、任务重，各级监督部门对此十分重视，虽然采取了一切必要的手段对各地工作落实、管理规范及任务完成进行监督检查与考核评估，但也由此带来基层疲于应付的问题。在现场核查阶段，基层扶贫干部普遍反映，不同职能部门常常以不同的名义、不同的方式、不同的要求开展集中化的考核、监督或评价，耗费基层大量人力物力。过重的接待负担也干扰了正常工作的落实。J市一名来自D市的驻村帮扶干部提及：

> 本年度我们已经历12次检查，从国家到省级到地市，还有区里面，还有街道……包括审计部门、财政部门、教育部门，等等。

这实际上反映了过多监管、重复监管的问题。针对前者，事无巨细的监管（尤其是财务合规性的监管）严重削弱了基层执行的自主权，影响了精准扶贫的精准性。这是因为贫困户的具体情况千差万别，因此个别情况下有必要因地制宜，采取灵活的措施予以实现。但是，实际监管过程中，由于监管部门过多，各部门监管标准不统一，个别情况下审计人员往往严格按照资金管理办法执行，并进行是否规范的简单判断，不考虑基层实际，也不反映具体情况，由此衍生出对基层干部所谓"干得多、错得多"的误导，部分干部反而不敢有所作为。另外，扶贫干部也普遍反映，基层人手相对于精准扶贫的工作量本来就不多，如今面临重重检查，压力倍增。尽管对教育精准扶贫实施监管及适当考评是必要的，但过度监管或无序监管则不仅损伤教育精准扶贫的积极性，也干扰了正常的工作秩序，对资金效果发挥无益。

针对后者，则主要关系政府重复监管、层层监管的问题。早在2016年，中共中央办公厅、国务院办公厅发布《省级党委和政府扶贫开发工作成效考核办法》并要求2020年之前，每年由国务院扶贫开发领导小组组织开展扶贫考核，省级单位负责提前总结，国务院另外委托第三方机构开展评估。此后，多家媒体先后反映了因考核而产生的过重的填表负担。[①]为此，2017年，国务院扶贫办发布《关于进一步克服形式主义减轻基层负担的通知》，要求严控考核次数、减少基层填表次数与考核负担。但是，尽管中央层面上严令要求不得设置过多考核与评价，但受考核压力的驱使，难免出现私下层层踩点、层层保障的情况，表面上考核

---

① 王姝：《全国人大常委会委员热议"扶贫填表"：表太多、量太大，频次太高》，《新京报》，https://www.bjnews.com.cn/detail/155152137714691.html，2017年8月31日。马跃峰和姜峰：《人民日报揭扶贫乱象：考核流于形式，材料多的贫困户都烦》，https://www.sohu.com/a/211170026_617374，2017年12月18日。

次数有所减少，但实际上基层考核压力仍没有减轻。这是政策纵向管理的角度。而就横向管理的角度，扶贫是当前政府各项工作的"重中之重"，因此，处于不同立场，作为不同的职能机构，一级纪委、一级人大、一级审计部门、一级绩效管理部门等多个机关也分别将其纳入工作重点，由此也加重了重复监管的问题。

与这种过多监管与重复监管形成反差的是，监管力度仍有不足、监管方式尚不合理，这导致监管的整体低效，暴露出多部门监管、多次检查的表象之下出现形式主义、监管不力与监管漏洞的问题，这也直接导致调研组现场核查过程中发现资金审批支付规范性不足、违规情况问责不足等现象。

（三）考核缺少公众满意指标导致民意反馈遭忽视

国内学者曾揭示出绩效考评机制对于官员行为的激励作用与引导作用[①]，这一发现也逐步引导国内各级政府通过财政支出绩效评价激励财政支出绩效的提升，因此自然也用于教育精准扶贫攻坚任务的推进。但与此同时，财政性教育精准扶贫领域乃至与扶贫相关的财政支出绩效评价指标体系却基本集中于对投入性指标（资金投入）与过程性指标（资金拨付、资金监管、资金使用成效等）等客观的、可量化指标的关注，而忽视了公众满意的维度。[②] 财政部与国务院扶贫办联合发布的《财政专项扶贫资金绩效评价指标评分表》（2017 年）就是一个佐证，仅关注扶贫资金投入、拨付、使用成效（包括年度资金结转结余率、资金整合进度、精准使用与脱贫人数）、制度创新与违法违纪，但不涉及公众反馈类指标，也难以体现所谓"保证精准"的引导机制的建立。

从绩效管理机制的角度，该类指标体系固然有助于一级政府或部门系统内部上级对下级的管理与监督，能够在短时间内显著提高被评对象的执行力（主要体现为高效率与高产出），然而如此一来容易导致财政绩效评价中的目标置换，将教育精准脱贫的目标重点转移到优化扶贫人数、扶贫效率等容易量化的指标数据之上。在该类指标的驱使下，财政性教育精准扶贫的公信力就会因此受到影响。这是因为高执行力本身并不意

---

① 周黎安：《中国地方官员的晋升锦标赛模式研究》，《经济研究》2007 年第 7 期。

② 目前财政性教育精准扶贫支出绩效评价基本采用或借鉴《财政专项扶贫资金绩效评价办法》（财农〔2017〕115 号）中《财政专项扶贫资金绩效评价指标评分表》的评价体系，详见附录。

味着公众的高满意度，而在考评高压环境、片面追求执行力的考评机制之下，基层干部有可能会为追求执行的高效率而采用指标强制落实、造假甚至粗暴执法的现象。这是从消极层面上的考虑。另外，从公众反馈以促进政策优化与政策调整的角度，缺少公众满意的考量，无疑难以在财政性教育精准扶贫支出绩效评价中形成绩效闭环，即财政支出绩效管理过程缺少被服务对象的意见反馈，显然不利于绩效信息传递与绩效评价的良性循环。

当然，除此之外，客观上，在技术上实现"扶贫精准"实际上具有难度，不仅仅是由于贫困的多维性，如何判定贫困户是否贫困存在难度，也在于基层存在冒充贫困户、冒领补助金的情况，还在于基层补助认定过程中存在补助认定"唯亲""唯近"等现象。因此，在保证贫困标准合理化的前提下，如何反映基层真实的扶贫情况也应该是此过程中理应关注的重点。显然，与教育精准扶贫补助利益相关的师生、家长与扶贫干部是最了解教育精准扶贫真实情况的主体，也可能是财政性教育精准扶贫的直接服务对象，因此了解其对财政性教育精准扶贫支出满意度，无论从公众监督的角度还是从被服务对象与利益相关者的角度，均有助于真实反映财政性教育精准扶贫支出的真实绩效，这与"办好人民满意的教育"的目标也是相契合的。当然，这种满意度与所谓价值目标检验仍存在区别，应属于以主观方式反映客观现实（教育精准扶贫"是否精准"）的技术工具范畴。

本章小结

本章对 2016—2017 年广东省财政性教育精准扶贫资金的量化目标进行实证检验。结果显示：从整体上看，全省财政性教育精准扶贫支出绩效总体表现良好，但普遍不够突出，呈现"平均化"与"平庸化"特点，绩效总体存在不足；从区域绩效结果看，无论从总体资金管理绩效还是从效果满意度来看，均呈现粤东高于其他三个区域的特征；从客观管理绩效和主观满意度间关系看，呈现前者高于后者的特征；从财政支出过程绩效来看，前期工作、实施过程和目标实现三者之间密切相关而目标实现效果不理想。总的来说，制约 2016—2017 年广东省财政性教育精准扶贫资金使用绩效提升的主要是教育扶贫对象瞄准效果不佳、完成进度及质量不佳、目标制定科学性不足、财务合法合规性等，进而影响到资金（政策）社会效益的发挥。分析其直接原因，主要为以下几点：补助机制顶层设计不符合部门权责现状导致目标数据对接不畅，过多监管、重复监管与监管低效，忽视公众满意指标。

第六章　检验之二：价值目标达成与否

　　财政性教育精准扶贫具有强烈的价值导向。梳理我国财政性教育精准扶贫绩效目标体系，"教育公平"（表现为"人民满意"）构成其价值追求的核心内容。检验的难点在于，教育公平本身是难以量化的。纵使将公众满意度纳入考虑范围，财政性教育精准扶贫仍可能发生价值偏离。这是因为价值本身在一般量化目标检验中是难以完全反映的。在更极端的情况下，局部或个体的价值表达甚至会被整体价值所掩盖并受到损害，故有必要通过定性化的价值目标检验对财政性教育精准扶贫中所表达的价值进行检验。借鉴马斯洛需要层次理论，定性化目标包括为学生提供生理、安全、社交、尊重和自我实现等教育保障。价值目标检验旨在更好地维护教育精准扶贫对象的受教育权。

第一节　价值目标的构成与检验方法

一　价值目标的构成

　　价值目标是组织管理中最重要的顶层设计，源自组织的使命与终极追求。在国内，财政性教育精准扶贫的价值目标即"教育公平"，明确"教育公平"的绩效目标则有必要明确"教育公平"是什么。在以往的政策论述中①，官方文件将教育公平等同于"教育均衡"或教育资源分配的"均等化"，抑或不对其细化或明确，统称为所谓的"教育公平"。这些论述或从教育资源管理主体或财政管理主体的角度出发，单方面考虑教育供给，或语焉不详，或空泛笼统，由此导致"教育公平"难落实的困境。为此，党的十九大提出"办好人民满意的教育"，试图从"人民满意"的

---

　　① 第三章已做论述。

角度推动教育公平的实现，将"教育公平"的判断权交到享受教育服务的"人民"手上。

进一步地，按照阿马蒂亚·森的观点，更好的教育能直接改善生活的质量，也能提高穷人获取收入和摆脱收入贫困的能力。[①] 因此，教育的公平实际上关注个人发展权的公平，在当前财政性教育精准扶贫的场景之下更应如此。从这个角度来看，无论是推动教育公平还是当前的"教育精准扶贫"，其落脚点应在个人，以人为中心，本质上应为个人提供公平的发展机会，表现为教育资源的获取机会公平。此外，教育公平不仅包括财政支持教育资源、提供教育保障的单方向的分配上公平（主要体现为教育资源的充足性），也与个人需求相关，与教育的供需关系相关。打比方说，不同阶段被扶贫客体对于教育类型与教育资源的投入需求不同，贫困儿童需要基本的教育机会和公平的教育起点，就业阶段的贫困群体需要就业培训[②]；又如不同文化背景与个人能力之下，贫困学生对职业教育与本科教育的需求表现出差异[③]；等等。[④] 同时，个人教育供需的反馈，实际上也反映出教育分配公平的情况，主要通过教育服务对象的主观感受呈现（个体立场的表达或满意度调查结果）。基于这种分析，被补助主体供需匹配情况就构成教育公平的关键绩效内容。

马斯洛把人的需求分为五个层次，即生理需求、安全需求、爱与归属需求、尊重需求和自我实现需求。[⑤] 其最高层次上的"自我实现的需求"，又常常被解读为"追求卓越与成就"，实际就是所谓"个人发展"的内涵，恰恰是教育公平的目标。借鉴该理论的阐释，教育公平的价值

---

① 阿马蒂亚·森：《以自由看待发展》，任赜和于真译，中国人民大学出版社2002年版，第88页。

② 黄巨臣：《农村地区教育扶贫政策探究：创新、局限及对策——基于三大专项招生计划的分析》，《贵州社会科学》2017年第4期。

③ 公丕宏和姚星星：《贫困农户的教育人力资本投资问题分析——基于精准扶贫视角》，《理论导刊》2017年第11期。

④ 一个典型的情况是，教育精准扶贫中常出现贫困生主动辍学或消极上学情况，部分是因为义务教育无法满足其为尽早养家糊口而产生的职业技能培训需求，部分是因为"贫困户子女"标签成为其接受教育过程中的困扰，等等。在此情况下，通常开展的、主要关注客观教育环境的教育公平评估就无法将贫困户子女接受教育中所面临的真实困境与真实需求反映出来，因而其评估结果在事实上是无法真正反映教育公平水平的，故难以事实上推动教育公平。

⑤ Maslow, A. H., "A Theory of Human Motivation", *Psychological Review*, No. 50, 1943, pp. 370-396.

目标，也可通过个人教育需求的满足与否进行呈现。当然，教育公平政策的实施本身是对于个人施加的外力，而"爱"本身受到受教育者所处家庭环境、个人性格、主观感受、外界客观环境等更为复杂的因素所影响，本身在实际执行或检视中也存在难度，受到客观条件的制约（比如，现实中很难要求一名班主任对每一位学生实现无微不至的、平等的关爱，并让每一位学生满意），因此在本书的"爱与归属"需求分析中，"爱"的需求不被纳入考虑范围，而"归属"则理解为班集体中的社交。据此，财政性教育精准扶贫的价值目标检验可分为五方面的检验，分别是生理、安全、社交、尊重、自我实现五个方面教育保障的检验。当然，区别于马斯洛层层递进、交错复杂的需求层次关系，基于目标检验的明确性要求，本书将五个层次严格分开，分别作为财政性教育精准扶贫价值绩效的组成部分。

一是教育生理保障。主要为基本的食物供给。在马斯洛看来，生理需求是最为基础的需求。他认为，如果所有需求都不满足，那么个体会被生理需求所支配。这也是教育发展中国际上普遍倡导为贫困学子提供免费用餐或低价用餐的重要原因[①]。值得关注的是，对于贫困家庭子女，教育生理保障本身与家庭生理保障不可分割。在部分情况下，贫困家庭的家长通过采取子女提前参与工作的方式，获取家庭生理保障，由此影响贫困生接受教育，这也构成教育精准扶贫中通过提供生活补助补偿学生所谓"误工费"的重要理由。

二是教育安全保障。这要求学生在获取教育的过程中享有安全的保障，包括安全的交通、稳固的校舍、安全的校园环境等。在食宿供给的特殊情况之下，也要求食品的安全卫生、宿舍的环境整洁与良好管理，由此保障教育贫困地区或贫困家庭子女享有安全的受教育环境。

三是教育社交保障。即要求获取教育过程中，学生可以进行良好的社交，一方面满足其社交需求，另一方面培养其社交能力，因为社交能力本身构成个人发展能力的一部分。这就需要保证对学生获取教育过程中班级生额不得过小。显然，这个要求在部分情况下又与教育安全保障和教育机会本身相冲突（这在散居地区或生源流失的欠发达地区尤为明显），但食宿条件的供给与校车的保障无疑又能为此提供解决的途径。

---

① 郑新蓉等：《学生营养餐国外怎么吃》，《中国教育报》2011 年 6 月 7 日第 3 版。

四是教育尊重保障。按照马斯洛的解读，尊重包括自尊和对他人的尊重。前者是对力量、成就、充分、信心和独立自由的渴望，后者则是对他人的认可、关注与欣赏。这要求获取教育过程中，被精准扶助对象的自尊受到充分尊重，而不受人身攻击、精神施压、语言暴力等现象，从而实现良性的教育精准扶贫，也符合"扶贫要扶志"的目的与要求。相反地，倘若这些需求得到挫败，被扶助者则会产生自卑、软弱和无助的感觉。[①]

五是教育自我实现保障。体现为人的发展权，或教育公平本身。教育精准扶贫的功能在于为经济困难学生提供接受教育的机会，使其掌握"可行能力"[②]，获得能动性的自由，做主观意愿上想完成的事，而不受原生成长环境的影响，进而实现其作为人的发展权。而从个人的角度，其内在存在"渴望变得越来越像一个人"[③] 的"自我实现"的需求，因而教育自我实现保障实际上是为其提供强化可行能力的良好环境。在财政性教育精准扶贫的特定场景之下，该保障既是财政性教育精准扶贫支出的综合性目标，也是财政性教育精准扶贫支出价值绩效的最终体现。

二　检验方法

在总的方法论上，财政性教育精准扶贫价值目标检验采用定性研究[④]的方法，主要采取实地研究（深度访谈与问卷调查）的方式，除利用访谈法与问卷调查法以外，也参考已有的文本材料（政策文件与总结报告），从而多方位地利用已有材料与可及信息进行佐证分析。

（一）深度访谈

访谈的对象主要为参与财政性教育精准扶贫过程的教师、学生、家长、扶贫干部等。访谈主要围绕价值目标达成展开，包括：教育精准扶贫过程中，如何推进教育"五大需求"的保障？保障效果如何？贫困学生及其家庭的反馈如何？等等。具体来说，访谈的过程主要包括以下几个步骤。

首先，对财政性教育精准扶贫政策近几年的最新文件和阶段性报告

① Maslow, A. H., "A Theory of Human Motivation", *Psychological Review*, No. 50, 1943, pp. 370-396.

② 参考阿马蒂亚·森的"可行能力论"。

③ Maslow, A. H., "A Theory of Human Motivation", *Psychological Review*, No. 50, 1943, pp. 370-396.

④ 风笑天：《定性研究概念与类型的探讨》，《社会科学辑刊》2017 年第 3 期。

进行系统性的梳理与了解（第四章中已有相应的梳理），进而对已有财政性教育精准扶贫政策及其执行的方式与效果有初步的认识，并结合教育精准扶贫绩效目标拟定访谈提纲。其次，根据实际需要与条件分别对教师（主要为班主任和校领导）、教育精准扶贫干部、被补助家庭家长、被补助学生和一般公众等群体进行一对多或一对一的访谈，访谈过程中鼓励不同主体就教育精准扶贫绩效表达观点和意见。同时，逐步在访谈中发现不同主体的立场、观点、焦虑及主体间在价值上存在的矛盾与冲突，并逐步将访谈聚焦到主要的争议之上，就问题与矛盾的形成与可能的走向等关键问题进行进一步的深访，进而获得对财政性教育精准扶贫绩效的初始判断。再次，采用问卷调查的方式，对特定人群对教育精准扶贫的主观感知进行针对性的了解，并采用描述统计的方式直观呈现（包括总体情况与特殊个体情况），从而深化对该类利益相关主体具体主张、立场及具体处境的认识。进一步地，通过对价值绩效影响因素的回归分析，将明确影响被补助对象及扶贫干部价值认知与价值选择的关键因素，作为价值绩效检验结果的参考。最后，就现有价值绩效的形成进行归因分析，从而实现对价值绩效检验结果的深层次的认识。

值得注意的是，尽管在实际的操作中，由于评价者介入而产生所谓的"霍桑效应"[①]，其对评价对象表现产生的影响往往很难避免。但是，为尽可能实现检验的科学性与准确性，仍有必要保证评价是在自然环境而非实验环境下开展，从而在最大限度上保证评价的真实无偏。同样基于此种考虑，在开展访谈的过程中，应适时采用一对一的形式进行深访，确保被访谈对象不受被访环境的影响，进而实现其"愿意说""敢于说""说真话"和"说实话"。

（二）问卷调查

问卷调查的目的在于用量化的方式对不同利益相关主体（以群体的形式）在教育精准扶贫中所持立场与价值主张进行呈现。同时，借助问卷调查所获取的有关数据，用于进一步的回归分析，进而探索价值形成过程与主体价值冲突等更深层次的问题。本章中，问卷调查主要针对扶贫干部与被扶助家庭（基于学生教育精准扶贫补助的申请大多通过家长实现），这两种主体是财政性教育精准扶贫中的关键主体，对其展开问卷

---

① 当人们在意识到自己正在被关注或者观察的时候，刻意改变行为或者是言语表达的效应。

调查，有助于呈现价值目标的实现程度。问卷的内容主要包括主体基本背景、对观点主张的感知及对政策执行情况的满意度等。

第二节　深度访谈结果

从财政性教育精准扶贫五大价值目标进行检验，结果显示，教育精准扶贫补助为贫困生提供了广覆盖的教育生理保障与自我实现保障，但教育需求保障难以精准，该情况在五大教育需求问题上均有所体现，从而影响教育精准扶贫效果。

一　教育扶贫补助广覆盖下成效明显

首先是教育生理保障。一方面，免费午餐的推行有效减轻了贫困家庭的负担，对辍学率的降低发挥了重要的作用。Y 市一名扶贫干部提道：

……都知道孩子上学很重要，但是以前让这些贫困户把孩子送去上学，他们觉得路程很远，又得专门做饭拿去学校，不然小孩跑这么远回家吃顿饭比较麻烦，有些就干脆不上学了……现在午餐免费了，直接在学校那边吃，省钱省事，他们就愿意了。

另一方面，生活补助的发放也有效减少了贫困家庭中童工的现象，有助于保障贫困家庭中小学生教育质量的提高。C 市一名扶贫干部认为：

以前这些（贫困户的）小孩平时都要帮父母做做零工赚钱，现在给他们发生活补助，相当于"误工费"，孩子就有空余的时间来读书，不用边上学边打工，当然各个家庭可能情况不一样。但是总体有作用。

事实上，根据 W 市一名中学老师的描述，尽管高中阶段尚未实现免费，但对于一名普通的高中贫困生，除建档立卡和精准扶贫的补助之外，还可以享受国家助学金，另外也可以申报宋庆龄奖学金等其他助学金，而学校也提供另外的生活补助。具体地，补助采取"就高不就低"的原则，由贫困生自己申请，不下达指标数量。

其次是教育自我实现保障。从省扶贫部门了解的情况及实地考察的情况来看，近年来广东省教育精准扶贫的效果良好，贫困户子女完成学业并就业后，大多能即时实现贫困户脱贫，但前提在于贫困户子女获得良好工作机会并取得一定经济收入，这有赖于其接受教育阶段自身能力的提升效果。

最后是教育安全、教育社交与教育尊重等方面保障，则主要通过常规性的教育经费投入进行完善，并未体现明显的教育扶贫特征。

二　学生教育需求保障难精准

（一）教育生理保障：基本生活保障缺位下失学辍学难避免

基本生活难以得到保障是部分欠发达地区师生关注的焦点，体现在补助过低、瞄准失败和补助到位不及时三方面。

首先，补助过低尤其表现在学前教育。就目前而言，学前教育尚未纳入义务教育的范围，因此学前教育的开支仍需要家庭负担。针对这一情况，地方与基层的层面已经启动面向贫困家庭的补助，但其补助标准尚未覆盖所有开支。对此，S市一名幼儿园教师提到：

> 比如我们幼儿园，一学期收费一千多两千元，市里面下拨给贫困生500元生活补助，自己需要再交几百块……

其次，贫困户瞄准效果不佳而引发的"应补未补"也导致学生基本生活无法得到保障。W市一名幼儿园教师针对该问题进行叙述：

> 对贫困生的识别，起初由老师通过家访识别……后来提出要开贫困证明才能申请，但有些贫困的学生没办法提供贫困证明……

最后，值得引起注意的是，补助到位不及时导致的基本生活保障缺位在补助发放中也比较突出。以2018年发放的助学补助为例，截至考察组最后一次实地考察（2018年11月），仍有师生反馈教育精准扶贫补助未到位的现象。

（二）教育安全保障：布局调整下的安全问题

从广东欠发达地区农村整体的情况来看，普遍存在"空心化"的趋势，也普遍存在生源向城镇与市区流失的情况，这也直接导致2000年以来近20年的农村中小学的布局调整。"撤点并校"的布局调整固然有助于提高优质教学资源的聚集，从而提高教学质量，但是在部分情况下，也会引发长途交通中学生的人身安全隐患。Y市一名扶贫干部描述道：

> 一方面山路弯弯曲曲，路途远，有些学生上学骑车很快，就容易发生交通事故；另一方面个别学生家里属于散居的（村民），上小学很远，然后没有住宿，要走很远。特别是到了冬天，天还没亮就要出发，走一两个钟山路上学，拿个火把，人身安全也成问题。要不是真正来过这里，谁能想象在广东一个小学生天还没亮就要拿着火把出门上学。父母就会担心小孩被拐走。

校车接送固然是可供选择的解决路径，但对于"吃饭财政"的欠发达地区而言，因为校车供给而增加的财政支出，本身也是难以负担的。在这种情况下，尽管早在 2015 年广东已出台《广东省实施〈校车安全管理条例〉办法》，并要求"保障接受义务教育的学生获得校车服务"①，但从欠发达地区的实际而言，很多学校出于财力不足的考虑，仍不敢轻易开这个"口"。②

另外，散居户子女（该情况主要出现在山区）的总人数较少，如果一味强调校车配套，本身也存在财政浪费的潜在问题，这对于欠发达地区吃紧的财政状况而言是绝对不允许出现的。Y 市扶贫干部补充道：

（散居户子女）这样的学生很少，每年都有几个，但仅是个例，专门为他们提供校车成本太高。我听说有一个学生是这样处理，寄住在学校，专门给他腾一个床位出来，全校就他一个人和学校保安住宿。

尽管个别散居户的子女就学的安全问题得到了妥善解决，但是从政策实施的角度，该种情况是否应有统一的解决措施而尽可能不增加该家庭的经济负担？目前则仍未见到相关的文件和统一的解决措施。

除此之外，各地区开展的教育精准扶贫中，在推进标准化建设过程中，塑胶跑道建设的质量安全、阶段性集中化开展校舍建设下的校舍质量安全、个别老旧校舍因为缺少维修经费而导致安全问题等问题，也都是扶贫干部所担忧而现实存在的安全隐患。

（三）教育社交保障："空心化"下的小班额教育与不善社交的贫困生

"空心化"的乡村现状也带来超小班额的问题。在意识到"撤点并校"所带来的种种弊端之后，近年来，国内开始就基础教育阶段开展标准化建设，此举增加了乡村范围内大量的教学点，但又同时带来超小班额和校舍浪费的矛盾，超小班额即涉及教育社交保障不足的问题。Z 市一名扶贫干部描述道：

开展教育的标准化建设之后，就学困难的问题是解决了，但是现在

---

① 原文为："对确实难以保障就近入学，并且公共交通不能满足学生上下学需要的农村地区，县级以上人民政府应当采取措施，保障接受义务教育的学生获得校车服务。"

② 《广东省实施〈校车安全管理条例〉办法》要求"建立省、地级以上市、县三级财政校车专项补助制度，根据国家有关规定建立校车服务财政资助制度，落实校车服务所需财政资金由中央财政、地方财政分担的政策"。

学校里没几个学生。我们这里有些教学点把校长算进去就不到十个人，有些地方的校长也直接兼几门课，一个人把课全上了。有些教学点就两三个老师，学生就不多。这么漂亮的学校里就没几个人。师生比是符合教育标准化的建设要求，但是你说这教学质量吧，就不好说。班里面没几个学生，本身家里条件又都不好，学习氛围也不好。

这是就班额过小，学生间互动过于频繁（或缺少互动）而缺乏约束（或缺少社交），师生间互动也不一定得到满足，导致难以形成良性互动机制，从而不利于良好学习氛围形成而言的。

另外，在学生正常的社会交往能力上。针对教育精准扶贫学生，一名小学老师表示了担忧：

贫困生比起其他学生，要么明显很好动，要么明显很安静……

陈海燕在其对教学点撤并影响开展的研究中发现，撤并之后教学点小学生与同学有了更深一层的交往。一名11岁的女学生表示：

在村里的小学时，下课就各自回家了，而且村里的小学同学也比较少，一般和同学在一起的时间比较少。现在可不一样，现在我的朋友有一个村里的也有隔壁村的……我们除了上课在一起，下课了吃饭、洗衣服、睡觉都在一起。①

可以看出，贫困生在教学点超小班额的条件之下学习，其正常社交难以得到有效的保障，这在一定程度上影响其正常社交的能力，妨碍其作为个体的社会化过程。当然，这种正常社交的能力在某种情况下可能是由于其所处贫困环境所导致，但总体而言，小班额教学管理条件之下，贫困生（基于目前教学点多为贫困生的现状做出的推断）正常社交的需求很难说得到充分的保障，由此也不利于其社交能力的培养。

或是出于教学资源的集约利用，或是由于意识到了学生教育社交保障问题的严重性，部分地市或学校开始重新考虑并校撤点的方案。现场考察期间（2018年11月），S市一名中心小学校长提及近期开展的村小合并的听证会：

有些村小学生很少，少于50人。所以前阵子（市里面）决定在我们学校这里划一块地，用来建校舍。我们就几个村小合并组织召开了听证会，召集家长过来讨论。但是有些家长图方便，不愿意撤掉教学点。到

---

① 陈海燕：《农村小学撤并对儿童社会化的影响研究》，硕士学位论文，广西大学，2012年。

时再商量看看有什么解决的办法。

（四）教育尊重保障：拒绝扶助与"贫困无奈"

在财政性教育精准扶贫实施的过程中，贫困学生或其家长出于自尊心的缘故，或出现拒绝扶助的现象，或表现出"贫困无奈"。

首先是拒绝扶助。在财政性教育精准扶贫过程中，拒绝扶助成为各地推进教育脱贫的主要难题，这一问题又可细分为"显性的拒绝扶助"和"潜在的拒绝扶助"。

针对"显性的拒绝扶助"，即可知的教育贫困户拒绝申请或领取教育精准扶贫补助。C市一位扶贫干部讲道：

> 有些人我们都知道他是贫困户，所有人都觉得他是贫困户，也知道他孩子需要这笔补助，但他就是拒绝申请补助，死都不想当"贫困户"，怕被人看不起。（摇头）没办法……主要是怕孩子在学校被人看不起（无奈）。

在此种情况下，尽管当地教育精准扶贫干部花费大量功夫对该类贫困户做思想工作，但 2017 年该市 3955 名应享受教育精准扶贫补助的学生中，仍有 3 名学生未提交申请（均为家长要求放弃）。这属于可知的、可统计的教育贫困人口。

另外，"潜在的拒绝扶助"，则特指潜在的教育贫困人口，表现为表面不贫困而实则经济贫困的教育贫困，也称其为所谓的"隐形教育贫困"人口。该类家庭中的贫困学生尽管不面临辍学的风险，但其教育也得不到完全的保障。S市的另一位扶贫干部补充道：

> 有些人你还不知道他穷……主要是爱面子，自尊心也比较强，担心申请了补助，会一辈子被贴上"穷"的标签……解决的办法呢，就平时打打零工咯，小孩子也一起帮忙，那不就影响学习了。看上去没有辍学，但是实际上教育得不到保障。现在上学又都是不留级的，成绩就很差很差……这些也是真正需要我们去关注的。

W市一名小学教师也证实了该情况的存在：

> 有些学生会觉得这种补助要公示很害羞，就不申请了……

其次是"贫困无奈"。具体表现为，接受教育精准扶贫的贫困户在多次接受检查（或"考察"或"调研"）中，因贫困身份得到强化而感到挫败。J市一名驻村干部解释道：

> 各种各样的检查组，今天走了一组，明天又来一组。这些邻近的贫

困户，有的走访了好多趟，人家都不想领补助了。你说你当个贫困户，经常一大帮人去你家，村子里发生点什么事大家都知道，这样以后怎么在村子里立足。有些人他不申请，你也不怪他们不申请。人家会贴标签的。

现场考察阶段对该村一贫困户开展了短暂的访谈。[①] 该贫困户年收入为 5 万元，男主人有残疾，女主人身患骨癌，三位女儿均分别就读于小学、初中和本科阶段。以下是接受现场访谈的对话（基于简单的问候与解释说明之后）。

访谈者：你感觉拿这些教育补助和医疗补助对家庭帮助大吗？

女主人（笑容客气但勉强）：拿这些补助对我们帮助很大。

访谈者：有没有觉得哪方面还可以再改进？

女主人（声音更小，眼眶泛泪）：没有，很好。

现场考察过程中，有 3 户贫困户的访谈均因此中断。细究这种现象，可能与访谈形式本身对扶贫项目的适用性有关，而结合驻村干部事先对教育精准扶贫被补助对象受访次数的情况说明却并非如此。综合多种因素来看，该现象的出现，一方面，反映出贫困户在教育精准扶贫过程中被重复入户的无奈；另一方面，结合现场另一户贫困户与访谈者尚未开展对话即开始哭泣的现象，也反映贫困户身处"教育精准扶贫"大背景中因"贫困户"的身份备受关注的挫败感。针对这种情况，张绍英的研究也曾有所反映。她对宁德一中接受资助的 400 名贫困生的抗挫折心理进行调查，她发现贫困生的自卑心理、沮丧心理和狭隘心理在学生中尤为突出，大多心理脆弱而且敏感，自尊心又特别强。[②]

（五）教育自我实现保障：难以"扶志"

与受教育后就业脱贫、贫困户家长与学生拒绝贫困和产生"贫困无奈"等形成对比，部分贫困户家长与学生却存在贫困光荣或补助依赖的心态，且该现象在传统经济区域划分之下的欠发达地区尤为明显。这个发现在某种程度上也与现有的研究相印证。江淑斌等曾对精准扶贫贫困户的心理感受与脱贫动力进行研究，他们发现，贫困程度浅的贫困户心理感受主要是自尊心受伤，但基本都具有努力脱贫的信心，但是贫困程

---

① 访谈者由一名驻村干部带领入户。

② 张绍英：《教育精准扶贫更应在心理扶贫上下功夫——宁德一中心理扶贫的若干探索》，《福建基础教育研究》2017 年第 11 期。

度深的贫困户则明显出现依赖政府帮扶的现象。[①] 主要体现为争抢补助、补助依赖的"懒汉"思维和不思进取的"差生"表现。比如 C 市一名扶贫办干部提道：

> 有几个贫困户，村里给他们推荐环卫工的工作机会，但他们始终不愿意好好干，还是存在依赖的心理……

从全省范围来看，各地贫困户或多或少均存在内生动力不足的现象，粗略估计该群体的规模，约占所有贫困户的 25%，其中多为深度贫困家庭。另外，贫困学生中也普遍存在学习成绩差、无心向学、缺乏引导的情况。比如 W 市一名中学老师指出，部分家庭经济条件确实很困难的学生，领取补助之后并没有表现出学习积极性。

第三节　满意度测量及分析

以上定性化的价值目标检验将财政性教育精准扶贫中的基本表现与不足进行了直观的描述，但尚未将相关利益者的整体意见表达出来，故而无法真正体现"人民满意"的检验。有鉴于此，以下以广东财政性教育精准扶贫补助发放为例，对普通师生与家长、扶贫干部及贫困户的满意度进行呈现。[②]

一　普通师生与家长的满意度

针对学校教职人员廉洁纪律的满意度，不同人群的整体得分相对较高，但仍有部分被访对象呈现低满意度的情况。其中，教师对学校教职人员廉洁纪律的认可度最高（9.64 分），家长次之（为 9.01 分，其中职业为"农民"的家长为 9.05 分），学生的认可度则最低（8.24 分）。与此同时，职业为"农民"的家长对学校教职人员廉洁程度的满意程度与其他家长不存在明显差异。针对学校履行领导管理职责的满意度，其整体得分特征与"学校教职人员廉洁满意度"相似，但教师打分整体略低。

---

① 江淑斌、王敏和马玲玲：《精准扶贫下建档立卡对贫困户心理感受与脱贫动力的影响研究》，《商学研究》2017 年第 4 期。
② 数据来源：2018 年 11 月，华南理工大学政府绩效评价中心通过网络问卷调查方式对 S 市 617 所公办学校开展社会满意度普查，利用技术手段限制一个 IP 只能填写一票。网络普查回收有效问卷为 58928 份，其中，教师问卷 12044 份、家长问卷 35427 份、学生问卷 11457 份。

其中，教师得分相对较高（9.37 分），家长次之（为 9.04 分，其中职业为"农民"的家长为 9.04 分），学生评价最低（8.31 分）。同样地，家长满意度与职业为"农民"的家长满意度无明显差异（见表 6-1）。

表 6-1　　　　不同身份人群对学校教职人员廉洁程度及学校履行
领导管理职责的满意度　　　　　　　　　　　%

对学校教职人员廉洁程度的满意度（十分制）	教师	学生	家长	职业为"农民"的家长	对学校履行领导管理职责的满意度（十分制）	教师	学生	家长	职业为"农民"的家长
10	83.80	53.40	72.00	73.00	10	73.30	54.70	70.50	71.60
9	8.40	10.60	8.30	7.70	9	12.00	10.80	9.50	8.90
8	4.20	10.00	7.60	7.20	8	7.20	9.30	8.00	7.40
7	1.20	5.60	2.40	2.40	7	2.50	5.60	2.80	2.60
6	0.70	3.90	2.00	2.00	6	1.70	4.00	1.90	2.00
5	0.70	7.80	2.70	2.80	5	1.50	7.10	2.80	2.80
4	0.10	1.50	0.60	0.70	4	0.30	1.80	0.60	0.60
3	0.10	1.30	0.30	0.30	3	0.30	1.20	0.40	0.40
2	0.10	0.80	0.20	0.30	2	0.30	0.80	0.20	0.20
1	0.20	1.00	0.30	0.30	1	0.50	1.10	0.40	0.40
不了解	0.50	4.00	3.40	3.40	不了解	0.50	3.70	2.90	3.00
加权平均值	9.64	8.24	9.01	9.05	加权平均值	9.37	8.31	9.04	9.04

资料来源：笔者自制。数据源于华南理工大学政府绩效评价中心于 2018 年开展的 S 市公办学校社会满意度调查。

针对财政性教育精准扶贫的态度，对教师、学生及家长的意见进行分类统计，结果显示：约五成到七成的公众认为财政性教育精准扶贫"很满意，没有问题"，整体对政策的感知满意度偏低。这一点在学生中体现得尤为明显，仅 58.40% 的学生认为财政性教育精准扶贫没有问题（见表 6-2、图 6-1）。与此同时，可以看出，非困难学生获补与困难学生不愿意申请补助的情况较为突出，超过一成的学生认为非困难学生获得了财政性教育精准扶贫补助，近一成的师生与家长认可"困难学生不愿意申请补助"。除此之外，"困难学生未获得补助""补助覆盖面窄""补助发放不及时""补助作用不大"等也是普遍反映的问题。

表 6-2　　　　　　不同身份人群对财政性教育精准扶贫的态度　　　　单位：%

对财政性教育精准扶贫的态度	教师占比	学生占比	家长占比	职业为"农民"的家长占比
1. 很满意，没有问题	75.70	58.40	60.00	62.20
2. 非困难学生获得补助	4.50	13.40	6.10	6.50
3. 困难学生未获得补助	4.50	11.30	6.00	6.20
4. 补助遭挪用	0.30	2.30	1.20	0.90
5. 冒领补助	0.40	3.20	1.30	1.00
6. 困难学生不愿意申请补助	13.30	11.60	9.30	8.20
7. 补助发放不及时	3.10	4.40	2.30	1.70
8. 补助发放不公平	1.00	3.30	1.70	1.70
9. 补助作用不大	5.60	5.30	3.50	3.30
10. 教育扶贫覆盖面太窄	17.00	7.60	9.40	8.90
11. 其他	2.30	6.40	4.30	3.40

资料来源：笔者自制。数据源于华南理工大学政府绩效评价中心于 2018 年开展的 S 市公办学校社会满意度调查。

二　贫困户与扶贫干部的满意度

总结贫困户对当前教育精准扶贫的满意度（十分制），主要分为三种：10 分（85.94%）、9 分（7.03%）和 7 分（0.78%）。可以看出，绝大多数贫困户对当前教育精准扶贫的效果仍持肯定的意见，仍有部分贫困户认为当前教育精准扶贫有待改进，这与上文中师生与家长满意度基本一致（见图 6-2）。反观教育扶贫干部的反馈，也从侧面印证了这一点。从教育精准扶贫干部的满意度（十分制）看，有 70.00% 的扶贫干部为教育精准扶贫打满分，20.00% 的扶贫干部满意度为 9 分，5.00% 的扶贫干部满意度为 8 分，5.00% 的扶贫干部满意度为 7 分（见图 6-3）。

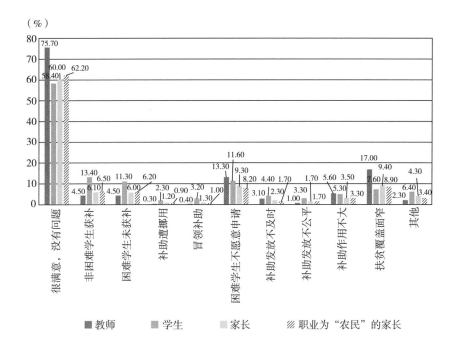

图 6-1　不同身份人群对财政性教育精准扶贫的态度

资料来源：笔者自制。数据源于华南理工大学政府绩效评价中心于 2018 年开展的 S 市公办学校社会满意度调查。

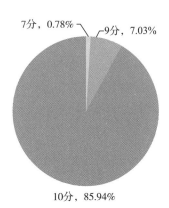

图 6-2　贫困户对当前教育精准扶贫的满意度

资料来源：笔者自制。数据源于华南理工大学政府绩效评价中心于 2018 年开展的广东省内财政性教育精准扶贫绩效评价。

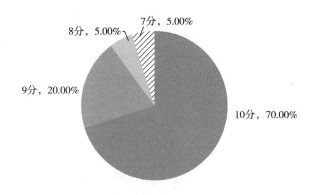

图6-3 扶贫干部对当前教育精准扶贫的满意度

资料来源：笔者自制。数据源于华南理工大学政府绩效评价中心于2018年开展的广东省内财政性教育精准扶贫绩效评价。

若从全省各地区教育满意度的角度进行考虑，则全省21个地市公众对当地教育整体发展均持"还可以""一般"的态度，而珠三角与粤东西北之间也不存在区域间明显的满意度差异（见图6-4）。基于珠三角与粤东西北之间教育发展程度的事实差异，这种现象或与满意度本身的主观性较强有关。①

从贫困户对当地近3年教育精准扶贫工作成效满意度看，80.47%的贫困户表示"改善很大"，13.28%表示"有所改善"，1.56%表示"变化不大"（见图6-5）。进一步对评价不高的样本做分析，结果表明这些贫困户主要集中于韶关市、揭阳市、云浮市、阳江市、潮州市、湛江市、揭阳市与肇庆市，在省内分布较为分散，意味着从全省来看各地市教育精准扶贫的效果相近，但绩效仍有待改善。相比之下，扶贫干部对教育精准扶贫工作的满意度明显较高，高达95.00%的扶贫干部认为教育精准扶贫状况"改善很大"，另有5.00%扶贫干部认为"有所改善"（见图6-6）。这反映出教育精准扶贫干部对扶贫效果过于乐观，也反映出教育精准扶贫供给方与需求方在认知上的差异，验证了进一步提升教育精准扶贫效果的必要性。

---

① 该处数据来源于华南理工大学政府绩效评价中心2018年度广东省公众教育满意度评价。

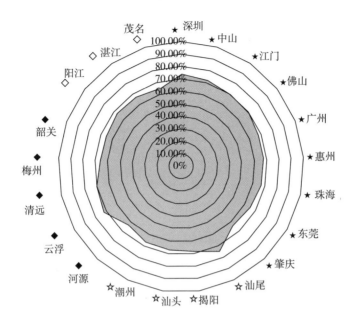

图 6-4 全省 21 个地市公众对当地教育发展的整体满意度

注：★表示珠三角；☆表示粤东；◇表示粤西；◆表示粤北。

资料来源：笔者自制。数据源于华南理工大学政府绩效评价中心于 2018 年开展的广东省内财政性教育精准扶贫绩效评价。

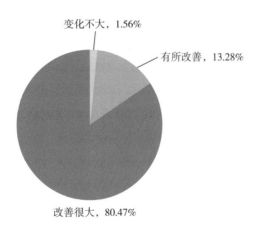

图 6-5 贫困户对当地近 3 年教育精准扶贫工作满意度

资料来源：笔者自制。数据源于华南理工大学政府绩效评价中心于 2018 年开展的广东省内财政性教育精准扶贫绩效评价。

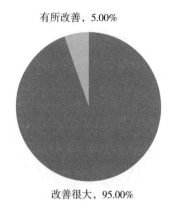

有所改善，5.00%

改善很大，95.00%

图 6-6　扶贫干部对当地近 3 年教育精准扶贫工作满意度

资料来源：笔者自制。数据源于华南理工大学政府绩效评价中心于 2018 年开展的广东省内财政性教育精准扶贫绩效评价。

三　财政性教育精准扶贫满意度的影响因素[1]

第四章对财政性教育精准扶贫政策的梳理过程，已总结出"人民满意"是当前"教育公平"的基本内涵，但上文价值目标检验中也反映出教育精准扶贫对象满意度不高的现实。那么，教育精准扶贫的满意度受何种因素影响？这些因素是否会影响到价值绩效检验的有效性？为解决这个问题，有必要了解财政性教育精准扶贫满意度的影响因素。

满意度是公众在对政府行为进行体验之后做出的评价，是公众感知状态的量化。[2] 在上文的呈现中，教师群体满意度明显比学生或家长更高，这与教师群体本身"既是运动员又是裁判员"的身份不无关系，"在自我欣赏、自我认同等心理因素和利益驱动下"[3]，其评价结果与学生感受存在差距。就财政性教育精准扶贫而言，其服务对象主要为被扶贫对象（贫困户家长及学生），其主要组织者则为扶贫干部。因此，此处针对这两个主要利益相关者，通过回归分析对财政性教育精准扶贫满意度的影响因素进行分析，以此作为提升财政性教育精准扶贫价值绩效的重要

---

　　① 2018 年 6—11 月，在广东省内回收有效满意度问卷共 583 份，其中扶贫对象 518 份（通过评价方入户调查与结构化访谈获得）、扶贫工作人员 65 份。

　　② 郑方辉和冯健鹏：《法治政府绩效评价》，新华出版社 2014 年版，第 221 页。

　　③ 郑方辉和陈佃慧：《论第三方评价政府绩效的独立性》，《广东行政学院学报》2010 年第 2 期。

参考。借鉴已有的关于教育精准扶贫或扶贫的满意度研究①，引入"身份背景"（年龄、家庭年收入等）和"政策执行"（政策宣传、补助标准等）两类自变量开展分析，而基于基层扶贫干部"填表填到手抽筋，签字签到人崩溃"②的现实工作负担与职业倦怠的普遍现象③，也引发扶贫干部主观认知对教育精准扶贫工作影响的可能性猜想。据此，针对教育精准扶贫干部满意度分析，引入"主观感知"作为因变量。

鉴于利益相关者身份背景（性别、户籍等）与其他客观情况多采取分类变量的方式或有序变量的方式（如年龄层）呈现，而主观感知（如对"教育精准扶贫是一件很有意义的事"的认同度）则采用定量变量的方式，不同变量测量尺度有所差异，因而此处采用最优尺度回归分析法，以不同主体财政性教育精准扶贫绩效满意度作为因变量进行分析。

（一）扶助对象满意度影响因素分析结果

回归结果如表6-3所示，回归模型显著性为0.00，非常显著，模型具有统计学意义。至于各个变量，除了扶持力度变量（显著性为0.01）与户籍变量（显著性为0.10），其余变量（包括身份变量、性别变量等）所对应的显著性结果均大于0.1，没有统计学意义。进一步地，对该两个变量的重要性和容差值进行检验。其中，户籍变量的重要性较弱（0.00），但容差值较大（0.85），多重共线性检验容忍；扶持力度变量对应的重要性（0.96）与容差值均较大（0.88），多重共线性检验呈容忍结果。由此可见，扶持力度对于被扶助对象满意度的影响起主要作用，而鉴于本书中扶持力度采用主观性感知的方式测量，该结果说明被扶助对象的满意度取决于被访者对于扶持力度的主观感知；户籍在一定程度上会影响到被扶助对象的满意度，且外地户籍满意度更高，但该变量影响有限。

---

① 刘裕和王璇：《贫困地区贫困人口对精准扶贫满意度及影响因素实证研究》，《经济问题》2018年第8期。张孝存和胡文科：《洛南县贫困户对扶贫政策的满意度及影响因素分析》，《辽宁农业科学》2018年第5期。

② 汤华臻：《有没有根治形式主义的验方》，《北京日报》，http://www.xinhuanet.com//comments/2017-07/28/c_1121393009.htm，2019年2月18日。

③ 根据王亚华等的研究，高达75.98%的扶贫干部在扶贫工作中感到身心极度疲惫。参见王亚华和舒全峰《脱贫攻坚中的基层干部职业倦怠：现象、成因与对策》，《国家行政学院学报》2018年第3期。

表 6-3 身份背景及政策执行指标最优尺度回归分析结果
（教育精准扶贫对象）

指标	身份背景						政策执行					
	城市	身份	性别	年龄	户籍	年收入	政策宣传	扶贫资格认定	扶贫干部服务	补贴标准	补助发放及时性	扶持力度
标准回归系数	0.05	0.06	0.06	0.06	0.10	0.09	−0.00	−0.08	0.20	−0.14	0.10	0.92
Sig.	0.71	0.34	0.27	0.54	0.10	0.18	0.97	0.68	0.30	0.43	0.49	0.01
偏相关	0.14	0.16	0.16	0.15	0.26	0.24	−0.01	−0.14	0.26	−0.17	0.14	0.93
重要性	0.01	0.00	0.00	0.00	0.00	−0.00	−0.00	−0.03	0.08	−0.05	0.03	0.95
转换后容差	0.91	0.88	0.91	0.89	0.85	0.90	0.32	0.36	0.19	0.19	0.23	0.87

注：因变量为财政性教育精准扶贫绩效满意度；修正后的可决系数为 0.87；P = 0.00，非常显著，模型具有统计学意义。

资料来源：笔者自制。数据源于华南理工大学政府绩效评价中心于 2018 年开展的广东省内财政性教育精准扶贫绩效评价。

（二）扶贫干部满意度影响因素分析结果

回归结果如表 6-4 所示，回归模型显著性为 0.00，非常显著，模型具有统计学意义。从各变量看，仅教育精准扶贫干部的身份变量（显著性为 0.00）和补助发放的及时性变量（显著性为 0.09）与财政性教育精准扶贫绩效满意度变量呈现显著相关，其余变量（包括城市变量、性别变量、户籍变量等）所对应的显著性结果均大于 0.10，不具统计学意义。进一步地，身份变量重要性相对较小（0.01），但转换后容差（0.71）相对较大，多重共线性容忍；补助发放及时性变量重要性相对较大（0.19），转换后容差（0.43）呈现多重共线性容忍；同时，越低层级的教育精准扶贫干部，其对于财政性教育精准扶贫绩效的满意度越高，这或与满意度本身属于干部自评有关。由此可见，补助发放及时性与扶贫干部身份①是影响教育精准扶贫干部满意度的主要因素。

——————————

① 其中，扶贫干部身份主要包括资金主管部门工作人员、教育部门工作人员、镇村干部、对口帮扶干部和其他干部。

表 6-4　　　　身份背景及政策执行指标最优尺度回归分析结果
（扶贫干部）

指标	身份背景						主观感受			政策执行						
	城市	身份	性别	年龄	户籍	参与扶贫时长	有意义	能带来晋升机会	考核压力大	整体规划	对象确认	工作推进	管理制度	上级监督	补助标准	补助发放及时性
标准回归系数	-0.04	0.14	0.06	-0.11	0.04	0.02	-0.04	0.05	-0.00	-0.25	-0.04	0.27	0.24	-0.13	0.10	0.22
Sig.	0.82	0.00	0.36	0.36	0.41	0.76	0.71	0.40	0.94	0.18	0.72	0.17	0.23	0.38	0.66	0.09
偏相关	-0.07	0.19	0.09	-0.15	0.06	0.04	-0.05	0.08	-0.01	0.20	-0.04	0.17	0.16	-0.12	0.08	0.24
重要性	0.00	0.01	0.01	0.01	0.00	0.00	-0.02	0.01	-0.00	0.27	-0.04	0.30	0.27	-0.11	0.09	0.19
转换后容差	0.95	0.71	0.81	0.72	0.67	0.85	0.68	0.83	0.81	0.23	0.33	0.14	0.15	0.33	0.24	0.43

注：因变量为财政性教育精准扶贫绩效满意度；修正后的可决系数为 0.601；$P = 0.000$，非常显著，模型具有统计学意义。

资料来源：笔者自制。数据源于华南理工大学政府绩效评价中心于 2018 年开展的广东省内财政性教育精准扶贫绩效评价。

第四节　价值目标实现偏差的直接原因

　　财政性教育精准扶贫中出现教育需求保障的不足与整体满意度不高的问题，其直接原因主要为五个方面：教育精准扶贫经费投入不足、教育精准扶贫对象强自尊与扶贫干部阶段性考核间的矛盾、教育精准扶贫补助化、扶贫信息管理条块化与系统维护不足、农村生源流失给农村教育规划与保障带来挑战等。

　　一　教育经费投入不足导致教育需求难保障

　　尽管从表面上看，已有的教育扶贫资助体系基本覆盖了自学前教育至本科教育各个阶段（包括职业教育），可以说，贫困学生在就读与接受教育上并不存在较大的阻碍。但是投入不意味着绩效，与全覆盖的教育精准扶贫体系形成鲜明对比，该体系并未真正实现教育资源的供需平衡，而是出现供不应求的窘境，导致贫困户对教育精准扶贫支出效果满意度却并不理想，而学前教育补助过低只是其中一个方面。此外，对职业学校贫困学生进行补助而不对本科学校学生进行补助也引起争议。广东省内贫困户、扶贫干部及师生的问卷调查结果就是例证。[①] 调查结果也表明，贫困户普遍认为教育给家庭带来的负担较大。以广东省内家庭年收入2万元以下的贫困户为例，超过一半的贫困户认为教育"负担很重"（25.10%）或"负担比较重"（29.80%），30.98%的贫困户认为"有一些负担"，仅7.45%认为"没什么负担"（见图6-7）。在开放式问题的回应中，被补助贫困学生普遍反映"困难学生的补助只有几百元意义不大"或"生活消费高，扶贫资金作用显得很小"等。[②] 这种情况的出现固然与个别地方教育精准扶贫补助未及时发放有关，但从当前九年义务教育与"两免一补"等全方位的助学政策来看，贫困户的此种反馈仍从一定程度上反映出财政性教育精准扶贫支出不足、标准过低的问题。

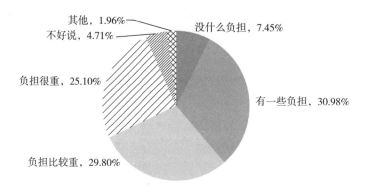

图6-7 家庭年收入2万元以下的群体对于教育负担的感知

资料来源：笔者自制。数据源于华南理工大学政府绩效评价中心于2018年开展的广东省内财政性教育精准扶贫绩效评价。

同时，贫困户与扶贫干部之间的认知差异反映财政性教育经费供不应求。针对"解决当地扶贫开发问题的最有效途径"（可选择两项），

---

① 该处数据基于华南理工大学政府绩效评价中心2018年度广东省公众教育满意度调查、2018年S市师生满意度调查、2018年广东省教育精准扶贫贫困户及扶贫干部满意度调查。

② 调查问卷中师生与家长的具体意见详见附录。

50%的贫困户认为"发展农业生产"是最有效的途径，"加大教育扶持力度"（39.84%）次之。同时，全省65名扶贫干部认为"实现就业再就业"（70.00%）、"发展农业生产"（50.00%）和"加大教育扶持力度"（35.00%）相比于"提高医疗保障待遇"（25.00%）更能解决当地扶贫开发问题。

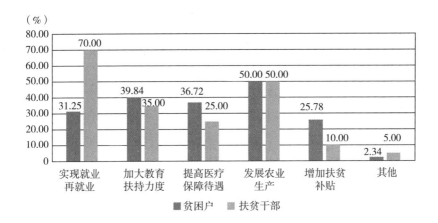

图6-8 贫困户与扶贫干部眼中解决当地扶贫开发问题的最有效的途径

资料来源：笔者自制。数据源于华南理工大学政府绩效评价中心于2018年开展的广东省内财政性教育精准扶贫绩效评价。

二 扶助对象强自尊与扶贫考核间矛盾导致低满意度

无论是"显性的拒绝扶助"，还是"潜在的拒绝扶助"，抑或匿名下的低满意度，教育尊重需求的不满足与个别扶贫户埋怨的背后，其实质是扶贫对象强自尊与扶贫干部脱贫考核压力之间的矛盾，这种矛盾的焦点又在于"贫穷标签强化"的教育精准扶贫程序，因教育精准扶贫过程中反复核查、走访与审计而被凸显。

研究者早已发现，被扶助对象"普遍具有强烈的自尊心"，"觉得申请救助会被人闲言闲语"[1]，并普遍渴望人际交往但具有人际关系敏感[2]

---

[1] 廖逸儿和杨爱平：《大学生医疗救助体系问题与对策探析——以广州大学生医疗救助体系为例》，《广东青年职业学院学报》2014年第1期。

[2] 孔宪福：《贫困大学生的心理困惑与心理援助策略——孟万金教授"积极心理健康教育"实践价值新探》，《中国特殊教育》2010年第9期。

的心理健康问题。在教育精准扶贫补助发放过程中，对于很多贫困生来讲，保证顺利就学并获得一定"可行能力"是他们摆脱贫困的主要出路，但同时申请补助是否会影响他们与同学正常交往是他们的重要顾虑；对于抗拒补助申请的贫困学生家长来讲，尽管家庭情况不足以支持子女顺利就学，但若是因为申请教育精准扶贫补助而让孩子贴上"贫困户子女"的标签，导致子女在人前信心受挫，他们对此更为担忧。对于教育扶贫干部来讲，尽管理解贫困户维护自尊的做法，也明白过分强调公开透明不利于维护贫困学生自尊心，但从公共财政支出程序合法合规性以及脱贫考核要求的角度，确保贫困学生获得教育精准扶贫补助是他们的职责所在。由此形成补助困境。C市R区扶贫办主任讲述了补助发放中进退两难的尴尬：

有些贫困户担心申请之后，孩子在学校会被看不起。但是我们要完成任务指标啊，让她一定要申请。这样的人还不是个例，有几个都是这样。我们感情上理解，但是大家还是要保证脱贫任务的实现。

三类主体间的多重矛盾与反复博弈，难免造就基层教育精准扶贫粗暴式的补助方式与低满意度的贫困户，在某种程度上也容易导致教育精准扶贫补助过程伤害贫困户与贫困学生的自尊与自信，故而造成财政性教育精准扶贫价值绩效的低效化与低满意度（见图6-9）。

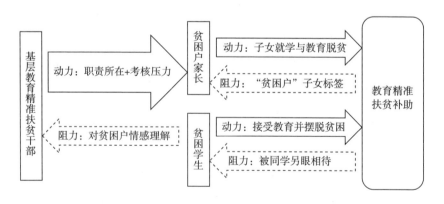

图6-9 教育精准扶贫中抗拒申请补助的贫困户与基层干部之间的多重矛盾
资料来源：笔者自制。

三　教育精准扶贫补助化导致教育扶贫效果不彰

国内外的扶贫经验显示，只有激发被扶贫对象的内生动力，让被扶贫对象参与扶贫过程中去，实现"授之以渔"，与政府共同抵抗贫困，战胜贫困的概率才显著增加，否则容易导致所谓的"懒汉"现象。但接受教育精准扶贫补助的学生多数为无劳动能力的学生，基层如何在发放补助的同时避免挫伤其内生动力或保持其自主脱贫的积极性呢？谭政华在研究过程中也提及该问题。他对贵阳市十所高职院校享受精准扶贫的大学生开展问卷调查并发现，仍有部分享受教育精准扶贫补助的学生存在功利、依赖等思想，部分学生则反馈高职院校资助方式比较单一，不利于帮助学生脱贫。① 一名基层干部也直指：教育帮扶在贫困户子女升学、求职等关键阶段所给予的针对性指引还不足。

"精准教育扶贫是解决扶贫难题的根本举措"，但精准教育扶贫在不同的学段呈现一定的周期性。② 在这种周期性之下，教育精准扶贫的过程注定是一场持久战，而解决内生动力不足的机制必须结合不同学段贫困学生的特点与需求。从已有的、可行的教育精准扶贫经验看，在对基础教育与初等教育学生提供教育补助的同时，点对点对其进行学习辅导、心理辅导与正向鼓励有助于为其营造良好的成长氛围，为其提供"爱的需求保障"，鼓励其通过自身努力带动家庭脱贫致富；至于高等教育学生，其关键需求在于获取更多的求职机会、提高就职概率。因此，除了为其提供学费减免与教育资助，有针对性地对部分学生提供一定的升学指导、就业培训和就业供需对接机会，不仅符合贫困学生的升学、求职和就业的实际需求，对于帮助贫困学生摆脱财政依赖的心态也尤为必要。但从多地的实践考察来看，基层干部仍普遍把教育精准扶贫简单地等同于发生活补助、免学杂费等，显然不利于贫困学生健康心理建设与积极价值观树立，也导致其内生动力不足、功利依赖心理等现象，影响财政性教育精准扶贫效果。

四　信息系统维护不足与管理条块化导致瞄准偏差

2016 年 10 月 25 日，广东省扶贫开发领导小组召开会议并开始筹划省扶贫云大数据库的建设，用于管理省内扶贫开发相关数据，方便全省

---

① 谭政华：《教育精准扶贫视域下大学生思想政治状况的调查与思考——基于对贵阳市部分高职院校教育精准扶贫学生的问卷调查》，《贵州广播电视大学学报》2018 年第 2 期。

② 张琦：《用教育精准扶贫"拔穷根"》，《人民论坛》2018 年第 22 期。

范围内进行扶贫数据监控、项目资金监控、示范村建设进度跟进、责任监控、东西扶贫协作情况与扶贫服务情况；2017年，"广东扶贫云"平台基本完工并正式投入使用（见图6-10）。在该平台之上，可以通过省、地市、区县、镇、村、户等多级定位，精确到建档立卡的贫困户，并将该贫困户相关的扶贫信息呈现出来，包括帮扶进展情况、"两不愁三保障一相当"落实情况，等等。① 从广东扶贫体系来看，大数据系统"广东扶贫云"为教育精准扶贫工作乃至整个扶贫工作的开展提供了技术支撑。

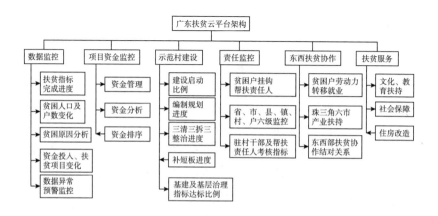

图6-10 广东扶贫云平台架构

资料来源：该图根据肖慧《以大数据云平台助力广东精准扶贫》制作。参见肖慧《以大数据云平台助力广东精准扶贫》，《亚太经济时报》2017年10月17日第6版。

而尽管在定位上，广东省扶贫办致力于推进"广东扶贫云"平台的透明化与开放化，以图"扶真贫、真扶贫"，并作为解决广东脱贫攻坚三年战役实施以来帮扶措施不够精准、不够完善、没有结合地方实际、缺乏持续发展的能力等问题的重要途径，但从本质上看，扶贫系统运行的效果绝非仅仅取决于技术层面能否提供保障或实现技术突破，更取决于部门之间职能分工与职能衔接的质量，而从基层实践来看，此两者效果均不佳。

首先是技术层面。根据驻村干部与村两委的反映，"广东扶贫云平

① 肖慧：《以大数据云平台助力广东精准扶贫》，《亚太经济时报》2017年10月17日第6版。

台"的系统时常出现无法登录、数据处理有误的问题，所以实际上平台上面的数据并无法做到实时更新，准确性也无法得到保证。J市H区D村对口帮扶的驻村干部表示：

每次登上去（系统）都很慢，有时数据上传到一半，突然就自动退出了。有时好不容易把数据录进去，导出来的时候数据就变了。

当然，系统运营与系统维护属于技术问题，本应是能够通过技术人员进行及时解决，也不应成为一个问题，但该系统投入各级扶贫部门使用的过程中，其体制性与非体制性问题也暴露出来：

我们有一个系统维护群，省里扶贫系统的维修专家都在里面。但是全省多少个村、多少个地市各级的干部都在里面提问，那些技术人员一开始还很热心回应，后来就不了了之了……

究其原因，系统维护资金投入的不足，直接影响系统运营人员与维修技术人员的积极性，进而令"广东扶贫云"平台的运行效果大打折扣。当然，扶贫部门对"广东扶贫云"平台跟进不足与使用者满意度监测不足也是"广东扶贫云"平台精准扶贫"失准"的重要原因。在多种因素叠加之下，平台数据的准确性与真实性值得商榷。

其次是职能分工与部门数据联网方面。2016—2017年广东省教育精准扶贫补助由扶贫部门牵头，但主要由教育部门负责执行，从补助对象识别到补助发放，均通过教育系统实现，扶贫部门在职能上仅负责数据统计与任务督促。而尽管扶贫办所开发的"广东扶贫云"基本覆盖贫困户相关的扶贫信息，但该系统与教育部门内部管理系统间却彼此独立，相关数据也不共享互通，部门间彼此成为"信息孤岛"，贫困户数据与教育系统数据难以对接。如此一来，尽管"广东扶贫云"对外宣称实时监控所有贫困户的所有贫困信息，但事实上，其信息与教育部门所掌握的完全程度并不一致。"广东扶贫云"中的教育精准扶贫信息仅仅局限于贫困户致贫归因为"因教致贫"的数据，除此之外，就读状态、学籍所在等各类学籍信息均未能在该系统获取。相比之下，教育部门系统对于学生个人信息、学籍信息、家庭情况等信息的掌握更为详尽。因此，扶贫部门仅能在"教育精准扶贫补助是否发放"以及"是否因教致贫"（对该问题的回应取决于扶贫干部主观认知）等问题上大致把握教育精准扶贫工作进度，教育精准扶贫事实上难以实现。反过来也是同理。由于扶贫部门的系统与教育部门的系统未能联网并实现数据共享与数据对接，教育系统无法在"广东扶贫云"上获取贫困学生家庭环境信息，为完成教育精准扶贫补助发放任务，只能从教育系统内部对学生贫困与否、是否建档立卡等信息进行核实，就造成教师家访、贫困材料审核、系统数据录入等体制内重复性的精准识别与精准管理过程，从某种程度上也增加了学校的行政工作量，造成不必要的体制性的损耗，又因重复性的贫困认证对贫困户及贫困生形成困扰，个别区县更因瞄准困难影响补助发放及时性，进而影响被扶助对象满意度。

五 农村生源流失给农村教育规划与保障带来挑战

生源流失分辍学和转学两种情况。[①] 从近 5 年来国内中小学生辍学情况[②]来看，针对个人的教育精准扶贫补助发挥了重要的作用，有效降低了中小学生的辍学率。但是与此同时，农村学校学生转学的情况十分普遍，农村生源减少问题比较突出。陕西一位乡村教师用其亲身经历形象地描述了近年来生源流失的情况。其所在小学 2008 年在校学生仍有 70 多人；到了 2010 年春季，学生人数不到 20 人；到了秋季，报名的学生不足 10 人；最终在学校安排下，所有学生统一转到学区，一所学校在短短两年人去楼空。[③] 而从区域发展均衡化的角度来看，学校生源流失恰恰反映出教育非均衡发展，这与教育公平的价值追求是相违背的。

追究生源流失的原因，城乡经济发展差距、区域发展差距一方面带来人口往城市与发达地区的聚集，另一方面也带来城市与农村、发达与欠发达地区之间财政投入能力差距，这是生源自然流失的原始动力。除此之外，全国范围内"示范学校"的建设，无疑强化了教育资源在所谓"示范学校"或"重点学校"的聚集，进一步加剧了农村生源的流失。

生源流失带来的影响并不仅局限于乡村教学点的撤并。由于撤并带来的农村教学条件与教学资源的浪费同县城和城区"学位难求""住宿难求"的资源紧张形成鲜明对比，本身又反映乡村教育资源的浪费与城镇教育资源紧缺的矛盾，实际上又暴露财政性教育经费支出低效的问题，主要体现为经费整体的结构性短缺。目前教育经费投入的争议在于，是

---

① 丁万录、肖建平和窦艳玲：《西北民族地区农村学校生源流失问题探析——以宁夏西吉县的调查点为例》，《民族教育研究》2013 年第 4 期。

② 2013—2017 年，全国九年义务教育巩固率（即初中毕业班学生数占该年级入小学一年级时学生数的百分比）分别为 92.3%、92.6%、93.0%、93.4% 和 93.8%。

③ 黄河：《农村学校学生流失的调查报告》，《成才之路》2014 年第 18 期。

否应将中小学生引回乡村学校？兴建乡村学校会不会面临引不回的窘境以致学生的社交需求仍然得不到保障？是否有充足资金提供校车和宿舍以保证学生和家长对教育安全的需求？同时，如何在农村人口和资源严重流失的前提下保证贫困户子女受教育质量？远程教学是否是农村教育的唯一出路？此举是否会进一步打击乡村教师的积极性？这些是各级教育部门面临的重大难题，背后涉及财政性教育经费支出效率与教育公平间的价值冲突，但同时又涉及教育精准扶贫的基本要求。受限于基层的有限财力，其彼此间关系错综复杂，也对基层政府开展农村教育规划和实现农村教育保障形成挑战。

本章小结

财政性教育精准扶贫的价值目标是教育公平，可结合需要层次分析和满意度结果进行目标检验。前者对教育生理保障、教育安全保障、教育社交保障、教育尊重保障、教育自我实现保障五个方面进行检验，后者则通过满意度结果与之形成对照。检验结果显示，财政性教育精准扶贫存在基本生活保障缺位下失学辍学难避免、农村教育存在安全隐患、教学点学生社交得不到保障、贫困家庭拒绝扶助并表现"贫困无奈"、贫困生缺乏内生动力等问题。同时，普通师生与家长、贫困户对于财政性教育精准扶贫的满意度不高，贫困户与扶贫干部之间的认知存在差距，侧面反映教育资源供给不足。当然，这种满意度受到评价主体身份、补助发放及时性等因素的影响。总结绩效偏差的直接原因，主要包括教育精准扶贫经费投入不足、教育精准扶贫对象强自尊与扶贫干部阶段性考核间的矛盾、教育精准扶贫补助化、扶贫信息管理条块化与系统维护不足、农村生源流失给农村教育规划与保障带来挑战等。

第七章 绩效提升：机制纠偏与可行方案

　　无论是量化目标执行偏差，还是价值目标实现偏差，其背后蕴含着深层次的体制原因，既包括诸如权责分立、职权分工不清等普遍性的一般性体制原因，也包括系统数据对接等看似技术性原因实则涉及教育系统内部协调统筹的教育体制原因，既包括基层政府教育财权与事权不匹配的财政体制原因，也包括价值目标检验体系不成熟的监督体制原因。以下据此进行论述，并相应提出财政性教育精准扶贫支出绩效目标改进对策，作为进一步讨论的依据。

第一节　目标实现产生"落差"的原因

一　高强度考评与权责分立引起目标置换

　　绩效目标偏离的原因可以从高执行力与低满意度窥见一斑，实际上反映出在推进教育精准扶贫的过程中，由于上级限时考评的"硬指标"要求与客观上的权责分立，在体制上形成所谓的"运动式治理"与"一刀切"。

　　首先是运动式治理。一位教育部门的干部提道：

　　教育精准扶贫政策出台到政策落实才1个月，马上要落地，就很难落实。学生数有时突然增加一千多，突然减少一千多，没办法随时比对。而且财政新增的需要调整，即便财政动态变化，按照已有政策的设计，把建档立卡分为有劳动能力和没有劳动能力，有劳动能力是我们来保障，没有的部分是低保保障。我们很难确认和区分……流动这一块都没办法确定，学生学段也没确定，而且要根据户主性质来分。资金管理办法后来才出台……省财政只负责落实60%的资金，但教育部门要考虑100%，每一级能不能落实……涉及学生跨市流动，涉及跨地区，地市之间如何结算也是问题。部门之间如何协调也很难操作，往往都是要几个部门对上了财政才拨款，但问责是对教育部门。有些地市把任务交给扶贫部门导致重复发放……部门间怎么衔接的问题事先没有解决。

地方各级教育精准扶贫支出政策出台往往操之过急，未经过严格调研与论证，因此支出政策设计不接地气，比如补助发放程序不合理、缺乏扶贫对象的退出机制等，也导致教育精准扶贫资金不敢花、花不出去，引发财政资金闲置，而此类政策往往缺乏可持续性，也导致基层不敢在人财物上实现全力投入。

其次是"一刀切"。"一刀切"体现为支出政策制定节点中支出方式或支出评价标准的无差异化，这种无差异化往往与我国基层复杂而多变的实际情况相抵触，由此造成财政支出绩效偏差。例如，在教育精准扶贫补助发放的过程中，"一刀切"问题十分突出，以高校家庭经济困难学生补助为例，一位教育部门的官员提道：

"经济困难"要如何定义？国家层面说10%就是家庭经济困难。但广东跟其他省份不一样，广东不均衡，所以珠三角10%的生活水平远远高于粤东西北。后来广东自己制定了一个标准，把全省高校的绩效量化，然后参考高校绩效发放。但是现在家庭经济水平和学习表现呈正相关，所以补助偏向给学习成绩好的和本科学校，但是家庭情况不好的很多只能去民办，同样领不到补助。

"一刀切"对基层官员形成压力，从而忽视满意度、形成短视效应，在某种程度上也形成教育精准扶贫补助化的错误认知。同时，经济困难学生本身在学校中处于弱势群体，具有好面子、强自尊的心理特征，"一刀切"、强力度的教育精准扶贫补助的发放，从指标上要求基层落实建档立卡家庭教育扶贫全覆盖，并从学校的层面予以公开落实，不仅违背部分贫困户家长的意愿，也在心理上伤害了个别贫困生。

事实上，财政性教育精准扶贫中所谓"运动式治理""一刀切"现象实际上也反映出地方的不作为。姚松等在分析全国各省对中央教育精准扶贫的响应与创新情况后发现，尽管各省整体规划"符合国家规定"，不过总的来说"创新性不足"（多采用概括型的语句描述总体目标）、"特色化、多样化不足"且相关政策"缺乏系统科学的组合配置"。① 显然，国家层面的教育发展建设的指标、方案与指导意见并不能为基层教育支出绩效目标的制定提供有效指引，但地方也不愿在此方面过多作为。

究其原因，"政策一统性""执行灵活性"与权责分立的悖论、"激励强度"与"目标替代"的悖论是其制度根源。② 运动式的治理机制用以应对中央管辖权与地方治理权之间、权威体制与有效治理之间出现的紧张与不兼容。③ 也正是因为运动式治理机制这种特殊的属性，往往引致支出政策"目标悬浮"或目标偏差。而"一刀切"的出现则是地方、基层政府及官员在现有体制下，根据自身利益作出的理性选择，本质上是"为了纠正下级执行偏离而采取的一种策略"④，即出于对"政策执行过程中被中间部门扭曲的担忧"，当一级政府或官员对下一级政府及官员进行次第授权时，由于为了实现更好的控制，将在最优序贯授权方案中"移除部分中间选项"⑤。两者共同作用之下，基层容易因为过大的制度环境压力（主要是考评压力和问责压力）、高不确定性的政策执行、难以落实的指标任务，形成"共谋"⑥ "避责"⑦ 和"分锅"⑧ 等特定的形态。倪星等提出，基层权责分立（主要体现于基层财权不足与教育支出责任较大、教育贫困数据获取不畅等）的现状导致某一层级政府本身没办法应对来自外部的风险，这就会引致体制内风险的产生，在不同维度风险下衍生出基层避责的行为选择，主要采取下放任务形式化、表面应付、

---

① 姚松、曹远航：《教育精准扶贫的区域响应与创新：表现、问题及优化策略——政策文本分析的视角》，《现代教育管理》2018 年第 6 期。

② 周雪光：《基层政府间的"共谋现象"——一个政府行为的制度逻辑》，《社会学研究》2008 年第 6 期。

③ 周雪光：《权威体制与有效治理：当代中国国家治理的制度逻辑》，《开放时代》2011 年第 10 期。

④ 张璋：《政策执行中的"一刀切"现象：一个制度主义的分析》，《北京行政学院学报》2017 年第 3 期。

⑤ 梁平汉：《多层科层中的最优序贯授权与"一刀切"政策》，《经济学（季刊）》2013 年第 1 期。

⑥ 周雪光：《基层政府间的"共谋现象"——一个政府行为的制度逻辑》，《社会学研究》2008 年第 6 期。

⑦ 倪星、王锐：《从邀功到避责：基层政府官员行为变化研究》，《政治学研究》2017 年第 2 期。

⑧ 张力伟：《从共谋应对到"分锅"避责：基层政府行为新动向——基于一项环境治理的案例研究》，《内蒙古社会科学》（汉文版）2018 年第 6 期。

集体决策等方式。① 也就是说，在这种情况下基层将不苛求目标是否"悬浮"、能否落地，仅严格遵照上级对于教育精准扶贫支出的目标数量要求和程序要求，通过合法合规的程序化操作，规避因支出政策目标程序要求与基层实际不符引起的责任风险，由此就容易造成粗暴式教育扶贫、数据造假等目标置换的问题。而张力伟则提出，随着国家对问题官员纠偏匡正的可能性大大提高，问责压力成为政府官员行动所考虑的重要因素，而划清工作界限有助于规避由连带责任带来的潜在风险，从而分散和减小自身的问责压力。如此一来，无疑又对部门间良好协作形成障碍。

二　扶贫部门与教育部门间职权错位与职能重叠

该问题是教育精准扶贫对象瞄准发生偏差的重要原因。以广东省为例。在广东省 2016—2017 年财政性教育精准扶贫过程中，广东省教育精准扶贫支出由教育部门负责统筹，扶贫部门则协助教育部门进行贫困生家庭贫困信息的比对。教育部门在补助过程中发现，尽管教育部门掌握学生就学阶段与在学与否等各种学籍信息，但由于教育部门与贫困部门间贫困生信息的不对应，对于学生是否为建档立卡的贫困户子女、学生家境是否符合扶贫标准等均得通过贫困佐证材料递交、家访核实、扶贫部门数据重复比对等多项程序进行核实，无疑需要耗费大量的人力物力。对于本省外市、本市外县就读的学生，可以通过区县间的联动或省一级统一的教育信息管理系统获取相关贫困生就读信息，但至于省外就学的情况，则无论在信息对接程序上或是在补助发放上都相对比较烦琐。由于广东省与其他省份之间学生学籍信息并未联网，因而基层教育部门或省一级教育部门均无法通过教育系统获取贫困生的相关信息。在这种情况下，倘若仅由省内教育系统来进行核实，就会将省外就学的贫困学生排除在教育精准扶贫对象之外，而若是将省外就学贫困生纳入考虑，则又明显增加基层教育部门核实贫困学生就学情况的难度与成本。

按照目前广东省教育精准扶贫补助发放的制度设计，教育部门承担贫困生识别与补助发放的大部分工作，仅在识别过程中需要与扶贫部门名单进行比对确认，但其中却出现名单差距较大的问题。一方面，扶贫部门对于扶贫对象的认定标准与各地教育部门实际采用的标准有所差异

---

① 倪星和王锐：《权责分立与基层避责：一种理论解释》，《中国社会科学》2018 年第 5 期。

（从现场考察来看，基层教育部门的审核标准与审核程序有所差异，部分学校贫困生审核权基本下放到各班主任），因而部门之间职能工作难以对接；另一方面，村委会民主评议机制对于扶贫对象认定有决定性作用，教育部门纵使掌握教育精准扶贫对象识别的职能，但在对于学生贫困程度的认证方面，其权力仍相对有限。此外，已有研究发现，成为贫困户必须要通过村级民主评议，但是少数贫困户因地处偏僻或个性乖张，与村干部与周围群众缺少人情来往，很难通过民主评议。① 这就要求扶贫干部对贫困户认证过程进行干预，引导村委会民主会议在贫困户认定上严格遵从既定的要求，从而强化对贫困户的精准识别，确保贫困学生获得教育精准扶贫补助。当然，一直以来扶贫部门已开展相关的贫困识别工作，因此在该方面已有一定推动扶贫认证的经验基础、制度基础、机制基础与组织基础，倘若由扶贫部门来推动这项工作，仍可能通过说服、监督等方式落实贫困生瞄准工作。而教育部门则不同。正如上文中所反映的，由于缺少对学生家庭经济情况的了解，各校教师通过观察了解、家访了解、主动申报等形式对贫困生进行贫困审核。在此过程中，部分教师发现部分家庭困难学生无法在村里获得贫困认证，因而导致其无法获得教育精准扶贫补助，而与此同时个别不符合教育精准扶贫条件的学生取得村委会的贫困认证并进行申请。针对这些情况，教育部门在职权上无能为力，而其问题解决的关键仍在于村委会认证环节。换言之，教育部门实质上并不具备贫困生识别与瞄准的实质职权与能力，而扶贫部门则不具备教育贫困瞄准的阶段性的形式职权，但具备推动贫困生识别精准的条件与能力。因此，在此种教育精准扶贫制度设计之下，无疑就造成了教育精准扶贫的权责分离，根源则在于教育部门与扶贫部门之间职权的错位。

除此之外，当前的教育精准扶贫瞄准机制之下，教育部门与扶贫部门也存在重复开展瞄准识别的情况：一方面，扶贫部门对建档立卡等贫困户开展识别与瞄准；另一方面，教育部门仍需通过家访、村委会的贫困证明等程序对贫困生进行核实。事实上，这也反映出教育部门与扶贫部门之间职能重叠的问题，显然不利于行政成本的降低与行政效率的提

---

① 王伟、杨明艳：《当前农村精准扶贫工作的实践困境与对策分析——以秦巴山片区 S 市农村扶贫调研成果为参考》，《四川省社会主义学院学报》2017 年第 4 期。

升，更不利于所谓"精准化"的实现，高辍学率问题的出现①恰恰暴露出扶贫部门与教育部门之间此种制度设计的漏洞，而部门间教育精准扶贫对象数据信息的不匹配也是其重要反映。

三　全国范围内教育系统间数据联通不畅

纵使教育部门与扶贫部门之间实现职权匹配，贫困生名单得以顺利对接，基于贫困学生学籍存在本县、本市外县、本省外县、外省等多种情况，也会引发教育系统内部省际、市际与区县之间的教育贫困数据比对、数据对接、数据交换与补助协助发放的问题。出于完成教育精准脱贫任务的需要，基层教育部门不可避免地通过发函件或现场交涉的方式与教育扶贫对象学籍所在地教育部门进行联系与对接。理想的状态下，通过教育部门间的及时对接，各地就本地户籍教育精准扶贫学生情况向学生学籍所在地教育部门或学校进行确认并办理相关手续，从而确保补助及时拨付至贫困生。然而，尽管基层教育部门在教育系统内的沟通与联系上做出了努力，但鉴于客观上部分外地教育部门或中高职学校出现的失联或未反馈现象，部分贫困生的在学情况仍无法得到确认，也无法提供所在学校相关证明。在此种情况之下，教育部门仍无法解决贫困生身份确认困难的问题，从而导致"应补未补"的问题。从实际执行来看，基层教育精准扶贫干部普遍反映，无论从时间成本还是人力成本上看，始终很难做到教育扶贫对象补助全覆盖。

反思其背后成因，主要有以下两个方面：

一方面，在教育精准扶贫政策的顶层设计上，无论是教育部门还是扶贫部门，均并未就教育精准扶贫问题提供明确而详细的实施细则。如此一来，地方政府在政策执行方式方法上呈现多样化的形态，或采取户籍所在地统一补助的方式，或采取学籍所在地统一补助后结算的方式，等等。然而，从贫困生的群体特征来看，具有较强的流动性，尤其是就读中高职的贫困生，多为跨省、跨市或跨区县的生源流动，户籍所在地与学籍所在地并不一致。基于这个前提，各地差异化的教育精准扶贫瞄准政策与补助发放政策，就容易出现各地教育精准扶贫间的"真空"地

---

① 姜丽美认为，高辍学率使得国家在教育扶贫中无法建立系统的资助平台，严重增加了教育精准扶贫的难度，而高辍学率背后是农村大学生就业难、农村教育内容脱离实际需要、"差生"心理压力大、高中收费、落后的教育观点等问题。参见姜丽美《教育精准扶贫背景下农村高辍学率控制研究》，《农村经济与科技》2018年第1期。

带，导致个别贫困生因处于政策覆盖盲区或因地区间教育信息对接失败而无法领补。就广东省 2016—2017 年的教育精准扶贫而言，外省就读的贫困生或本省外市就读的贫困生就面临此种困境。

另一方面，不同层级之间、不同区域之间，基层教育部门的数据提取权实际上十分有限。由于教育精准扶贫工作多为区县一级教育部门开展，而其在职权上无调动市域或省域范围的学籍数据的权力，因而针对跨区县、跨地市或跨省份就学的贫困学生，其学籍相关信息与数据只能由基层教育部门通过层层报告、申请或发函沟通进行获取。该过程所耗时间较长，这就容易造成贫困学生的学段与学籍状态面临难以及时、准确获取的问题，由此导致教育精准扶贫补助难发放、难获补。剔除省外就学的贫困学生，倘若采取省一级教育部门统筹的方式，则跨地区间流动的贫困学生（主要是职业教育学生）也是教育精准扶贫中最难以"精准"的地方。以广东省 2016—2017 年的教育精准扶贫过程为例，仅针对省内跨市流动的贫困生识别与瞄准，由于中高职学校学生学籍信息未纳入统计与管理，教育部门所面对的不仅是各地市间数据比对的问题，还有 300 多所中职学校与 100 多所高校之间的比对。与此同时，贫困学生的学段变化、贫困学生转学流动、贫困生信息比对时间点选择等细节性的问题均会影响识别的精准性，因此如何实现数据的实时更新从而确保"精准"具有技术上的难度与操作上的难度。在此次教育精准扶贫对象识别的过程中，部分地市贫困学生数据时而剧增一千多，时而减少一千多，贫困生学籍信息管理十分混乱，由此导致财政部门在补助的拨付上无所适从，而摸底新增的大量贫困学生所需的教育精准扶贫补助资金也给部分基层政府或学校带来不小的压力。

顶层设计上教育精准扶贫执行方法方式设计的缺位与教育系统内部层级联动的缺失，共同造成了教育精准扶贫的"失准"与"应补未补"的问题。其关键的症结在于教育精准扶贫政策的推行过程中并未对不同层级教育部门和不同地区间教育部门如何开展教育精准扶贫、各机关之间如何衔接做出细致化的指引，同时教育系统内部也缺乏覆盖全国范围内的，能及时地、动态地、精确到生地呈现教育精准扶贫数据乃至所有教育相关数据的信息管理系统或平台或教育管理机制，而区域性尤其是基层教育部门所行使职权的范围毕竟有限，面对同级单位或更高一级单位的话语权不足，因此，在此种情况下，教育精准扶贫工作就容易面临基层教育部门"小马拉大车"的困境。尽管各基层教育部门在考评压力之下普遍反映有完成"教育精准补助"的意愿，也做出努力（部分基层教育部门干部因此而频繁出差），但始终力不从心。从根本上来说，教育精准扶贫补助的识别由基层负责，但由此出现的识别不精准或识别成本过高的问题，其背后是教育精准扶贫政策顶层精细化设计的缺位与基层教育部门权责的不匹配。

四 基层难支撑教育精准扶贫长期性巨额投入

农村教学点、村小等乡村学校的撤并在某种程度上是财政性教育经费投入不足的结果。丁万录等的研究发现，在乡村小学生急剧流失至县城小学的同时，个别地区乡村中学生却出现了生源回流，主要是当地初中振兴计划所致。[①] 这种现象的出现，从某种程度上证明，乡村生源的流失并非如以往所推测，仅仅由于发达地区的"虹吸效应"引起的人口流动而自然形成，而更多源于教育投入政策的缺位。[②] 结合价值检验结果与现场考察情况来看，生源流失的乡村学校引起家长与师生不满的原因主要包括人数过少、师资薄弱、教学条件差、校舍校车供给不足等，根源也在于教育经费投入不足。然而，从区县一级财政的现状来分析，通过基层财政投入以实现乡村教育质量提升，从而推动地区性教育精准脱贫却很难实现。其成因是多重性的。

首先，应明确的一点是，教育精准扶贫并非仅仅针对学生个人的补助发放，还涉及欠发达地区教育资源扶助，包括校舍修建、校舍维修、师资吸引、校车服务等多项保障，因此，从长期来看，教育精准扶贫支出数额巨大。其次，当前教育经费投入仍主要以财政性教育经费投入为主（2015—2020 年，财政性教育经费占比分别为 80.9%、80.7%、80.4%、80.2%、79.8%和 80.9%[③]）。在此基础之上，针对财政性义务教育经费，国内采取"国务院领导，省、自治区、直辖市人民政府统筹规划实施，县级人民政府为主"管理体制，主要教育支出责任由县一级负

---

① 丁万录、肖建平、窦艳玲：《西北民族地区农村学校生源流失问题探析——以宁夏西吉县的调查点为例》，《民族教育研究》2013 年第 4 期。

② 调研发现，初中阶段辍学率问题，"有的是因为远，学生不想上学，有的是因为贫困，还有一些就是不愿意学"。参见王姝《教育部部长陈宝生：调研发现有 60%的辍学学生就是不想上学》，搜狐新闻（https://www.sohu.com/a/168568771_114988），2021 年 4 月 28 日。

③ 根据 2015—2020 年《全国教育经费执行情况统计公告》计算。

责，但由于各区县的经济发展水平不同，由此导致教育财政支出能力的差异化，本身就容易导致区域间享受优质教育的机会不平等。除此之外，按照 2000 年前后农村税费改革的设计，将教育经费支出负担从乡镇上移至区县，能有效利用经济发展的成果反哺农村，从而减轻乡镇支出责任与负担，减少农民的支出压力。但实际上，分税制以来，区县一级政府长期面临巨大的财政支出压力。一位欠发达地区的基层教育部门干部提及：

> 教育精准扶贫中学生补助主要通过省级、帮扶地市和本区县共同投入，资金上不存在太大问题。至于"薄改""标准化建设""现代化建设"等这些大投入的，主要还是依靠上级拨款，基层没有那么多资金。每个部门都有支出需求，但盘子就这么大。有一些教育扶贫项目长期投入的话，肯定要考虑投入的可持续性，还是有些担心的。

基层政府薄弱的教育财政有深刻的历史原因与体制原因。1994 年分税制改革之后，地方政府将一半以上税收上缴中央，却承担八成左右的财政支出，而中央仅结合实际情况给予不定额的转移支付。而面对城镇化带来的社会管理需求，地方也需要充足的财政支出用于经济社会的管理，如此形成对财政资金巨大的需求。此外，受长期以来"以经济建设为中心"的引导，地方政府乃至整个国家普遍强调经济建设的投入，这也就造成整个国家在教育上的支出相对有限。[1]

从外源性的教育经费来源来看，区县政府一方面无法从上级政府得到充足的教育经费（部分区县在教师薪酬足额发放方面存在困难）；另一方面，相比于乡镇一级长年与当地企业家、村委会等有所来往而获得的相对较强的资源动员能力，区县在教育经费筹措能力上也相对有限，因此教育经费相对不足。而从区县本级可支配的财政总量来看，一方面，"两项举措"[2] 的实施大大减少了县乡财政的税费收入，同时教育支出责任的增加则使县级财政支出需求呈剧烈的扩张趋势[3]；另一方面，财政资金的专项化特征愈加明显，各级政府与部门对基层资源的汲取能力不断增强，也引发了财政资金的配套问题。区县一级政府同时面对来自上级政府及不同部门的多项资金配套要求，财政的可支配能力受到严重的削

---

① 2012 年才实现财政性教育经费支出占 GDP 的 4%的目标。
② 即税费改革和"以县为主"的管理体制。
③ 杭永宝、王荣：《农村教育：矛盾及对策》，《教育研究》2005 年第 6 期。

弱，甚至"大部分县财政几乎面临捉襟见肘的状况"①。综合来看，处于"以县为主"的教育经费投入体制之下，区县在教育财政支出责任上负担明显过重，这也就造成了当前部分欠发达地区基础教育校舍建设投入严重不足的情况。当然，基于近年来全国性"教育标准化建设"的背景，很多欠发达地区的校舍破旧问题已得到有效的缓解，但与此同时，"教育标准化建设"所带来的基层政府巨额的隐性债务，以及新建校舍带来的巨额维修费用，又对区县政府形成新的财政压力。这种现象对于长期处于"吃饭财政"状态的欠发达地区尤为明显。

事实上，2014年以来，国家针对区县政府财政压力，也试图进行改变。一方面，针对区县一级可支配财力问题。2104年国务院出台《国务院关于改革和完善中央对地方转移支付制度的意见》，明确提出"取消地方资金配套要求"。该文件发布之后，部分省份效仿国务院做法，相继提出"清理取消不合理的资金配套""取消市县资金配套要求""逐步取消市县资金配套要求"等意见与办法。然而，实际考察中，资金配套要求仍出现在各省市（包括发布意见办法的省市）的各类专项管理办法中，但"支持""承担"成为"配套"的替代词。这种现象说明，各级政府与部门始终无法摆脱"汲取"区县资源的政策惯性，也反映出区县一级财政压力始终未得到缓解的事实。另一方面，2018年2月出台的《基本公共服务领域中央与地方共同财政事权和支出责任划分改革方案》要求，将义务教育、学生资助等基本公共服务事项纳入央地共同财权事权范围，制定基本公共服务保障国家标准，并采取央地按比例分担、各地分类分档进行转移支付的方式进行管理。此举固然有助于从省域的层面上缓解基层教育经费投入相对不足与教育不公的问题，但值得注意的是，尽管教育支出责任的分担从一定程度上减轻了区县支出负担，但该类资金的拨付方式仍以中央统筹为主，分配方式也主要采取按省份分档的方式，也提出相应支出要求，因此并未从根本上改变以往富省因教育经费转移支付过少反而导致教育发展有所欠缺的矛盾（这主要是基于富省随迁子女规模庞大、教育投入需求较大的现实，其中广东省更是存在区域性贫

---

① 周飞舟：《财政资金的专项化及其问题兼论"项目治国"》，《社会》2012年第1期。

富差距悬殊的问题)[①]，容易加剧富省穷县的教育贫困，而这也是长期以来粤东西北教育建设远远落后于全国的重要原因。也就是说，目前国家的相关举措，尚未能改变区县在教育经费投入上被动的局面，薄弱的基层财政自然无法通过主动性的长期投入保障教育精准脱贫。

五 财政性教育精准扶贫价值目标检验技术体系不成熟

这体现为实务界价值目标检验体系缺位与理论界目标检验体系片面化两方面。一方面，实务中财政扶贫支出监管多采用客观指标对财政性教育精准扶贫支出目标达成与否进行检验，如各层级配套足额率、资金支出率、资金结转结余率、制度创新、脱贫人数等，却忽视"人民满意"等主观态度与价值需求的考量，因此未能实现财政性教育精准扶贫支出价值目标的检验。一位教育部门负责教育督导的官员提道：

现在教育精准扶贫基本上还是以反映补助多少人、补助多少钱为主。当然，向领导汇报工作，我们也会把"薄改"、教师补贴等方面也一同反映上去，作为一个补充说明。教育精准扶贫很难说怎么反映绩效，你补给学生了，学生没有困难就够了。

但是，"花多少钱、补多少人"是否可以作为财政性教育精准扶贫支出的唯一标准？显然不行。这是因为"多少贫困生教育脱贫"与"所有贫困生教育脱贫"之间存在本质的区别，同时"教育脱贫"也不等同于"完全脱贫"或"多维脱贫"。[②] 也正是因为这种区别，有必要通过价值检验予以弥补，但当前价值检验的缺位间接导致财政性教育精准扶贫中官员对所谓"漂亮"的客观数据的盲目追求，加之国内扶贫攻坚考评强度较大，而同时部门间、层级间处于权责分立的状态，基层财政性教育精准扶贫就难免出现目标置换的问题，基层政府、部门及干部从追求财政性教育精准扶贫转变为追求客观指标最大化或最优化。这也是当前财

---

① 2014年，时任广东省教育厅厅长罗伟其指出："广东的GDP全国首位，但是广东除了深圳之外的人均可支配财力全国排第26位左右。广东虽然是经济大省，但财政收入除了上缴中央之后，实际可支配财力是有限的……全省截至去年底就有390万随迁子女在广东接受义务教育，但中央财政是没有根据生均公用经费的标准拨款。近年来中央给到广东的义务教育阶段生均经费的补贴还不到全国的1/10……有些县37%拿来办教育，但都无法达到全国平均水平。与中西部地区享受大量中央财政转移支付，我们没法比。"参见林世宁等《粤教育厅长：生均经费全国垫底 广东有难处》，《羊城晚报》2014年1月18日。

② Gamboa, G., S. Mingorría, Scheidel, A., "The Meaning of Poverty Matters: Trade-Offs in Poverty Reduction Programmes", *Ecological Economics*, Vol. 169, 2020, p. 169.

政性教育精准扶贫中"不精准"问题的关键症结所在，也是个别地区农村辍学人数不降反升的根本原因。以上是就价值目标检验体系缺位的角度而言。

另一方面，就理论界对财政支出价值目标检验的探讨来说，多数学者仍将价值目标与"公众满意度"简单地画上等号，认为"公众满意度"基本可以涵盖价值目标的全部内容。但事实上，"公众满意度"更多体现为整体的价值偏好，尽管可以在一定程度上反映整体需求与价值取向，却难以将局部或个体的特殊价值选择反映出来，也难以反映个体情景化、复杂性、矛盾性的价值选择。从这个角度来说，简单采用"公众满意度"代表"价值目标"，就容易引起个体利益或局部利益的受损，也无法准确反映评价主体的真实价值选择。显然，这既不利于财政支出公信力的塑造，也不利于财政支出效益的提升。

第二节　财政性教育精准扶贫支出绩效提升的可行方案

基于财政性教育精准扶贫支出绩效的现有不足，有必要从制度、机制甚至体制上强化财政性教育精准扶贫的制度供给。

一　强化"办人民满意的教育"价值导向

在宏观层面上，"办好人民满意的教育"是"建设人民满意的服务型政府""建设教育强国"的客观要求①，也是提高教育扶贫"精准度"的关键。在中微观层面上，将"人民满意"价值嵌入教育精准扶贫管理则可以采用绩效评价的方式。以往的所谓"财政性教育精准扶贫支出绩效评价"，多停留在政策过程执行的节点控制与政策产出结果的统计上，更多关注客观指标的测量与反映，很少关注公众满意或人民满意的问题，容易出现价值缺失与工具主义的问题。除此之外，教育精准扶贫的投入是一项长期性的、综合性的工程，其效果并非由教育精准扶贫补助的学生数量反映，而应涉及"应补是否已补""已补是否满意""满意是否有

---

① 党的十九大报告提出："转变政府职能，深化简政放权，创新监管方式，增强政府公信力和执行力，建设人民满意的服务型政府"；"建设教育强国是中华民族伟大复兴的基础工程，必须把教育事业放在优先位置，加快教育现代化，办好人民满意的教育"。

效"等更为深层的问题，在更长时间维度上，还关系到家庭层次的提升与地区经济的发展。问题在于：如何测量"应补"？如何测量"是否满意"？如何证明"有效"？除非掌握所有公众的家庭收入信息与个人态度信息，否则以上问题在客观的测量技术上是难以实现的，这就使财政性教育精准扶贫支出的绩效评价面临信息不对称的问题。而理论上，公众是财政监督与政策监督的主体，也是教育精准扶贫过程中的利益相关主体之一，其或多或少掌握财政性教育精准扶贫的执行情况的信息，因此，可以通过公众满意度的调查，并区分整体满意程度与个体满意程度，采用主观性指标测量的方式，实现财政性教育精准扶贫支出的绩效评价。这种方式的优势是多方面的：第一，解决了评价主体与教育精准扶贫执行之间的信息不对称问题；第二，通过开放式的满意度调查获取政策偏差的有效信息；第三，有效降低了绩效评价的成本；第四，实现了财政性教育精准扶贫支出在价值追求与工具设计上的契合。具体地，可通过定期的、针对多类利益相关主体的公众满意度调查，了解财政性教育精准扶贫支出的绩效表现，随时掌握公众尤其是被扶助家庭与学生的满意程度，并重点关注"不满意"或"一般满意"等情况，作为政策制定、政策执行与政策调整的重要依据。

二　建立绩效评价纠偏机制与容错机制

针对财政性教育精准扶贫支出的绩效评价，摒弃以往财政性教育精准扶贫支出绩效考评中下"硬指标"和机械式的计分排名的做法，代之以机关部门联席会议的方式，建立财政性教育精准扶贫支出绩效纠错纠偏机制与容错机制，从而减轻地方与基层对于教育精准脱贫任务的心理负担，强化基层教育精准扶贫干部的主观能动性，为因地制宜开展财政性教育精准扶贫提供良好的制度基础。

纠错纠偏机制主要通过"量化—价值"绩效目标检验实现。由于"量化—价值"绩效目标检验包含量化目标检验和价值目标检验两大方面，因此，一方面，通过采用量化指标，在政府各个层级实现对财政性教育精准扶贫支出成本、效率与效果的实时控制和有效管理；另一方面，通过深度访谈、问卷调查等方式进行多元价值获取与冲突识别，也就是反映教育公平的实现情况，进而为针对性地化解财政性教育精准扶贫支出过程中的冲突矛盾提供依据，确保公共财政支出符合民主、公平的价值属性。这种绩效目标的检验方式，相对于以往片面强调公众满意度数据的财政支出绩效评价，从形式上确保顾及多元价值，进而实现财政性教育精准扶贫支出的纠错纠偏。

容错机制的建立则主要依赖于联席会议的讨论与决策。其中，建立容错机制主要是基于两方面的考虑。第一，财政性教育精准扶贫支出目标检验本身的技术难度的考虑。马国贤认为，国内各地在财政支出绩效评价实践中普遍遇到的"绩效指标短缺"问题，本质上是我国社会转型中遇到的重大难题。① 主要表现有二：其一，指标本身存在"欺骗性"难题。举个例子，师生比是反映师资充足性的重要指标，但个别学校或幼儿园存在把不从事教学活动的专职行政人员纳入教师数量统计的情况，由此导致看似证明师资充裕的师生比数据实则隐藏了师资紧缺的困难。进一步地，师资与设备是否得到有效利用也应是教育充足性的重要标准，但服务于远程教学建设的"智慧课堂"的低利用率也暴露出现有监测体系的不足。这涉及指标背后数据的欺骗性与数据的可操作空间问题，而解决该问题需要对指标的内涵与统计方法做进一步细化，但指标细化本身具有难度。因此，有必要弱化指标得分在考评中的重要性，规避因目标制定失败而导致的目标置换与数据造假问题。其二，各地与个体实际有所差异。姚松等发现，地区差异性导致政策关注点不同，如条件较差的地区对于学生营养改善计划、办学条件更为重视，条件稍好的地区，更重视教育信息化与职业教育等。② 又如，相同指标评价之下，对于脱贫难度大的区县，能否与一般的区县一概而论？早在 20 世纪 90 年代末，William D. Duncombe 和 John M. Yinger 在美国采取统一的教育水平测试中就表达了这种担忧，并提出有必要严格区分由于客观原因造成的低效与由于主观原因造成的低效。③ 再如教育精准扶贫支出方式影响教育精准扶贫支出精准度的问题。虽然有必要对教育扶贫政策进行广泛宣传，但针对经济困难学生的帮扶，应该考虑其内心感受，不可伤害其自尊。④ 当

① 马国贤：《教育支出绩效指标难题的破解路径》，《华中师范大学学报》（人文社会科学版）2008 年第 5 期。

② 姚松和曹远航：《教育精准扶贫的区域响应与创新：表现、问题及优化策略——政策文本分析的视角》，《现代教育管理》2018 年第 6 期。

③ William D. Duncombe，John M. Yinger，"Performance Standards and Educational Cost Indexes：You Can't Have One without the Other"，in *Equity and Adequacy in Education Finance：Issues and Perspectives*，Washington，D. C.：National Academy Press，1999，pp. 260–261.

④ 王嘉毅、封清云和张金：《教育与精准扶贫精准脱贫》，《教育研究》2016 年第 7 期。

然，前者可以通过指标定义与指标数据获取方式的进一步细化实现，但后者则只能依赖现实操作中不断的反馈对目标检验体系实现渐进的改进。为此，必要的容错机制能有效避免因目标检验的客观不足而导致的"运动式治理"或"一刀切"现象。进一步地，此种容错机制也可作为基层反馈的一个"窗口"，为权责调整与权责合理化提供重要的参考依据。

第二，提升基层教育精准扶贫干部的积极性与能动性。正如上文中所分析，教育精准扶贫的实现本身具有技术难度，这与基层实际情况的多样化有密切的关系，因此，解决基层中诸如"精神扶贫"、拒绝教育扶贫等综合性、复杂性的问题，则需要发挥基层教育精准扶贫干部的能动性，也要求干部主动作为。① 在以往的评价中，"指标过死""指标要求相对过高"等问题难免挫伤基层干部的积极性。对此，学者认为，扶贫干部的根本价值在于发动和组织贫困户并强化其自我发展的能力，而这种功能的发挥，必须基于扶贫干部对自身工作的认同，因此激发扶贫干部的积极性和能动性是打赢扶贫攻坚战的关键。② 这就要求提高教育精准扶贫绩效评价体系的灵活度，从而在心理上为基层干部松绑，减少基层干部主动作为的顾虑，方能使其从基层实际出发，了解贫困家庭与学子的需求，从思想上、技术上等多方面推动脱贫工作的开展，而非仅仅局限于经济层面的帮扶③，更不是采取粗暴式补助的方式。从这个角度看，容错机制尤为必要。

三 构建"扶贫—教育"贫困生瞄准机制

建立"扶贫部门识别、教育部门提供在学证明"的贫困生瞄准机制。在这种瞄准机制之下，扶贫部门负责在日常的扶贫工作中对贫困户的家

---

① 2019 年 2 月 26 日，十三届全国人大常委会第九次会议上，全国人大常委会专题调研组提出："要进一步激发贫困人口内生动力。对自力更生、主动脱贫的人员给予物质和精神奖励，形成正向激励作用；对尚有劳动能力却无所作为的贫困群众应减少资金和物质的直接给予，着力引导其增强脱贫的参与性和能动性；对'因懒致贫、因赌致贫、因婚致贫、因子女不赡养老人致贫'等不良现象，要因户施策教育惩戒，杜绝不良导向。"但是"无所作为"本身只是一个阶段性的状态，因此其判断过程具有自由裁量的空间，也导致扶贫过程依赖于基层扶贫干部。尤其是，教育精准扶贫作为保障人的发展权的重要手段，本身与"无所作为"之间存在区别，因此教育精准扶贫的关键又转变为：如何保证学生的教育脱贫不受"无所作为"的家长所牵连。这同样依赖于扶贫干部的灵活处理。从这个角度看，提升基层教育精准扶贫干部积极性十分必要。

② 陆汉文：《扶贫干部管理：技术手段还是人文方法》，《决策》2017 年第 8 期。

③ 葛志军和邢成举：《精准扶贫：内涵、实践困境及其原因阐释——基于宁夏银川两个村庄的调查》，《贵州社会科学》2015 年第 5 期。

庭经济情况进行定期的摸底，形成初始的、动态的贫困户基础信息数据库，其中就包括贫困户家庭在读学生教育贫困的信息。而该类教育贫困信息可以通过定向调取或端口对接的方式提供至教育部门，供教育部门进行学生在读与否的核对。由于该种核对仅对贫困部门所提供名单上的贫困学生的在读情况进行核实，就不会涉及名单是否对应的问题，也不会增加教育部门与相关单位对贫困学生家庭信息进行了解和核实的工作负担。如此一来，这种机制就将原来两个部门对于教育精准扶贫的双重瞄准转换为扶贫部门单部门的瞄准，也有助于针对性强化对于瞄准的监督，借此优化瞄准机制。当然，也不排除个别不符合扶贫部门的贫困标准但实际上面临教育贫困的学生。针对该类学生，教育部门也已有相对完备的助学体系，因此可通过此种途径进行资助，双管齐下形成相对完备、部门彼此职能明确的教育精准扶贫体系。这种机制的设计主要基于多方面的考虑。

首先，从基层的反馈来看，教育部门与扶贫部门普遍提出，财政性教育精准扶贫补助面向贫困户子女，本质上仍属于扶贫领域的内容而非面向大范围的常态化教育补助范畴。这是因为教育精准扶贫补助的发放从根本上来讲主要是为了贫困家庭的脱贫，而尽管贫困生本身的教育脱贫也是从其受教育权的角度出发，但从识别单位来看仍应归属到贫困户贫困的外在表现之中。因此，有必要通过自下而上的扶贫系统与机制对财政性教育精准扶贫补助对象进行识别，从而有效判断教育精准扶贫对象的教育补助需求与精神需求（基于其家庭的实际情况）。同时，也有必要通过教育系统对补助对象是否在学进行甄别，进而进一步保证补助精准化、教育精准扶贫补助实效化。

其次，从可行性角度，扶贫部门与基层乡镇、村委会长期保持紧密的联系，在贫困户的精准识别上已经具备一定的信息基础、组织基础、人员基础、制度基础与机制基础，因此在贫困信息的获取能力上，扶贫部门有足够的组织资源与制度资源实现教育贫困生的识别与聚焦，也有足够的能力根据贫困户家庭情况获取贫困学生教育贫困程度、教育贫困需求等信息，实现教育精准扶贫中教育资源的供需平衡。从这个角度来看，由扶贫部门开展教育精准扶贫工作具有可行性。相反，教育部门则不具备充分了解贫困生详细家庭经济情况的权限与能力，因此由教育部门开展教育精准扶贫难以保证瞄准的精准性。而在以往教育部门负责识别与瞄准的情况下，也常常出现行政成本过高或识别不精准的问题。比如很多班主任抱怨贫困生审核加重了工作负担；又比如部分学者所提及的通过贫困地区教育信息化平台建设实现"精准"（如通过贫困生在校就餐等校园消费行为数据了解其生活状况）本身存在缺陷①，信息化管理的方式仍常常带来偏误，如通过校园消费行为的甄别就存在无法避免诸如自带午餐、走读等其他方式引起的"不精准"的问题。从这个角度看，教育部门教育扶贫精准化的能力仍然有限，而信息化瞄准也需要慎重对待。而扶贫部门自下而上的识别机制则不会存在这一类的问题，而关键则在于对村委会的组织与对贫困户的精准识别。

但"扶贫部门识别、教育部门提供在学证明"的贫困生瞄准机制也应当是有前提的，即理应保证扶贫与教育部门之间及时而密切的联动，这有赖于扶贫部门与教育部门间及时协调或扶贫部门本身绝对的统筹权力。针对前者，有必要在一级政府层面，通过主要领导统筹协调的方式，实现扶贫工作高效开展，避免因部门本位主义导致的执行低效与执行不力；针对后者，则可通过扶贫部门主要领导高配的方式，突出扶贫工作的重要性与优先性。正如基层扶贫办所反映，尽管扶贫部门在扶贫工作中处于统筹性、枢纽性的地位，但其与教育部门平级，在部门地位上有时甚至不如职能部门，因此很难保证其有能力统筹并协调各大部门职能，从而推动扶贫工作的顺利开展。这也要求在未来的扶贫机制设计中，强化扶贫部门在扶贫工作中的统筹实权，进而保障教育精准扶贫乃至其他扶贫工作的开展。而无论是采取哪种方式，均可通过部门之间平台系统端口的对接实现高效联动，这则是建立在完善的信息化管理水平与部门内部积极配合的基础之上。

四 实现全国范围教育数据联网

推进财政性教育精准扶贫，首要问题是解决如何"精准"的问题，而贫困生的识别与瞄准"精准"问题的关键又主要取决于两个方面：一是贫困户的精准识别；二是贫困生的跨省份、跨地市、跨区县的流动。针对前者，主要通过贫困部门与基层机构和干部的联动实现；而针对后者，则主要依托于教育部门系统内部完善的互动机制与信息数据的交流。

---

① 任友群、冯仰存和徐峰：《我国教育信息化推进精准扶贫的行动方向与逻辑》，《现代远程教育研究》2017 年第 4 期。

这就要求教育部门内部具备及时反馈教育信息、各地各级教育部门之间顺畅沟通的联动机制。从现有的信息管理技术水平与数据管理技术水平来看，国内早已具备教育系统内部数据联网的技术条件，基本所有垂直管理的部门系统均采用数据联网的方式，实现部门系统内部全国性的数据收集与分部管理，如公安部门的户籍信息管理系统、工商部门的企业信息管理系统、食药监部门的药品信息管理系统，等等。不过，与这些部门有所区别，教育部门涉及公办与民办两类院校，且大部分中高职学校的学生数据也尚未纳入教育统计，因此在教育信息的统一录入与核实上工作量较大。同时，教育部门的管理毕竟不是垂直化，教育部在级别上与省一级政府平级，因此在个别问题的解决上，也容易出现执行权力不足的问题，难免出现权不匹责的尴尬，导致教育发展顶层设计上的管理要求难以落实，而该问题在长期以来也未能得到有效的解决。2018 年 3 月，中共中央印发《深化党和国家机构改革方案》，组建中央教育工作领导小组，负责"协调解决教育工作重大问题"。这一方案的出台，为省际、市际乃至区县之间的教育工作联动提供了机构基础与制度基础，也为解决教育部门在全国性教育管理中权不匹责的问题提供了机构保障。然而，中央教育工作领导小组自组建以来，在教育的顶层管理上尚未有针对性的措施出台。

基于此种现状，具体到教育精准扶贫的识别与瞄准，有必要发挥中央教育工作领导小组的协调功能，统一建立全国性教育信息动态统计系统，要求全国各省、市及区县内高等教育、中高职教育、高中教育、初中教育、小学教育、学前教育及特殊教育的院校将在校学生的学籍信息统一录入系统，从而实现实时调取区域性、局部性、个体性或类型化的教育信息，为教育精准扶贫的识别提供技术支持与信息保障。当然，此类信息的录入应是实时更新并一一对应的，如此一来可以避免因个别学生临时转学而引起的数据冲突与管理混乱，也为教育精准扶贫补助的发放提供精准的数据信息。除此之外，依托于该系统，针对各院校的公用经费发放也有明确的信息依据，"钱随人走"的补助发放机制亦将能够实现。进一步地，可以将各院校信息及其教师资源与教师信息录入该系统之中，从而方便实现区域范围内教师资源乃至教育资源的统筹与调配，也为"县管校聘""市管校聘"等创新的教育管理方式提供数据基础与技术基础，推动区域性师资均衡化、师资待遇平等化，更可以在技术上实现学生教育需求与教育资源之间基本的供需匹配。不过，这一切的实现的关键在于，如何实现数据"保真"？由谁来录入？如何录入？国家垂直管理部门（如环保部门、公安部门等）的数据治理经验或可以为此提供借鉴。

五　构建"以省为主"教育经费管理体制

针对省级政府缺乏动力投入教育、欠发达区县财力不足、教育经费供需不匹配等问题，可以从以下两方面着手。

首先，强化教育财政投入激励机制。既有研究表明，基于基层政府教育投入激励不足的前提，增加财政性教育转移支付会降低基层政府财政投入教育的积极性。① 也就是说，强化地方和基层政府教育财政投入激励、增强地方和基层政府投入意愿是加大基层教育财政投入的基本前提。这既是已有实证研究的发现，也是基于我国经济上实现"锦标赛式"发展②所得出的历史判断。在以往的财政性教育经费支出管理中，"财政性教育经费占 GDP 的 4%"与"财政性教育经费占一般公共预算支出的15%"曾作为各级政府的"政治任务"，并在 20 世纪 90 年代末至 21 世纪早期对各级政府的教育财政投入发挥了重要的激励作用。但相比经济发展而言，本应在 20 世纪 90 年代末实现的"4%"目标直至 2012 年才最终实现，实际上反映出教育发展始终未成为各级政府发展的优先项。借鉴经济发展的已有经验，有必要将财政性教育经费增长或财政性教育经费占比③纳入一级政府干部考核指标，并有意识地提高其指标权重，以引起各级干部的重视。当然，值得注意的是，基于第六章中对教育质量的分析，鉴于我国欠发达区县财力不足的现状，"4%"与"15%"等数值化的指标不应作为教育经费投入充足与否的风向标，而教育投入资源（校舍、教学设备、优良师资等）的标准化配备与师生和家长的满意度则理应成为反映全国性教育均衡情况的根本标尺。同时，引入信息化手段有助于降低优质教育资源获取的成本。④ 此外，出于对"脱贫锦标赛"导致

---

① 刘亮和胡德仁：《教育专项转移支付挤出效应的实证评估——基于面板数据模型的实证分析》，《经济与管理研究》2009 年第 10 期。

② 周黎安：《中国地方官员的晋升锦标赛模式研究》，《经济研究》2007 年第 7 期。

③ 从已有的经验来看，基于发达地区已有教育经费基本充裕的现状，发达地区采取比例型指标、欠发达地区采取增长型指标更为合理。

④ 李华、马小璇、王继平和崔云琴：《信息化助力深度贫困地区"教育精准扶贫"路径与对策研究》，《电化教育研究》2021 年第 1 期。

治理偏差而引起贫困退出延迟的考虑，有必要适时监测"锦标赛"中教育财政的支出管理，保证"教育脱贫锦标赛"的良性发展。①

其次，构建"以省为主"的财政性教育经费管理体制。解决区县一级教育财政投入不足的问题，实际上关键在于教育经费支出责任部分上移，推进教育事权财权匹配。从目前来看，学者主要持加强财政转移支付力度和采用"以省为主"的教育财政管理体制两种观点。有学者提出，分税制下上级财政转移支付力度不足、地方义务教育经费缺口较大等问题，应通过省以下财政转移支付保障义务教育发展，具体包括减少转移支付中间环节、以县为对象、强化监管等。② 这种方法固然有效减轻了区县投入教育的压力，但是转移支付毕竟不是常态化的支出责任，本身也仅仅作为"输血式"的财政扶持手段，并不能从根本上改变区县在基础教育建设乃至中高职建设方面权责不匹配的现状，因此它也不应该作为解决欠发达地区教育财政投入困境的长期之策。而区县的可支配财政总量本身相对有限，因此增加教育财政投入也不宜采取过分激励支出的形式对区县财政进行挤占③。据此，在现有的、可选的路径中，"以省为主"的教育经费投入体制成为学者推崇的解决路径，也是当前符合国内财政体制实际与教育发展实际的最优选择。早在 2006 年，范先佐就提出构建"以省为主"的农村义务教育财政体制。④ 进一步地，以王蓉为主的教育财政专家认为，教育财政的投入应该建立省级政府主导、中央转移支付、县级承担统管基础教育责任的体系，从而在根本上解决教育财政问题。⑤作为对"以省为主"教育财政管理体制改革的检验，宗晓华等对"省直管县"财政改革对农村义务教育财政保障水平的影响进行研究，并发现其有助于提高农村义务教育财政支出水平，这也侧面印证了农村义务教育财政负担重心上移的必要性。不过，他们的研究也表明，中西部由于各级财政的困难，在实现财政负担重心上移的同时，有必要强化县级政

---

① 王刚、白浩然：《脱贫锦标赛：地方贫困治理的一个分析框架》，《公共管理学报》2018年第 1 期。

② 姚继军和张新平：《省以下财政转移支付保障义务教育发展的绩效、问题与改进》，《教育学报》2014 年第 4 期。

③ 即主要采取达标与否指标而非竞争性指标。

④ 范先佐：《构建"以省为主"的农村义务教育财政体制》，《华中师范大学学报》（人文社会科学版）2006 年第 2 期。

⑤ 涂皓、袁连生：《教育经费分担重心偏下》，《教育》2013 年第 31 期。

府对公共服务支出的监管。[①] "以省为主"的教育财政改革有助于欠发达区县从省一级获取教育资源。欠发达省份的教育资源大多从中央一级转移支付获取，而发达省份则主要将通过自身财政予以支持，采取"以省为主"的教育财政管理体制，无疑能将欠发达地区区县从以往"来源少""支出多"的财政困局中"解救"出来，进而实现分税制在省一级层面的均衡，完美规避了以往有限的中央转移支付资金之下由于地方政府经济发展动力引致的教育投入的不足，也有助于将教育均衡化建设的方向从当前县域内均衡往省域内县域间均衡转变，进一步提高教育的均衡化水平。

第三节　若干问题的进一步思考

反思财政性教育精准扶贫支出过程中的绩效偏差，容错机制的缺位在某种程度上又反映出基层乃至地方对于财政性教育精准扶贫支出政策顶层设计的误读。那么，所谓的"确保到 2020 年农村贫困人口实现脱贫"[②] 意味着什么？基于不平衡不充分的教育发展现状，未来财政性教育精准扶贫的支出重点又应该在哪些方面？本书所提出的"量化—价值"绩效目标检验工具在全面实施绩效管理的背景下又将发挥什么作用？承担何种功能？这是财政性教育精准扶贫乃至教育发展中需要思考并予以回答的问题。

一　关于 2020 年全面教育脱贫的意义与内涵

《中共中央　国务院关于打赢脱贫攻坚战的决定》（2015 年 11 月 29 日）中提出"确保到 2020 年农村贫困人口实现脱贫"，"实现到 2020 年让 7000 多万农村贫困人口摆脱贫困"，其总体目标为农村贫困人口"两

---

① 宗晓华和叶萌：《"省直管县"财政改革能否提高农村义务教育财政保障水平？——基于省级面板数据的实证分析》，《教育科学》2016 年第 6 期。

② 参见《中共中央　国务院关于打赢脱贫攻坚战的决定》，中共中央、国务院文件，2015 年 11 月 29 日印发。

不愁三保障"①，其中包括"义务教育""有保障"的内容，即所谓教育精准脱贫的要求。从目标管理的角度，明确的时间界限、具体量化的脱贫目标有助于驱动基层教育精准扶贫绩效的提升。但从财政（政策）绩效管理的角度，2020 年全面教育脱贫目标解读的偏误却引发了一系列目标实现过程中的偏差，如运动式治理、"一刀切"现象、部门权责不匹配、基层政府与部门权责不匹配等问题，也导致了"返贫无助""返贫失助"的尴尬。一位基层干部指出："只要宣布脱贫就无法得到扶贫资金了，据我所知 Q 市 L 县老早就宣布脱贫，现在一些贫困问题主要靠另外的扶持资金解决。"此种误读无疑造成教育精准扶贫的绩效短板，导致被补助对象乃至公众的"不满意"。就当前而言，有必要从形式意义与实质内涵两大方面理解 2020 年全面教育脱贫的绩效目标。

首先，从顶层设计的层面，"确保到 2020 年农村贫困人口实现脱贫"具有目标管理的形式意义。从 20 世纪八九十年代我国实行目标责任制的效果来看，目标管理有助于在短期内显著提高政府执行力，进而提高整体绩效。就教育精准扶贫任务来说，通过确立 2020 年总体目标的方式，各级政府将教育扶贫的总体目标进行分解并层层分配，既有助于从整体上提升政府教育扶贫脱贫的积极性，也有助于为脱贫监督工作提供可参照的依据与标准。在这种目标管理的机制下，各级政府的执行力能有效地被调动起来，从而高效地推进扶贫工作。截至 2018 年年底，农村贫困人口仅剩 1660 万，相比于 2012 年年底的统计数足足减少 8239 万人，远远超过预期的脱贫人数；同时，贫困发生率减少了将近 9 个百分点，从 2012 年的 10.2% 下降至 1.7%。② 到 2020 年年底，中国如期完成新时代脱贫攻坚目标任务，现行标准下 9899 万农村贫困人口全部脱贫，832 个贫困县全部摘帽，12.8 万个贫困村全部出列，区域性整体贫困得到解决，

---

① 原文表述为："到 2020 年，稳定实现农村贫困人口不愁吃、不愁穿，义务教育、基本医疗和住房安全有保障。实现贫困地区农民人均可支配收入增长幅度高于全国平均水平，基本公共服务主要领域指标接近全国平均水平。确保我国现行标准下农村贫困人口实现脱贫，贫困县全部摘帽，解决区域性整体贫困。"参见《中共中央　国务院关于打赢脱贫攻坚战的决定》，中共中央、国务院文件，2015 年 11 月 29 日印发。

② 《脱贫攻坚工作存在哪些突出问题？如何避免数字脱贫、突击脱贫……听听国务院扶贫办副主任欧青平怎么说》，百家号（https://baijiahao.baidu.com/s?id=1626128480232394791&wfr=spider&for=pc），2019 年 2 月 26 日。

绝对贫困完成消除。① 可以说，目标管理在形式上是政府内部科学管理的一个体现，有效促进政府教育扶贫与脱贫中执行力的提升。

其次，2020 年全面教育脱贫的实质是绝对贫困的消灭、相对贫困的巩固扶助与全方位教育保障体系的建立。2020 年全面实现教育脱贫固然有着目标管理驱动目标实现的形式意义，但其内涵并不应局限于"形式"上要求，否则就容易导致目标置换，林乘东所提的"不宜将脱贫速度作为主要指标"正是此意②。这也是目前全面实施绩效管理的价值所在，即追求实质意义上的脱贫而非形式上的脱贫，追求教育保障体系的建立③而非教育脱贫数据的完美无缺，既包括相对贫困的巩固扶助，也涉及教育保障体系的建设。④ 这是因为，在缺乏完善教育保障体系的前提下，全面实现教育脱贫在客观条件下是难以实现的，主要有三方面原因：一是因为当前我国尚未实现全覆盖的教育免费保障，因而伴随每个家庭中子女的入学，家庭开支迅速增加，国家在客观上很难杜绝每年"因教致贫"的贫困户的出现；二是风险社会之下，每个家庭都可能遭受未知的天灾人祸，在缺乏全方位兜底社会保障（住房、教育、医疗、扶贫等）的前提下，"致贫""返贫"的可能性总是存在的，由此可能对家庭中教育投资形成挤占效应，从而导致教育贫困；三是由于部分家庭面临长期性巨额医疗支出，在缺乏全覆盖性免费医疗的前提下，家庭"返贫"现象难以杜绝。由此可见，就当前我国国情而言，2020 年全面教育脱贫在统计上是难以实现的。换句话说，2020 年全面教育脱贫并非意味着教育贫困不再发生，对于无劳动能力的贫困群体而言更是如此。而基于有劳动能力者都存在致贫风险，"确保到 2020 年农村贫困人口"实现教育脱贫的实质意义在于：在全社会范围内形成体系化的教育扶贫兜底与教育资助的保障机制，从而保证"有贫必扶""扶贫必脱贫""贫困必保障"等教

---

① 国务院新闻办公室：《〈人类减贫的中国实践〉白皮书》，国务院新闻办公室网站（ht-tp：//www.gov.cn/zhengce/2021-04/06/content_5597952.htm），2021 年 5 月 6 日。

② 林乘东：《教育扶贫论》，《民族研究》1997 年第 3 期。

③ 2022 年 4 月 15 日，习近平在《求是》发文《促进我国社会保障事业高质量发展、可持续发展》，其中明确指出："科学谋划'十四五'乃至更长时期社会保障事业……不断推动幼有所育、学有所教、劳有所得、病有所医、老有所养、住有所居、弱有所扶取得新进展。"

④ 正如 2021 年 2 月习近平在全国脱贫攻坚总结表彰大会上所明确的："我们要切实做好巩固拓展脱贫攻坚成果同乡村振兴有效衔接各项工作，让脱贫基础更加稳固、成效更可持续……坚决守住不发生规模性返贫的底线。"

育脱贫目标的实现。也就是说，2020 年全面教育脱贫的实质内涵，就是为教育贫困者提供一定的保障机制（尤其是基础教育保障），使其不至于面临"无学可上""上学很难"等境况，使其能在公平的教育环境下顺利完成学业并习得生活技能，而不受家庭经济条件的限制。

二 关于未来财政性教育精准扶贫的支出重点

从长期来看，教育财政支出本身有助于促进地区经济发展，也能支持个体获得可行能力从而保障其发展权。因此，教育对于扶贫攻坚的作用是根本性的，因而教育精准扶贫注定是实现一个社会扶贫脱贫任务的重点。但是，财政是有限的资源，而且财政"取之于民"，要求"用之于民"，追求"人民满意"。在有限性与民主性的约束下，教育财政支出绩效理应受到监督，追求使用高效，因此其关键就在于明确"投入多少""投到哪里"还有"怎么投"的问题。针对"怎么投"，上文中我们已经做了详尽的解释；至于"投入多少"和"投到哪里"，则是长期以来国内学界与实务界存在争议的问题。

一是财政性教育精准扶贫投多少的问题，也就是投入规模的问题。1993 年，基于厉以宁等经济学家的研究结果，中共中央、国务院提出增加财政性教育经费投入，并在 20 世纪末达到国民生产总值的 4%，但该目标直至 2012 年才最终实现。1993—2012 年，近 20 年所提出的 4% 的教育经费投入目标无疑形成一定的制度性惯性，国内一度认为 4% 的投入意味着教育经费的充足性。但从第六章中的影响因素分析可以看出，"4%"的指标可能是一个误导，欠发达区县的教育投入远远不足。相关数据也显示，1980 年之后，美国教育经费占 GDP 比重长期超过 5%，欧洲发达国家教育经费占比也基本稳定在 5% 左右。显然，无论从经费投入规模来看，或是从教育经费本身的支出效果来看，4% 的教育经费投入远远不够。当然，教育投入与世界先进国家水平一致仅是一个方面。另一方面，教育经费的配置绩效也同样重要。反映到经费支出过程中，当前教育经费结构性不足是影响其充分性的主要问题，其根本症结在于教育资源供需的不匹配。正如姚继军所提出的，考察财政性教育经费投入占比是否充足，关键在于其总量是否能满足教育发展与个人受教育两方面的需求。[1]

---

[1] 姚继军和马林琳：《"后 4% 时代"财政性教育投入总量与结构分析》，《教育发展研究》2016 年第 5 期。

从国外财政性教育支出绩效的相关研究来看，很多学者已经意识到开展教育供需研究的重要性，并初步取得一定的研究成果，比如 20 世纪 40—70 年代，Eliassen 等①、Anderson 等②、Engels③、Montgomery④ 对教师供给情况的研究；又如 Lincove 认为家庭财富对于小学的入学率有很大影响，因此可以通过控制选择进入学校和获得免费小学的可能性来估算学校成本，从而决定财政性教育经费的投入⑤；又如 Cosser 曾对南非高等教育的供需情况进行研究⑥；等等。反观国内现有的研究，无论是从测量还是从补助标准设定，很少将研究关注点放在教育资源需求上，这也就间接导致国内各类教育补助标准长期较低、教育资源结构性不足的现状。因此，针对教育资源需求与教育资源供需情况的研究（尤其针对欠发达地区和贫困学生），是国内学界在未来亟须强化的研究内容。

二是将教育精准扶贫支出投向哪些方面的问题，也就是支出结构的问题。主要涉及两个方面：第一，教育精准扶贫支出的范围；第二，教育精准扶贫的投向。

其一，教育精准扶贫支出的范围主要涉及有关"教育精准扶贫支出＝奖助学贷补勤"的误解。从广东省内多个地市的实地考察情况来看，基层教育精准扶贫一线工作者普遍将"教育精准扶贫支出"简单地与"奖助学贷补勤"画等号，而教育部门在推进教育扶贫过程中也严格将地区性教育扶贫与贫困户建档立卡中"点对点"的贫困学生扶贫区别开来。但是，"教育精准扶贫支出"并不能简单等同于对贫困学生的经济支持与学费减免等优惠政策。其原因在于，对于个别欠发达地区而言，贫困学生较为普遍，在此情况之下，倘若仅关注贫困学生补助问题，则容易忽

① Eliassen, R. and Anderson, E., "Teacher Supply and Demand Reported in 1945", *Educational Research Bulletin*, Vol. 25, No. 4, 1946, pp. 98–112.

② Anderson, E., Vesey, M., and Rayburn, C., "Investigations of Teacher Supply and Demand Reported in 1955", *Educational Research Bulletin*, Vol. 35, No 5, 1956, pp. 124–140.

③ Engels, R., "A Framework for Assessing Higher Education Supply and Demand Results for the Southern Region: 1970–80", *The Journal of Higher Education*, Vol. 46, No. 3, 1975, pp. 287–301.

④ Montgomery, J., Fawcett, L., Sieg, D., and McLaughlin, G., "The Teacher Surplus: Facing the Facts", *The Phi Delta Kappan*, Vol. 54, No. 9, 1973, pp. 627–627.

⑤ Lincove, J. A., "Determinants of Schooling for Boys and Girls in Nigeria under a Policy of Free Primary Education", *Economics of Education Review*, Vol. 28, No. 4, 2009, pp. 474–484.

⑥ Cosser, M., "The Skills Cline: Higher Education and the Supply–Demand Complex in South Africa", *Higher Education*, Vol. 59, No. 1, 2010, pp. 43–53.

视教学条件的针对性改善。即使个别地区意识到区域性教育精准扶贫支出的重要性，也常常出现教育精准扶贫支出"不精准"，这主要是从教育保障的供需来考虑的。比如，在地方"教育标准化建设"过程中，大多将焦点放在硬件配置之上，强调设施设备配套的"标准化建设"，但正如人大代表所言，"许多地方义务教育学校布局不合理"，"村里学校师生匮乏，而县城学校又人满为患"，"职业教育有效需求不足"，"校企合作就动力不足"，"师资匮乏、编制紧张、合格教师不足等"是"最难解决的问题也是最痛点"① ……教师的结构性缺编、不同类型学校布局不合理、人才培养方向不符合市场需要等问题也同样对教育精准扶贫支出效果产生显著的负面影响。"教育精准扶贫支出"的内涵理解偏差影响教育精准扶贫支出效果仅仅只是其中一方面。另一方面，由此造成的教育精准扶贫支出与发展性支出间的支出结构问题也同样值得关注。正如广东省教育厅教育精准扶贫一线工作人员所言，"教育盘子是一定的，精准扶贫的用得多，发展性的就自然少。但恰是那部分支出更为必要"。当然，该工作人员对于"教育精准扶贫支出"的认识有待斟酌，但无疑该观点反映出保障性教育经费支出对精准扶贫绩效发挥的重要性，也反衬当前将教育发展性资金（如"改薄"类资金、乡村教师补助类资金等）纳入教育精准扶贫规划的必要性与紧迫性。

其二，教育精准扶贫的投向重点。如果说前一阶段教育发展关注教育普及与教育巩固，那么教育均衡与教育现代化就是未来教育发展关注的重点。这一点与我国基本矛盾的转变是相互适应的。相应地，服务于教育均衡化的推进，绩效评价指标的拟定应首先做出改变。当然，从近年来教育部义务教育均衡发展评估来看，已开始将焦点放在县域均衡，并已经在国内大范围实现县域内教育的均衡化。但与此同时，从其考核指标来看，基本局限于教育设施设备与基本师资配备的硬件要求上，而对于师资水平、教学水平、教育管理水平等方面则缺少关注，如此造就基层"学校很漂亮，但是空荡荡"的窘境，仍无法从根本上改变城乡教育水平差距较大、教育资源失衡的现状。从现有成功的学生回流经验来看，良好的教学条件和优秀的师资是学生与家长的关键需求，而教师待遇提升、教师生活条件保障是吸引优秀师资、留住已有师资的必要条件。

---

① 邓晖：《教育扶贫找准靶克难关》，《光明日报》2018 年 3 月 16 日第 5 版。

因此，有必要强化欠发达地区教师生活条件，比如食宿条件、薪酬待遇条件等，而不是单单通过补助或者订单式培养等单向化、"治标不治本"的方式来应对欠发达地区教师流失的问题。以往广东省内欠发达地区应聘教师的高毁约率与合同期满的高流失率，以及部分完善教师生活条件的欠发达地区的教师巩固率就是佐证。另外，教育均衡不仅体现在硬件设施和师资上，也最终体现在每个学生受到合适的教育并得到充分的发展。[1] 从这个角度来看，"人民满意"或者称"学生满意"与"家长满意"固然是衡量教育建设与教育发展绩效的重要指标，但学生素质水平的提高同样重要，国内目前试行的教育质量监测在某种程度上正是为反映教育发展效果所服务。当然，从美国的经验看，"应培养什么样的学生"是该过程中需要回答的首要问题。

三 "量化—价值"绩效目标检验的纠偏功能

财政是政府开展教育精准扶贫的基础，财政性教育精准扶贫支出是财政支出的重要组成。2019 年 2 月，中共中央、国务院印发《中国教育现代化 2035》，要求"全面实施绩效管理""全面提高经费使用效益"。从预算管理的层面考虑，2018 年 9 月 1 日，中共中央、国务院联合发布《中共中央　国务院关于全面实施预算绩效管理的意见》，明确指出"强化绩效目标管理"，"将绩效目标设置作为预算安排的前置条件"。但该意见也提到，当前预算绩效管理中存在"绩效理念尚未牢固树立""绩效管理广度和深度不足"等问题。究其原因，国内存在财政绩效评价目标管理化与财政绩效评价审计化[2]的问题，而此二者无疑都忽视了预算绩效目标管理的价值属性，并将其简单化为预算管理工具手段。前者与国内自20 世纪 80 年代中期以来长期实行的目标责任制不无联系，后者则主要归因于目前有关教育经费绩效评价多数由会计师事务所、资产评估机构等机构实施，职业惯性使其将重点放在资金合规性与流程合法性审查。但目标责任制与审计过程本身属于管理工具的内容，与预算绩效目标管理的"价值—工具"的双重属性存在本质上的区别。应该说，目标责任制是预算绩效目标管理的一个初级阶段，它强调责任落实与责任追究，其实际执行中与干部考核紧密联系在一起，工具属性相对突出；而预算审

---

① 赵建春：《追求人人优学人人成才》，《中国教育报》2010 年 12 月 28 日第 1 版。

② 刘国永：《对财政支出绩效评价基础性问题的再认识》，《中国财经报》2016 年 8 月 30 日第 7 版。

计或财政审计则主要关注财务合法合规性的内容，不涉及价值判断的内容。但在政府公共管理中过分强调工具属性，常常会引致公共价值的缺失。比如学者指出，精准扶贫实践困境的重要原因是工具理性超越价值理性，主要体现在效率优先逻辑弱化了政策公平的属性，数字化考评挤压了工作实效。① 而从教育精准扶贫或教育公平乃至社会公平的角度出发，乡村学校是贫困家庭接受教育的唯一出路，因此，教育经费支出效率相比于教育公平而言本身是次优的。与这两者不同，预算绩效目标管理强调"绩效"二字，除了目标管理工具的属性，其落脚点放在目标反思之上，强调目标科学性、目标合理性与目标民主性等价值上的考量，目的在于避免目标设置无效与目标设置低效以及因此引发的目标置换，确保政府执行力与公信力的统一。这与目标管理或财政审计中预设目标的正确性，单方面强调政府执行力或合法合规性是截然不同的。

正是基于国内对预算绩效目标管理的普遍性的误读，有必要通过"量化—价值"绩效目标检验，利用财政绩效评价对政府的倒逼作用，既从量化目标检验上采取目标管理的方式敦促政府提高执行力，又从价值目标检验上通过诸如民主性、合理性、科学性、人民满意等价值判断保证财政支出的公信力，从而确保公共目标（如教育公平）的实现。

本章小结

财政性教育精准扶贫支出绩效目标偏差的原因包括高强度考评与权责分立引起目标置换、扶贫与教育部门间职权错位与职能重叠、全国范围内教育系统间数据联通不畅、基层难以支撑教育精准扶贫长期性巨额投入、财政性教育精准扶贫支出价值目标检验体系尚不成熟五方面。提升财政性教育精准扶贫支出政策绩效，可从以下几个方面改进：强化"人民满意"价值导向；建立纠错纠偏机制和绩效评价容错机制；建立"扶贫部门识别、教育部门提供在学证明"的贫困生瞄准机制；形成全国教育数据联网；构建"以省为主"教育经费管理体制。基于此种分析，

---

① 方菲和张恩健：《工具理性：精准扶贫实践困境的一个伦理学解释——基于我国中部地区 Z 村的调查》，《华中农业大学学报》（社会科学版）2018 年第 3 期。

未来有必要从形式意义与实质内涵两方面理解 2020 年全面教育脱贫，即 2020 年全面教育脱贫在形式上有助于提升财政性教育精准扶贫的执行力，但同时其仅意味着教育绝对贫困的消灭，未来仍有必要巩固教育相对贫困的扶助，并着力建立全方位教育保障体系。至于财政性教育精准扶贫未来的重点，一是关注教育资源的供需研究以明确教育资源的应投入量，二是关注发展性、保障性教育经费支出，就目前来讲主要是乡村教师生活条件改善，同时以满意度作为教育建设与教育发展绩效的关键指标。处于全面实施预算绩效管理背景之下，"量化—价值"目标检验有助于实现预算绩效目标管理工具属性与价值属性的统一，有助于及时对目标进行纠错纠偏，推动公共价值与公共目标实现。

第八章　结论与展望

本书旨在回答"应如何科学地开展财政性教育精准扶贫绩效目标检验"。基于"第四代评价"中评价理念突破与实务中应用的困境，借鉴韦伯的"价值工具理性二分论"，参照西蒙效率导向、沃尔多价值主张与"第四代评价"思路，本书提出采用"工具—价值"绩效检验视角，采用"量化—价值"目标检验体系，对财政性教育精准扶贫支出绩效开展绩效目标检验。进一步地，以广东省为例，对我国当前开展的财政性教育精准扶贫支出绩效展开"量化—价值"绩效目标检验。区别于以往纯量化评价体系下"高分低效"的评价困境，该检验发现财政性教育精准扶贫存在补助机制顶层设计不合理、监管低效、忽视公众满意、基本生活保障缺位、农村教育存在安全隐患、教学点学生社交得不到保障、贫困家庭拒绝扶助并表现"贫困无奈"、贫困生缺乏内生动力等问题，根源在于高强度考评与权责分立间接导致目标置换、扶贫与教育部门间职权错位与职能重叠、全国范围内教育系统间数据联通不畅、薄弱的基层财政难以支撑教育精准扶贫长期性巨额投入和价值目标检验体系尚不成熟。据此，为科学开展财政性教育精准扶贫绩效目标检验，有必要在检验中强调"人民满意"价值导向，确保"量化—价值"绩效目标检验体系的实施，并建立绩效评价容错机制与纠错机制；进一步地，为针对性提高财政性教育精准扶贫绩效，应建立"扶贫部门识别、教育部门提供在学证明"的贫困生瞄准机制、建立全国教育数据联网、构建"以省为主"教育经费管理体制等。本书的重要结论与发现包括以下几方面。

第一，2020年全面教育脱贫的实质是绝对教育贫困的消灭、相对教育贫困的扶助巩固与全方位教育保障体系的建立。基于客观上"因教致贫"的可能性、风险社会下"致贫"与"返贫"的突发性与"因病返贫"的多发性，教育贫困问题本身是难以避免也是无法杜绝的，因此贫困人口在数量上"清零"在客观上不可实现。换言之，2020年实现对绝对贫困人口的教育脱贫之后，仍有必要对相对贫困人口进行教育扶助，而体系化的教育扶贫兜底与资助机制将为此提供制度保障，以确保个人不受家庭经济条件的限制，有机会通过提高生活技能实现个人与家庭的教育脱贫。而此类教育保障也符合习近平提出的"共同富裕要靠勤劳智慧来创造"，并将成为未来摆脱相对贫困的长效性机制。

第二，教育财政精准扶贫不应仅局限于个人，地区性教育精准扶贫才是解决地区贫困、激发地区发展活力的根本路径，但基于其投入大、效果滞后的特征，财政性教育精准扶贫应该做好打长期战役的准备。而以往教育均衡局限于县域内的平衡主要是基于"以县为主"教育经费管理体制所作出的理性选择，因此有必要将教育经费管理体制的改革逐步提上日程，并逐步实现"以省为主"的教育财政经费管理体制，从而在财政收支责任的分配上与分税制实现对接，使省一级负担起教育经费支出责任。这与我国当前提倡高质量的经济发展也是相适应的，即推动效率和公平的统一。

第三，能否调动基层教育扶贫干部积极性是教育扶贫攻坚成败的关键。教育贫困并不是单维度的，既包括经济上的贫困，也包括精神上的贫困。以往将教育扶贫关注点放在经济贫困的摆脱上，至于精神贫困的解决途径则鲜少关注。已有的驻村干部等扶贫机制初衷在于推动精神脱贫、农村发展等综合性、复杂性问题的解决[1]，但其实际效果并不明显[2]，这与教育精准扶贫中过度强调量化目标的考评而挫伤驻村干部乃至基层干部扶贫积极性无不关系。通过引入价值目标评价，有助于从人文主义的角度、从价值理性的角度思考应该如何开展财政性教育精准扶贫而不是仅仅完成指标任务。

第四，在现有目标责任制的制度惯性下，有必要建立纠错纠偏机制以优化财政管理，从而避免低效的财政投入。具体地，关注财政绩效评价的"工具—价值"的双重属性能够有效解决以往目标管理易于发生目标偏差的问题，因此财政绩效评价可成为解决目前评价低效或评价无效的重要路径。但同时，在价值追求上片面强调公众满意度无疑成为当前

---

[1] 许汉泽和李小云：《精准扶贫背景下驻村机制的实践困境及其后果——以豫中 J 县驻村"第一书记"扶贫为例》，《江西财经大学学报》2017 年第 3 期。
[2] 李尧磊和韩承鹏：《驻村帮扶干部何以异化？——基于石村的个案调查》，《党政研究》2018 年第 6 期。

财政绩效评价的重要局限，为此，有必要在绩效目标检验的形式上落实价值分析，从而推动目标纠错纠偏机制的形成。无疑，"量化—价值"绩效目标检验体系有助于从制度上解决财政绩效评价"审计化""考核化""目标管理化"等问题，也直面"权责分立""职权错位"等难题，是落实财政绩效评价、实现目标纠错纠偏的可行路径。

在实践意义上，本书作为一项实证研究，可为财政性教育精准扶贫绩效提升提供借鉴；在理论意义上，基于古贝和林肯"第四代评价"中多元价值获取与价值判断的理念，本书采用"量化—价值"绩效目标检验的方式，在一定程度上可规避当前国内财政支出绩效评价审计化与"目标管理化"的误区。但与此同时，本书也存在不足：首先，受实际问卷调查条件的影响，调查样本较小且局限于广东省内，所得结论的效度无疑受到影响，也难免无法适用于个别特殊区域；其次，受到成本和可实现程度的限制，目标检验中结果产出指标多采用主观数据，检验方式较为单一，因而无法避免指标结果的主观性偏差；最后，就"是否应对本科阶段贫困生进行无偿化的补助""是否应鼓励贫困生接受中高职教育""是否应对贫困生提出学习上进的要求"等问题，本书尚未进一步讨论，但实务中存在争论。这些问题有待未来的研究逐步完善或进行理论回应。

附　录

附表 1　　　　**S 市问卷调查中师生与家长所提到关于财政性教育**
精准扶贫的主要问题

序号	相关表述	相关表述频次（次）
1	扶贫要扶志；困难学生大多不愿意读书；补助了经济，学生思想不端正家长不积极管自己的孩子，虽然经济缓解了，但是没有感恩之心，不懂珍惜，这无论对家长还是对孩子都是不好的；有些贫困学生拿着国家的钱挣面子；家长只管领钱，不管学生；受助学生不学习；精准扶贫政策本身存在问题，导致懒人更懒	8
2	要先了解困难学生的需要	1
3	很难深入了解学生情况	1
4	困难学生的补助 100—200 元意义不大；金额不够多；补助比较少；生活消费高，扶贫资金作用显得很小	19
5	一些真正贫困的农村家庭并没有得到政府发放的相关贫困证；有些因材料不齐全而无法申请；获得困难补助，求证难度大，金额少，意义不大，甚至有的困难学生直接放弃；也有困难学生，只是没有低保、精准扶贫的这些手册，但是家庭也不代表比那些有这些精准扶贫跟低保的好；有贫困生甚至没有户口，也领不了补助；有些确实困难，但又难以证明；有些困难学生无渠道办低保证，就不给予补助；个别困难生被非农户口所限制	11
6	真正有困难的学生不好意思申请，被帮扶对象有猫腻；贫困学生家长碍于面子不愿申请；考虑一下学生的感受；为了孩子的尊严困难户不愿申请；在学校办理这个的时候，希望老师不要在大众面前叫一些同学去办理相关的一些事，要考虑同学，因为难免有一些同学要面子，会尴尬，会怕同学说自己家很穷之类的字眼，这是自然心理现象，希望老师能看一下这个建议；如果能匿名就好了	8
7	对特困生补助不多；对于绝对贫困学生应加大力度	4
8	有申请办理，但没有发	7

续表

序号	相关表述	相关表述频次（次）
9	手续复杂；申请过程太烦琐，只看证件不看实际情况；困难学生经常有搞不到的，没有文化去办那些证明，就没补助了，一点都不争取；真正困难的人没有那么多证明，自然无法申请	26
10	名额有限，有的困难生未得到补助，希望增加受资助名额，且工作步骤存在问题，上级应该先确定受资助名额再让家长准备扶贫资料，而不是家长老师做了挺多工作后再淘汰使家长因为没有拿到资助金而沮丧；补助名额过少	11
11	有些学生领了补助乱花钱；扶贫款，不能直接发放到学生手上，必须要家长或者监护人和学生一起领取	2
12	政策不要"一刀切"	2
13	贪污严重，导致别人没有；村干部做事不公平，扶贫都是给那些干部的亲人和朋友的；真正困难的人没有那么多证明，自然无法申请，有些就是明明有钱却靠关系还拿补助，不过这个应该不关老师的事，应该是那些村里的干部吧	5
14	有些家庭明明就不困难还申请补助；我觉得非困难学生拿到精准扶贫对困难学生不太好；非困难家庭的学生也去申请补助，而且还发放给了这些人；扶贫对象审核工作不够细；扶贫调查不严谨，未能认真调查扶贫对象的真实家庭情况，出现了非困难学生手持扶贫证明获取了最大保障而真正困难的扶贫对象保障减少甚至丢失了福利保障	6
15	申请需证明的材料不清楚	1
16	学校设施落后、不全，例如没有空调、教师还集体办公	1
17	精准扶贫对象不是学校确定的；扶贫工作太多了，最好归口民政局负责；申请时间仓促，使教师对申请学生家庭情况来不及了解；额外增加教师工作量，占用工作时间；教育资助资格评定工作不应强加给学校；教师工作量太大；对于一千人以上的学校这项工作量太大，不应该让学校完成；很难深入了解学生情况	9
18	对于这个问题学校宣传不到位；困难家庭不知道何时可申请补助；加大宣传力度，切实精准扶贫；学校未曾公布有此消息	4
19	提供就业机会；没有稳定收入（想要工作）	2
20	困难标准应公开	6
21	小学、初中是义务教育，据我的了解，小学、初中教育扶贫作用不大，要扶助的是高中、大学的学生	1
22	实为精准扶贫家庭，而学生不在名册之内；比如家中有老人两个，兄弟姐妹有四个起，家里靠父亲一个人打点零工收入不多，这样的家庭算得上贫困么；残疾人或家里有残疾人；因为穷，我户口也没在这，学校能收留我孩子就谢谢了	4

附表 2 财政专项扶贫资金绩效评价指标评分表

序号	指标	指标满分	指标评价值及得分	数据来源
	合计	100 分	基础分 100 分（调整指标最高加 3 分，最高减 10 分）	
(一)	资金投入	8 分	主要评价资金投入情况	
1	省本级预算安排财政专项扶贫资金增幅	3 分	年度增幅高于中央安排本省的财政专项扶贫资金增幅的，得满分；低于增幅的，按比例减分	各省上报
	省本级预算安排财政专项扶贫资金与中央预算安排本省的财政专项扶贫资金的比例	3 分	中部≥40%，西部≥30%，东部≥200%，得满分；中部＜10%，西部<5%，东部<50%，得 0 分；在上述比例之间的，按比例计分	各省上报
	省级预算资金分配的合理性、规范性	2 分	评价各省是否按照中央要求制定本省财政专项扶贫资金管理办法，并按办法合理、规范分配资金	各省上报
(二)	资金拨付	10 分	主要评价资金拨付的时间效率	
2	资金拨付进度	10 分	评价中央补助地方财政专项扶贫资金拨付的时间效率。≤30 日为满分，>60 日为 0 分，30—60 日的按比例减分。超出 30 日未拨付的资金，按资金量和加权时长减分	各省上报；扶贫开发信息系统
(三)	资金监管	20 分	主要评价扶贫资金监管责任落实情况	
3	信息公开和公告公示制度建设和执行	10 分	评价各级资金项目信息公开和公告公示制度建设和公告公示平台建设情况，以及按要求公开扶贫有关政策、资金使用及项目安排等情况，分省、县、村三级进行评价。省、县级最高 3 分，村级最高 4 分	各省上报；扶贫开发信息系统；脱贫攻坚督查巡查；财政监督检查
4	监督检查制度建设和执行	10 分	评价各省扶贫资金监督检查制度建设及开展监督检查情况，包括组织检查、检查成果和问题整改等；12317 扶贫监督举报电话接受扶贫资金社会监督情况及各省对举报件办理情况（包括办理效率、办理质量等）；省级 12317 扶贫监督举报电话（或类似功能举报平台）建设和使用情况	各省上报；财政监督检查；国务院扶贫办 12317 监督举报中心

续表

序号	指标	指标满分	指标评价值及得分	数据来源
（四）	资金使用成效	62分	主要评价资金使用的效果	
5	年度资金结转结余率	12分	评价资金结转结余情况。结转结余1年以内的资金，结转结余率<8%，得7分；≥20%，得0分；8%—20%按比例得分。结转结余1—2年的资金，结转结余率<2%，得3分；≥10%，得0分；2%—10%按比例得分。不存在结转结余2年以上的资金，得2分；存在的，得0分	各省上报；扶贫开发信息系统
6	资金统筹整合使用成效（只适用于832个国家扶贫开发工作重点县和连片特困地区县所在的中西部省份）	20分	评价落实国务院办公厅及财政部、国务院扶贫办关于贫困县涉农资金整合政策要求情况。包括：工作机制运行3分（专题培训1分、媒体报道1分、信息报送及采用1分）；管理制度建设5分（贫困县方案编制及质量3分、县级整合资金管理办法制定及质量2分）；资金增幅保障6分，评价每项中央财政资金增幅保障情况；整合资金规模2分，计划整合资金规模占纳入整合资金规模比例达到80%（含）以上的得2分，不足按比例得分；整合资金进度2分，已整合资金规模占计划整合资金规模比例达到80%（含）以上的得2分，不足按比例得分；资金支出进度2分，已完成支出资金规模占计划整合资金规模比例达到80%（含）以上的得2分，不足按比例得分	各省上报；贫困县涉农资金整合简报等
7	贫困人口减少	15分	评价各省年度脱贫任务完成情况。完成任务15分，未完成按比例计分	各省上报；扶贫开发信息系统
8	精准使用情况	15分	评价资金使用和项目实施效益，包括：资金安排是否瞄准建档立卡贫困户；项目实施是否与脱贫成效紧密挂钩等	审计、财政监督检查；脱贫攻坚督查巡查；第三方抽查评价结果等

续表

序号	指标	指标满分	指标评价值及得分	数据来源
（五）	加减分指标		主要评价机制创新和违规违纪情况	
9	机制创新	最高加3分	该指标为加分指标。主要评价财政专项扶贫资金分配、使用、监管等各方面的机制创新情况。重点评价支持深度贫困地区脱贫攻坚、调动贫困群众内生动力等方面的办法和机制	各省上报
10	违规违纪	最高扣10分	该指标为减分指标。主要评价由审计署、财政监督检查，纪检监察，最高检、扶贫督查巡查等发现和曝光的违纪违法使用财政专项扶贫资金的情况（包括内部资料或媒体披露的、经核实的问题）。根据检查查出违纪违规问题及整改情况扣分。此外，对绩效评价材料上报不及时、内容不全、不实、不规范的将视情况扣分	中央纪委、最高检、审计署、财政部和扶贫办等；各省上报

参考文献

［印］阿马蒂亚·森等：《生活水准》，徐大建译，上海财经大学出版社 2007 年版。

［印］阿马蒂亚·森：《集体选择与社会福利》，胡的的和胡毓达译，上海科学技术出版社 2004 年版。

［印］阿马蒂亚·森：《以自由看待发展》，任赜和于真译，中国人民大学出版社 2002 年版。

［美］阿瑟·奥肯：《平等与效率》，王奔洲译，华夏出版社 1999 年版。

［美］埃贡·G. 古贝和伊冯娜·S. 林肯：《第四代评估》，秦霖、蒋燕玲等译，杨爱华校，中国人民大学出版社 2008 年版。

［美］艾尔·巴比：《社会研究方法》，邱泽奇译，华夏出版社 2013 年版。

［美］艾伦·R. 奥登和劳伦斯·O. 匹克斯：《学校理财》，杨君昌等译，上海财经大学出版社 2003 年版。

安体富和高培勇：《社会主义市场经济体制与公共财政的构建》，《财贸经济》1993 年第 4 期。

安秀梅：《政府公共支出管理》，对外经济贸易大学出版社 2005 年版。

［美］B. 盖伊·彼得斯：《政府未来的治理模式》，吴爱明等译，中国人民大学出版社 2001 年版。

包国宪和王学军：《以公共价值为基础的政府绩效治理——源起、架构与研究问题》，《公共管理学报》2012 年第 2 期。

包国宪和张弘：《基于 PV-GPG 理论框架的政府绩效损失研究——以鄂尔多斯"煤制油"项目为例》，《公共管理学报》2015 年第 3 期。

［美］保罗·萨缪尔森和威廉·诺德豪斯：《经济学》，萧琛等译，华

夏出版社 1999 年版。

[美] 彼得·德鲁克：《管理的实践》，毛忠明译，上海译文出版社1999 年版。

财政部预算司编著：《绩效预算和支出绩效考评研究》，中国财政经济出版社 2007 年版。

曹惠民：《扶贫绩效的生产：概念、分析框架与对策研究——以教育扶贫为例》，《江苏师范大学学报》（哲学社会科学版）2018 年第 4 期。

曾明：《教育财政支出占 GDP 4% 目标的实现与选择性政策执行——基于江西省县域面板数据的分析》，《甘肃行政学院学报》2011 年第6 期。

查显友：《以效益为核心完善我国高等教育经费运行管理机制》，《中国高等教育》2013 年第 Z3 期。

陈凡：《中国反贫困战略的矛盾分析与重新构建》，《中国农村经济》1998 年第 9 期。

陈海燕：《农村小学撤并对儿童社会化的影响研究》，硕士学位论文，广西大学，2012 年。

陈华亭：《中国教育筹资问题研究》，中国财政经济出版社 2006年版。

陈良焜：《教育经费在国民生产总值中所占比例的国际比较》，载厉以宁编《教育经济学研究》，上海人民出版社 1988 年版。

陈庆云：《公共政策分析》，北京大学出版社 2011 年版。

陈全华：《浅谈农村初中教育精准扶贫困境与出路——以义成镇为例》，《科教文汇》（上旬刊）2017 年第 12 期。

陈晓玲和尹丹：《农村教育：投资与收益的不对称性》，《农村经济》2004 年第 1 期。

丛树海、周炜和于宁：《公共支出绩效评价指标体系的构建》，《财贸经济》2005 年第 3 期。

D. 布鲁斯·约翰斯通、李红桃和沈红：《高等教育成本分担中的财政与政治》，《比较教育研究》2002 年第 1 期。

代蕊华和于璇：《教育精准扶贫：困境与治理路径》，《教育发展研究》2017 年第 7 期。

[美] 戴维·奥斯本和特德·盖布勒：《改革政府——企业精神如何

改革着公营部门》，上海市政协编译组、东方编译所编译，上海译文出版社 1996 年版。

［美］德怀特·沃尔多：《行政国家：美国公共行政的政治理论研究》，颜昌武译，中央编译出版社 2017 年版。

邓晖：《教育扶贫 找准靶克难关》，《光明日报》2018 年 3 月 16 日第 5 版。

邓维杰：《精准扶贫的难点、对策与路径选择》，《农村经济》2014 年第 6 期。

丁煌：《我国现阶段政策执行阻滞及其防治对策的制度分析》，《政治学研究》2002 年第 1 期。

丁万录、肖建平和窦艳玲：《西北民族地区农村学校生源流失问题探析——以宁夏西吉县的调查点为例》，《民族教育研究》2013 年第 4 期。

范柏乃和闫伟：《公共部门绩效评估方法的缺陷与修正：FBN 认同度评估法》，《南京社会科学》2016 年第 9 期。

范先佐：《构建"以省为主"的农村义务教育财政体制》，《华中师范大学学报》（人文社会科学版）2006 年第 2 期。

范晓东和冯晓丽：《"特岗计划"政策执行的理想化目标与模糊性现实——以山西 X 县为例》，《山西师大学报》（社会科学版）2014 年第 4 期。

方菲和张恩健：《工具理性：精准扶贫实践困境的一个伦理学解释——基于我国中部地区 Z 村的调查》，《华中农业大学学报》（社会科学版）2018 年第 3 期。

风笑天：《定性研究概念与类型的探讨》，《社会科学辑刊》2017 年第 3 期。

［美］弗兰克·费希尔：《公共政策评估》，吴爱明、李平等译，中国人民大学出版社 2003 年版。

［英］弗雷德里希·奥古斯特·哈耶克：《自由宪章》，杨玉生等译，中国社会科学出版社 1998 年版。

伏润民、常斌和缪小林：《我国省对县（市）一般性转移支付的绩效评价——基于 DEA 二次相对效益模型的研究》，《经济研究》2008 年第 11 期。

付昌奎和邬志辉：《教育扶贫政策执行何以偏差——基于政策执行系

统模型的考量》，《教育与经济》2018 年第 3 期。

付静、丘文福和叶一舵：《精准扶贫背景下提升贫困大学生相对获得感策略》，《锦州医科大学学报》（社会科学版）2018 年第 1 期。

高培勇：《公共财政：概念界说与演变脉络——兼论中国财政改革 30 年的基本轨迹》，《经济研究》2008 年第 12 期。

高培勇：《什么才是衡量税负水平高低的根本标准》，《财会研究》2012 年第 5 期。

葛志军和邢成举：《精准扶贫：内涵、实践困境及其原因阐释——基于宁夏银川两个村庄的调查》，《贵州社会科学》2015 年第 5 期。

公丕宏和姚星星：《贫困农户的教育人力资本投资问题分析——基于精准扶贫视角》，《理论导刊》2017 年第 11 期。

《国务院关于国家财政教育资金分配和使用情况的报告》，中华人民共和国财政部网站，2017 年 12 月 25 日。

国务院新闻办公室：《〈人类减贫的中国实践〉白皮书》，国务院新闻办公室网站（http://www. gov. cn/zhengce/2021－04/06/content_ 5597952. htm），2021 年 5 月 6 日。

过剑飞主编：《绩效预算：浦东政府治理模式的新视角》，中国财政经济出版社 2008 年版。

杭永宝、王荣：《农村教育：矛盾及对策》，《教育研究》2005 年第 6 期。

何晶和曾宪萍：《我国财政性教育支出现状、问题及对策》，《宏观经济管理》2011 年第 1 期。

何晴和张斌：《中国财政支出绩效评价：制度框架与地方实践》，《理论学刊》2012 年第 10 期。

贺东航和孔繁斌：《公共政策执行的中国经验》，《中国社会科学》2011 年第 5 期。

［美］赫伯特·A. 西蒙：《管理行为》，詹正茂译，机械工业出版社 2019 年版。

洪绩：《年票争议再起，存废当有定论》，《新快报》2015 年 11 月 16 日第 A02 版。

侯荣华主编：《中国财政支出效益研究》，中国计划出版社 2001 年版。

黄河：《农村学校学生流失的调查报告》，《成才之路》2014 年第 18 期。

黄季等：《中国的扶贫问题和政策》，《改革》1998 年第 4 期。

黄巨臣：《农村地区教育扶贫政策探究：创新、局限及对策——基于三大专项招生计划的分析》，《贵州社会科学》2017 年第 4 期。

黄丽华和王泽宽：《政策执行中的目标置换行为及对策分析》，《软科学》1999 年第 1 期。

黄敏新等：《战略导向的高等教育经费绩效评价应用研究》，《经济研究参考》2016 年第 23 期。

黄绍娜：《国内外三级教育财政支出比较》，《内蒙古科技与经济》2014 年第 12 期。

火熠和胡春晓：《基于功效系数评分法的义务教育财政绩效评价——以江西省数据为例》，《教育与教学研究》2016 年第 10 期。

贾康等：《我国推行财政支出绩效考评研究》，《经济研究参考》2006 年第 29 期。

贾康：《绩效预算之目的：实现高效率》，《中国财经报》，http：//www. cfen. com. cn/web/ckb/2006－06/09/content_257133. htm，2006 年 6 月 9 日。

贾康、梁季和张立承：《"民生财政"论析》，《中共中央党校学报》2011 年第 2 期。

江淑斌、王敏和马玲玲：《精准扶贫下建档立卡对贫困户心理感受与脱贫动力的影响研究》，《商学研究》2017 年第 4 期。

姜丽美：《教育精准扶贫背景下农村高辍学率控制研究》，《农村经济与科技》2018 年第 1 期。

蒋鸣和等：《中国贫困县教育财政与初等教育成本——491 个国家级贫困县的分析》，《教育与经济》1997 年第 4 期。

焦建国：《民主财政论：财政制度变迁分析》，《社会科学辑刊》2002 年第 3 期。

［美］卡尔·帕顿和大卫·沙维奇：《政策分析和规划的初步方法》，孙兰芝等译，华夏出版社 2001 年版。

康晓光：《论中国反贫困的制度创新》，《云南社会科学》1997 年第 2 期。

克里福德·科布、克雷格·里克斯福德和宾建成：《社会指标的历史教训》，《经济社会体制比较》2011 年第 5 期。

[美] 肯尼思·约瑟夫·阿罗：《社会选择与个人价值》，陈志武和崔之元译，四川人民出版社 1987 年版。

孔宪福：《贫困大学生的心理困惑与心理援助策略——孟万金教授"积极心理健康教育"实践价值新探》，《中国特殊教育》2010 年第 9 期。

赖秀龙：《教育政策执行中的政策变通》，《教育发展研究》2009 年第 20 期。

李宝峰和王一涛：《义务教育助贫政策的问题及对策——基于英县和隆县的个案分析》，《中国教育学刊》2007 年第 8 期。

李德顺：《"价值"与"人的价值"辨析——兼论两种不同的价值思维方式》，《天津社会科学》1994 年第 6 期。

李华等：《信息化助力深度贫困地区"教育精准扶贫"路径与对策研究》，《电化教育研究》2021 年第 1 期。

李克勤、王莹和梁清泉：《高校经费使用绩效考核评价体系探讨》，《江苏高教》2012 年第 5 期。

李岚清：《李岚清教育访谈录》，人民教育出版社 2003 年版。

李岚清：《落实教育优先发展战略地位的法律保障——在学习、贯彻实施〈教育法〉座谈会上的讲话》，《人民教育》1995 年第 5 期。

李莉：《脱贫攻坚视阈下贫困山区县教育供给侧改革探析——以柞水县教育精准扶贫为例》，《法制博览》2018 年第 2 期。

李瑞昌：《中国公共政策实施中的"政策空传"现象研究》，《公共行政评论》2012 年第 3 期。

李实古和斯塔夫森：《八十年代末中国贫困规模和程度的估计》，《中国社会科学》1996 年第 6 期。

李炜光：《财政不是经济问题，是政治问题》，搜狐网。

李晓飞：《行政发包制下的府际联合避责：生成、类型与防治》，《中国行政管理》2019 年第 10 期。

李晓峰：《普及高职教育助推贵州精准扶贫实践探讨》，《农家参谋》2017 年第 23 期。

李尧磊和韩承鹏：《驻村帮扶干部何以异化？——基于石村的个案调查》，《党政研究》2018 年第 6 期。

李玉峰等：《基于学生视角下的高校经费绩效评估研究》，《现代管理科学》2014 年第 1 期。

［美］理查德·A. 金、奥斯汀·D. 斯旺森和斯科特·R. 斯威特兰：《教育财政：效率、公平与绩效》，曹淑江、孙静、张晶和方艳等译，中国人民大学出版社 2010 年版。

梁鹤年：《政策规划与评估方法》，中国人民大学出版社 2009 年版。

梁平汉：《多层科层中的最优序贯授权与"一刀切"政策》，《经济学（季刊）》2013 年第 1 期。

梁文政：《重庆市教育精准扶贫存在的问题及对策》，《重庆行政：公共论坛》2015 年第 6 期。

廖逸儿和原珂：《公共财政如何促进教育公平？——基于广东省"基础教育创强"专项资金绩效评价》，《北京理工大学学报》（社会科学版）2018 年第 6 期。

林乘东：《教育扶贫论》，《民族研究》1997 年第 3 期。

林卡和范晓光：《贫困和反贫困——对中国贫困类型变迁及反贫困政策的研究》，《社会科学战线》2006 年第 1 期。

刘国永：《财政绩效目标管理的理论基础与现实价值》，《行政事业资产与财务》2011 年第 3 期。

刘国永：《对财政支出绩效评价基础性问题的再认识》，《中国财经报》2016 年 8 月 30 日第 7 版。

刘国永和马国贤：《我国义务教育财政支出绩效评价研究初探》，《江苏教育学院学报》（社会科学版）2008 年第 1 期。

刘剑文：《论财政法定原则——一种权力法治化的现代探索》，《法学家》2014 年第 4 期。

刘昆和肖学：《推进财政支出绩效评价带动绩效预算管理改革——兼谈广东财政支出绩效评价的实践》，《财政研究》2008 年第 11 期。

刘亮和胡德仁：《教育专项转移支付挤出效应的实证评估——基于面板数据模型的实证分析》，《经济与管理研究》2009 年第 10 期。

刘晓杰：《"精准扶贫"思想下的大学生"精准资助"》，《教育教学论坛》2017 年第 3 期。

刘裕和王璇：《贫困地区贫困人口对精准扶贫满意度及影响因素实证研究》，《经济问题》2018 年第 8 期。

陆汉文：《扶贫干部管理：技术手段还是人文方法》，《决策》2017年第 8 期。

[美] 罗伯特·M. 索洛等：《经济增长因素分析》，史清琪等选译，商务印书馆 2003 年版。

罗梁波：《公共管理研究的中国方式——基于社会工程的理解和行动框架》，《中国行政管理》2020 年第 8 期。

吕炜等：《公共教育支出绩效考评制度国际比较研究》，《经济研究参考》2006 年第 92 期。

马蔡琛和童晓晴：《公共支出绩效管理的国际比较与借鉴》，《广东社会科学》2006 年第 2 期。

马国贤：《财政监督将进入嬗变阶段》，《财政监督》2008 年第 7 期。

马国贤等：《推进我国政府绩效管理与评价的五点建议》，《人民论坛·学术前沿》2015 年第 14 期。

马国贤和任晓辉：《公共政策分析与评估》，复旦大学出版社 2012年版。

马国贤：《教育支出绩效指标难题的破解路径》，《华中师范大学学报》（人文社会科学版）2008 年第 5 期。

马骏：《盐津县"群众参与预算"：国家治理现代化的基层探索》，《公共行政评论》2014 年第 5 期。

马克·霍哲和张梦中：《公共部门业绩评估与改善》，《中国行政管理》2000 年第 3 期。

[德] 马克斯·韦伯：《经济与社会》（上卷），林荣远译，商务印书馆 1997 年版。

马跃峰和姜峰：《人民日报揭扶贫乱象：考核流于形式，材料多的贫困户都烦》，https：//www.sohu.com/a/211170026_617374，2017 年 12 月18 日。

[美] 曼瑟尔·奥尔森：《集体行动的逻辑》，陈郁、郭宇峰、李崇新译，格致出版社、上海三联书店、上海人民出版社 2014 年版。

孟建民：《财政支出效益评价》，中国财政经济出版社 2002 年版。

[美] 米尔顿·弗里德曼：《资本主义与自由》，张瑞玉译，商务印书馆 1988 年版。

苗苏菲：《高等教育实行收费制度与教育公平》，《高等教育研究》

1996 年第 1 期。

母天学：《对美国政府绩效考评活动的考察》，《行政论坛》2001 年第 5 期。

倪星和王锐：《从邀功到避责：基层政府官员行为变化研究》，《政治学研究》2017 年第 2 期。

倪星和王锐：《权责分立与基层避责：一种理论解释》，《中国社会科学》2018 年第 5 期。

彭宗超和李贺楼：《社会指标运动源起、评价及启示》，《南京社会科学》2013 年第 6 期。

钱再见和金太军：《公共政策执行主体与公共政策执行"中梗阻"现象》，《中国行政管理》2002 年第 2 期。

邱爽：《精准扶贫的交易成本透视》，《西华师范大学学报》（哲学社会科学版）2018 年第 3 期。

［美］R. M. 克朗：《系统分析和政策科学》，陈东威译，商务印书馆 1985 年版。

任晓辉：《义务教育支出绩效评价指标体系设计》，《华中师范大学学报》（人文社会科学版）2008 年第 4 期。

任晓辉：《中等职业教育财政支出绩效评价指标设计与应用——基于上海 A 区案例分析》，《华中师范大学学报》（人文社会科学版）2010 年第 6 期。

任友群、冯仰存和徐峰：《我国教育信息化推进精准扶贫的行动方向与逻辑》，《现代远程教育研究》2017 年第 4 期。

尚虎平：《政府绩效评估中"结果导向"的操作性偏误与矫治》，《政治学研究》2015 年第 3 期。

尚虎平：《政府绩效数据生成的客观性与绩效数据选用的主观性悖论及其消解——一个解决政府全面绩效管理流于形式的路径探索》，《中国行政管理》2020 年第 8 期。

沈红：《中国贫困研究的社会学述评》，《社会学研究》2000 年第 2 期。

盛明科等：《政府绩效评估：多样化体系与测评实例》，湘潭大学出版社 2011 年版。

盛明科和杨满凤：《中国省级政府统筹教育发展效果的省级比较及其

时空演化研究》，《公共管理评论》2017 年第 1 期。

世界银行：《1990 年世界发展报告》，中国财政经济出版社 1990 年版。

粟玉香：《论义务教育财政绩效管理的目标与指标》，《上海教育科研》2004 年第 12 期。

谭政华：《教育精准扶贫视域下大学生思想政治状况的调查与思考——基于对贵阳市部分高职院校教育精准扶贫学生的问卷调查》，《贵州广播电视大学学报》2018 年第 2 期。

檀慧玲、李文燕和罗良：《关于利用质量监测促进基础教育精准扶贫的思考》，《教育研究》2018 年第 1 期。

汤华臻：《有没有根治形式主义的验方》，《北京日报》2017 年 7 月 28 日。

唐丽霞、罗江月和李小云：《精准扶贫机制实施的政策和实践困境》，《贵州社会科学》2015 年第 5 期。

《通过三个补"短板"规划》，《人民日报》（海外版）2016 年 11 月 17 日第 4 版。

涂皓和袁连生：《教育经费分担重心偏下》，《教育》2013 年第 31 期。

涂怀京：《新中国中小学教师法规研究（1949—2000）》，博士学位论文，华东师范大学，2003 年。

《脱贫攻坚工作存在哪些突出问题？如何避免数字脱贫、突击脱贫……听听国务院扶贫办副主任欧青平怎么说》，百家号，2019 年 2 月 26 日。

汪三贵、陈虹妃和杨龙：《村级互助金的贫困瞄准机制研究》，《贵州社会科学》2011 年第 9 期。

汪三贵等：《中国扶贫开发绩效第三方评估简论——基于中国人民大学反贫困问题研究中心的实践》，《湖南农业大学学报》（社会科学版）2016 年第 3 期。

汪三贵：《反贫困与政府干预》，《农业经济问题》1994 年第 3 期。

汪三贵：《改进考核机制实现精准扶贫》，《时事报告》2014 年第 3 期。

汪三贵：《在发展中战胜贫困——对中国 30 年大规模减贫活动经验

的总结与评级》，《管理世界》2008 年第 11 期。

汪三贵：《中国扶贫绩效与精准扶贫》，《政治经济学评论》2020 年第 1 期。

汪永清：《对完善政府内部监督体制的探讨》，《中国法学》1993 年第 4 期。

汪柱旺和谭安华：《基于 DEA 的财政支出效率评价研究》，《当代财经》2007 年第 10 期。

王春城：《政策精准性与精准性政策——"精准时代"的一个重要公共政策走向》，《中国行政管理》2018 年第 1 期。

王刚和白浩然：《脱贫锦标赛：地方贫困治理的一个分析框架》，《公共管理学报》2018 年第 1 期。

王嘉毅、封清云和张金：《教育与精准扶贫精准脱贫》，《教育研究》2016 年第 7 期。

王介勇、陈玉福和严茂超：《我国精准扶贫政策及其创新路径研究》，《中国科学院院刊》2016 年第 3 期。

王静梅：《高等教育财政投入绩效管理的国际比较》，《教育财会研究》2014 年第 3 期。

王莉华：《我国高等教育的绩效专项经费改革及完善思路——以"211 工程"和"985 工程"为例》，《中国高教研究》2008 年第 9 期。

王培石：《政府教育投入对民众可支配收入提升的关系研究——基于我国 1999 至 2017 年的省际实证分析》，《国家教育行政学院学报》2019 年第 4 期。

王姝：《教育部部长陈宝生：调研发现有 60% 的辍学学生就是不想上学》，搜狐。

王姝：《全国人大常委会委员热议"扶贫填表"：表太多、量太大，频次太高》，《新京报》，https://www.bjnews.com.cn/detail/155152137714691.html，2017 年 8 月 31 日。

王伟和杨明艳：《当前农村精准扶贫工作的实践困境与对策分析——以秦巴山片区 S 市农村扶贫调研成果为参考》，《四川省社会主义学院学报》2017 年第 4 期。

王伟同、汤雨萌和魏胜广：《基于民生满意度视角的基本公共服务绩效评价——来自中国家庭动态跟踪调查数据的分析》，《地方财政研究》

2016 年第 3 期。

王学军：《政府绩效损失及其测度：公共价值管理范式下的理论框架》，《行政论坛》2017 年第 4 期。

王亚华和舒全峰：《脱贫攻坚中的基层干部职业倦怠：现象、成因与对策》，《国家行政学院学报》2018 年第 3 期。

王一涛和安民：《"教育是公共产品"吗？——对一个流行观点的质疑》，《复旦教育论坛》2004 年第 5 期。

王雍君：《当前对财政政策是否积极之论辩肤浅的令人震惊》，搜狐。

王增文和邓大松：《倾向度匹配、救助依赖与瞄准机制——基于社会救助制度实施效应的经验分析》，《公共管理学报》2012 年第 2 期。

吴斌珍等：《大学生贫困及奖助学金的政策效果》，《金融研究》2011 年第 12 期。

吴宏超和卢晓中：《义务教育免费后完善贫困生资助政策的设想——基于广东省的实证调查》，《教育研究》2014 年第 4 期。

吴建南和李贵宁：《教育财政支出绩效评价：模型及其通用指标体系构建》，《西安交通大学学报》（社会科学版）2004 年第 2 期。

吴江和刘长慧：《〈教育法〉是落实邓小平教育优先发展战略的法律保障》，《河北科技图苑》1996 年第 3 期。

吴贻谷：《略论教育的优先发展——为〈中华人民共和国教育法〉颁布实施而作》，《武汉大学学报》（哲学社会科学版）1995 年第 6 期。

西奥多·W. 舒尔茨：《人力资本投资》，载外国经济学说研究会编《现代国外经济学论文集》（第八辑），商务印书馆 1984 年版。

肖慧：《以大数据云平台助力广东精准扶贫》，《亚太经济时报》2017 年 10 月 17 日第 6 版。

谢君君：《教育扶贫研究述评》，《复旦教育论坛》2012 年第 3 期。

邢成举：《乡村扶贫资源分配中的精英俘获》，博士学位论文，中国农业大学，2014 年。

徐红彩和刘晓东：《基于云课堂的基础教育精准扶贫路径探索——以安徽省阜阳市农村云课堂应用实践为例》，《中国电化教育》2018 年第 7 期。

徐孝勇、赖景生和寸家菊：《我国农村扶贫的制度性陷阱与制度创新》，《农业现代化研究》2009 年第 2 期。

许峰:《巴西阿雷格里参与式预算的民主意蕴》,《当代世界》2010年第9期。

许汉泽和李小云:《精准扶贫背景下驻村机制的实践困境及其后果——以豫中J县驻村"第一书记"扶贫为例》,《江西财经大学学报》2017年第3期。

闫章荟:《民众满意度在政府绩效评估中的应用》,《湖南农业大学学报》(社会科学版)2008年第5期。

杨宏山:《公共政策的价值目标与公正原则》,《中国行政管理》2004年第8期。

杨军:《"整村推进"扶贫模式的问题与对策研究》,《重庆工商大学学报·西部论坛》2006年第6期。

杨兰芳和陈万明:《中国高等教育政府问责的缺位与补偿——中美教育工作年度报告对比视角》,《高教探索》2014年第3期。

杨文和王海民:《我国财政性教育经费支出区域差异分析》,《财经问题研究》2014年第5期。

杨小波、李永华和宋金杰:《高校财政支出绩效评价存在的问题与对策——基于河北省11所重点骨干大学的实证分析》,《会计之友》2015年第5期。

杨洋:《5万多人"被"精准扶贫:广东2016年审计报告出炉 14个市存在贫困对象识别不精准问题》,广州日报大洋网,2019年2月2日。

杨志荣和汪云:《中国与美国财政性教育经费支出的比较》,《农业教育研究》2013年第3期。

姚继军和马林琳:《"后4%时代"财政性教育投入总量与结构分析》,《教育发展研究》2016年第5期。

姚继军和张新平:《省以下财政转移支付保障义务教育发展的绩效、问题与改进》,《教育学报》2014年第4期。

姚松和曹远航:《教育精准扶贫的区域响应与创新:表现、问题及优化策略——政策文本分析的视角》,《现代教育管理》2018年第6期。

叶兴庆:《对贫困地区发展面临的挑战和政策的总体评价》,载中国贫困问题研究专业委员会《中国反贫困政策研究论坛报告》,1994年。

叶振鹏:《适应社会主义市场经济的要求重构财政职能》,《财政研究》1993 年第 3 期。

尹蔷：《从阿罗不可能性定理谈起》，《大连教育学院学报》2006 年第 3 期。

余应鸿：《乡村振兴背景下教育精准扶贫面临的问题及其治理》，《探索》2018 年第 3 期。

袁连生和刘泽云：《我国义务教育贫困学生资助制度分析》，《北京师范大学学报》（社会科学版）2007 年第 5 期。

袁志明：《财政性教育投入的国际比较与绩效评价》，《经济社会体制比较》2008 年第 4 期。

原野和辛均庆：《粤扶贫三年将投约 391 亿》，《南方日报》2016 年 8 月 30 日第 A07 版。

岳洪江和张绍光：《省级财政专项绩效管理效果认知研究——基于绩效自评价报告的内容分析》，《华东经济管理》2016 年第 7 期。

［美］詹姆斯·M. 布坎南和戈登·塔洛克：《同意的计算——立宪民主的逻辑基础》，陈光金译，中国社会科学出版社 2000 年版。

［美］詹姆斯·M. 布坎南和戈登·图洛克：《同意的计算——立宪民主的逻辑基础》，陈光金译，上海人民出版社 2014 年版。

［美］詹姆斯·安德森：《公共决策》，唐亮译，华夏出版社 1990 年版。

詹姆斯·布坎南：《寻租与寻利》，《经济社会体制比较》1988 年第 6 期。

张彩云和傅王倩：《发达国家贫困地区教育支持政策及对我国教育精准扶贫的启示》，《比较教育研究》2016 年第 6 期。

张曾莲：《高校收入管理与筹资能力的分析与评价》，《高等财经教育研究》2012 年第 3 期。

张曾莲和付含：《中国香港高等教育经费绩效评价与提升研究》，《教育科学》2016 年第 4 期。

张成福：《责任政府论》，《中国人民大学学报》2002 年第 2 期。

张际：《论立法权的范围》，载周旺生《立法研究》（第 2 卷），法律出版社 2001 年版。

张力伟：《从共谋应对到"分锅"避责：基层政府行为新动向——基于一项环境治理的案例研究》，《内蒙古社会科学》（汉文版）2018 年第

6 期。

张琦：《用教育精准扶贫"拔穷根"》，《人民论坛》2018 年第22 期。

张强和张定安：《以绩效目标为抓手全面实施预算绩效管理》，《中国行政管理》2018 年第 11 期。

张绍英：《教育精准扶贫更应在心理扶贫上下功夫——宁德一中心理扶贫的若干探索》，《福建基础教育研究》2017 年第 11 期。

张孝存和胡文科：《洛南县贫困户对扶贫政策的满意度及影响因素分析》，《辽宁农业科学》2018 年第 5 期。

张学敏和杨明宏：《民族贫困地区教育投入与经济发展关系再思考》，《西北师大学报》（社会科学版）2007 年第 1 期。

张璋：《政策执行中的"一刀切"现象：一个制度主义的分析》，《北京行政学院学报》2017 年第 3 期。

张子兴、曹小华和贾伟：《佛山绩效管理》，新华出版社 2014 年版。

赵建春：《追求人人优学人人成才》，《中国教育报》2010 年 12 月 28 日第 1 版。

赵学群：《关于财政支出绩效评价和管理制度的思考》，《现代经济探讨》2010 年第 12 期。

郑方辉、邓霖和林婧庭：《补助性财政政策绩效目标为什么会走样？——基于广东三项省级财政专项资金绩效第三方评价》，《公共管理学报》2016 年第 3 期。

郑方辉和陈佃慧：《论第三方评价政府绩效的独立性》，《广东行政学院学报》2010 年第 2 期。

郑方辉和陈磊：《法治政府绩效评价：可量化的正义和不可量化的价值》，《行政论坛》2017 年第 3 期。

郑方辉和冯健鹏：《法治政府绩效评价》，新华出版社 2014 年版。

郑方辉和廖逸儿：《财政专项资金绩效评价的基本问题》，《中国行政管理》2015 年第 6 期。

郑方辉和廖逸儿：《论财政收入绩效评价》，《中国行政管理》2017 年第 1 期。

郑方辉和王彦冰：《全面实施绩效管理背景的财政政策绩效评价》，《中国行政管理》2018 年第 4 期。

郑方辉、李文彬和卢扬帆：《财政专项资金绩效评价：体系与报告》，新华出版社 2012 年版。

郑方辉、廖逸儿和卢扬帆：《财政绩效评价：理念、体系与实践》，《中国社会科学》2017 年第 4 期。

郑新蓉等：《学生营养餐国外怎么吃》，《中国教育报》2011 年 6 月 7 日第 3 版。

中共中央文献编辑委员会编：《邓小平文选》（第 2 卷），人民出版社 1994 年版。

中共中央文献编辑委员会编：《邓小平文选》（第 3 卷），人民出版社 1993 年版。

中共中央文献研究室编：《邓小平年谱：一九七五——一九九七（上）》，中央文献出版社 2011 年版。

中国教科院"义务教育均衡发展标准研究"课题组：《义务教育均衡发展国家标准研究》，《教育研究》2013 年第 5 期。

周飞舟：《财政资金的专项化及其问题兼论"项目治国"》，《社会》2012 年第 1 期。

周黎安：《中国地方官员的晋升锦标赛模式研究》，《经济研究》2007 年第 7 期。

周雪光：《基层政府间的"共谋现象"——一个政府行为的制度逻辑》，《社会学研究》2008 年第 6 期。

周雪光：《权威体制与有效治理：当代中国国家治理的制度逻辑》，《开放时代》2011 年第 10 期。

周运浓：《现行义务教育投入体制的弊端及改革思考》，《教育与经济》2003 年第 4 期。

朱大旗和何遐祥：《议会至上与行政主导：预算权力配置的理想与现实》，《中国人民大学学报》2009 年第 4 期。

朱金花：《教育公平：政策的视角》，博士学位论文，吉林大学，2005 年。

朱志刚：《财政支出绩效评价研究》，中国财政经济出版社 2005 年版。

朱舟：《绩效考核与绩效管理》，中国电力出版社 2014 年版。

宗晓华和叶萌：《"省直管县"财政改革能否提高农村义务教育财政

保障水平？——基于省级面板数据的实证分析》，《教育科学》2016 年第 6 期。

邹薇和程波：《中国教育贫困"不降反升"现象研究》，《中国人口科学》2017 年第 5 期。

Alderman, Harold, Jooseop Kim, Peter F. Orazem, "Design, Evaluation, and Sustainability of Private Schools for the Poor: The Pakistan Urban and Rural Fellowship School Experiments", *Economics of Education Review*, Vol. 22, No. 3, 2003.

Alexander, N. C., "Paying for Education: How the World Bank and the International Monetary Fund Influence Education in Developing Countries", *Peabody Journal of Education*, Vol. 76, No. 3-4, 2001.

Anderson, Earl W., Margaret A. Vesey, Charles M. Rayburn, "Investigations of Teacher Supply and Demand Reported in 1955", *Educational Research Bulletin*, Vol. 35, No. 5, 1956.

Anon, "Report and Recommendations by the Education Trust", Education Trust, 2006.

Beardsley, Philip L., *Redefining Rigor: Ideology and Statistics in Political Inquiry*, Beverly Hills, CA: Sage, 1980.

Bitsch, V., "Qualitative Research: A Grounded Theory Example and Evaluation Criteria", *Journal of Agribusiness*, Vol. 23, No. 1345 - 2016 - 15096, 2005.

Bozeman, B., Sarewitz, D., "Public Value Mapping and Science Policy Evaluation", *Minerva*, Vol. 49, No. 1, 2011.

Brender, A., "The Effect of Fiscal Performance on Local Government Election Results in Israel: 1989-1998", *Journal of Public Economics*, Vol. 87, No. 9-10, 2003.

Cosser, M., "The Skills Cline: Higher Education and the Supply-Demand Complex in South Africa", *Higher Education*, Vol. 59, No. 1, 2010.

Darling-Hammond, L., "Race, Inequality and Educational Accountability: The Irony of 'No Child Left Behind'", *Race Ethnicity and Education*, Vol. 10, No. 3, 2007.

Deininger, K., "Does Cost of Schooling Affect Enrollment by the Poor?

Universal Primary Education in Uganda", *Economics of Education Review*, Vol. 22, No. 3, 2003.

Duncombe, William D., John M. Yinger, "Performance Standards and Educational Cost Indexes: You Can't Have One without the Other", in *Equity and Adequacy in Education Finance: Issues and Perspectives*, Washington, D. C.: National Academy Press, 1999.

Edwards, George C., *Implementing Public Policy*, Washington D. C.: Congressional Quarterly Press, 1980.

Eliassen, R., Anderson, E., "Teacher Supply and Demand Reported in 1945", *Educational Research Bulletin*, Vol. 25, No. 4, 1946.

Engels, R., "A Framework for Assessing Higher Education Supply and Demand Results for the Southern Region: 1970-80", *The Journal of Higher Education*, Vol. 46, No. 3, 1975.

Gamboa, G., S. Mingorría, Scheidel, A., "The Meaning of Poverty Matters: Trade-Offs in Poverty Reduction Programmes", *Ecological Economics*, Vol. 169, 2020.

Hagemann, R., "How Can Fiscal Councils Strengthen Fiscal Performance?", *OECD Journal: Economic Studies*, Vol. 2011, No. 1, 2011.

Hungerford, T. L., Wassmer, R. W., "K-12 Education in the US Economy: Its Impact on Economic Development, Earnings, and Housing Values", NEA Research Working Paper, National Education Association Research Department, 2004.

Isaacs, J. B., "Starting School at a Disadvantage: The School Readiness of Poor Children. The Social Genome Project", Center on Children and Families at Brookings, 2012.

Jackson, C. K., Johnson, R., Persico, C., "The Effects of School Spending on Educational and Economic Outcomes: Evidence from School Finance Reforms", *The Quarterly Journal of Economics*, Vol. 131, No. 1, 2016.

Kadzamira, E., Rose, P., "Can Free Primary Education Meet the Needs of the Poor? Evidence from Malawi", *International Journal of Educational Development*, Vol. 23, No. 5, 2003.

Kehoe, S. M., Ponting, J. R., "Value Importance and Value Congruence as Determinants of Trust in Health Policy Actors", *Social Science & Medicine*, Vol. 57, No. 6, 2003.

Kraay, A. , *When is Growth Pro-Poor? Cross-Country Evidence*, International Monetary Fund, 2004.

Lasswell, H. D. , "The Policy Orientation", in Lasswell, H. D. and Daniel Lerner, eds. , *The Policy Sciences: Recent Developments in Scope and Method*, Stanford, CA: Stanford University Press, 1951.

Lincove, J. A. , "Determinants of Schooling for Boys and Girls in Nigeria under a Policy of Free Primary Education", *Economics of Education Review*, Vol. 28, No. 4, 2009.

Maslow, H. , "A Theory of Human Motivation", *Psychological Review*, No. 50, 1943.

Montgomery, J. , Fawcett, L. , Sieg, D. , McLaughlin, G. , "The Teacher Surplus: Facing the Facts", *The Phi Delta Kappan*, Vol. 54, No. 9, 1973.

Murnane, R. J. , "Improving the Education of Children Living in Poverty", *The Future of Children*, Vol. 17, No. 2, 2007.

Musgrave, Richard Abel, "On Measuring Fiscal Performance", *The Review of Economics and Statistics*, Vol. 46, No. 2, 1964.

OECD, *Education at a Glance* 2017, 2017.

Park, A. , Wang, S. , "Community-Based Development and Poverty Alleviation: An Evaluation of China's Poor Village Investment Program", *Journal of Public Economics*, Vol. 94, No. 9-10, 2010.

Paxson, C. , Schady, N. R. , "The Allocation and Impact of Social Funds: Spending on School Infrastructure in Peru", *The World Bank Economic Review*, Vol. 16, No. 2, 2002.

Peske, H. G. , Haycock, K. , "Teaching Inequality: How Poor and Minority Students are Shortchanged on Teacher Quality ", Education Trust, 2006.

Pressman, J. L. and A. B. Wildavsky, *Implementation*, Berkeley: University of California Press, 1973.

Pressman, J. L. and A. B. Wildavsky, *Implementation*, Berkeley: University of California Press, 1984.

Renick, Edward Ireland, "The Control of National Expenditures", *Political Science Quarterly*, Vol. 6, No. 2, 1891.

Sabatier, P. A., Mazmanian, D., "The Conditions of Effective Implementation: A Guide to Accomplishing Policy Objectives", *Policy Analysis*, Vol. 5, No. 4, 1979.

Sabatier, P. A., "Top-Down and Bottom-Up Approaches to Implementation Research: A Critical Analysis and Suggested Synthesis", *Journal of Public Policy*, Vol. 6, No. 1, 1986.

Saint-Paul, G., Verdier, T., "Education, Democracy and Growth", *Journal of Development Economics*, Vol. 42, No. 2, 1993.

Schick, A., "A Contemporary Approach to Public Expenditure Management", World Bank Institute, 1998.

Simone, D., "Why Education is Not Helping the Poor: Findings from Uganda", *World Development*, Vol. 110, 2018.

Silky, W., Readling, J., "REDSIL: A Forth Generation Evaluation Model for Gifted Education Programs", *Roeper Review*, Vol. 15, No. 2, 1992.

Stone, Deborah A., *Policy Paradox and Political Reason*, Glenview, IL: Scott Foresman, 1988.

Toulmin, S., "The Complexity of Scientific Choice: A Stocktaking", *Minerva*, Vol. 2, No. 3, 1964.

Van Meter, D. S., Van Hom, C. E., "The Policy Implementation Process: A Conceptual Framework", *Administration & Society*, Vol. 6, No. 4, 1975.

Waddell, Steve, "Lessons from the Healthy Cities Movement for Social Indicator Development", *Social Indicators Research*, Vol. 34, No. 2, 1995.

Walker, M. and Unterhalter, E., *Amartya Sen's Capability Approach and Social Justice in Education*, Palgrave Macmillan, 2007.

Wenglinsky, H., "Finance Equalization and Within-School Equity: The Relationship between Education Spending and the Social Distribution of Achievement", *Educational Evaluation and Policy Analysis*, Vol. 20, No. 4, 1998.

Yang, Yuping, Xiaodong Guo, "Universal Basic Education and the Vulnerability to Poverty: Evidence from Compulsory Education in Rural China", *Journal of the Asia Pacific Economy*, Vol. 25, No. 4, 2020.

后　记

　　本书基于我的博士论文修改而成，其实也是个人长期以来对财政支出绩效评价的理论思考，包含 2013 年至今，我在经历各级各类扶贫支出绩效评价之后对于财政性教育精准扶贫实践的总结与归纳。党的十八届三中全会之后，"财政是国家治理的基础与重要支柱"已成为各层级政府机关单位的普遍共识。当前，我国经济正经历从高速发展向高质量发展转轨的阵痛时期，经济指标持续下行，加之 2020 年以来新冠肺炎疫情、俄乌冲突等因素影响，部分地方财政面临入不敷出的窘境，各级政府也不得不开始过上"紧日子"。而如何过好？办法有二：一是"开源"，二是"节流"。后者涉及本书所讨论的"财政支出绩效评价"，或称"财政支出绩效目标检验"。本书选择财政性教育精准扶贫支出作为研究对象，主要是因为教育经费在财政支出类别中占比最大（约为 15%），而精准扶贫是 2015—2020 年政府的核心任务，也与后来的乡村振兴政策一脉相承。此二论题备受关注，其绩效高低直接关乎"节流"效果，而教育精准扶贫支出的管理本身对于教育类与乡村振兴类资金使用均有重要借鉴价值。另外，作为研究者，我也希望研究在回应现实问题的同时，能对财政支出绩效目标检验的理论问题展开讨论。讨论什么问题呢？应是长期以来国内外学者尚未解决的，基于公共价值的财政支出绩效评价操作化的问题。本书研究实地调研工作集中于 2018 年下半年开展，当时国内正处于脱贫攻坚的重要阶段，财政支出绩效评价也被应用于各级扶贫工作的考核与推进。但评价中管理部门却遭遇"高分低效"的尴尬，扶贫部门内部考核的普遍高分同当时社会广泛讨论的"扶贫不精准"现象形成鲜明对比。这无疑暴露出财政支出绩效评价应用上的不足。时至今日，该问题仍广泛存在，也亟待解决。借鉴韦伯的"价值工具二分论"、西蒙效率导向、沃尔多价值主张和古贝等"第四代评估"理论观点，本书构建起"价值—工具"视角下的"价值—量化"绩效目标检验体系，以求从评价方式上推动财政绩效评价机制纠偏，服务于财政治理体系的现代化。当然，限于一手资料的有限性，本书的撰写过程中未能借助丰富的数据展开"漂亮"而稳健的量化分析，进而强化已有观点的说服力，这对于我个人而言留有遗憾，也留待未来通过其他成果予以回应与弥补。除此之外，本书撰写难免存在疏漏与不足，也敬请业内外专家学者批评指正与指导交流，于我个人对此书的修订与完善将是多有裨益，不胜感激！

廖逸儿

2021 年 4 月　桑浦山